Rudolph · Das DATEV-Buchführungssystem

DATEV-Schriften Nr. 1

Herausgegeben von der DATEV
Datenverarbeitungsorganisation des steuerberatenden Berufes
in der Bundesrepublik Deutschland eG

I gladly remember your English lessons.

Das DATEV-Buchführungssystem

von

Siegbert Rudolph

3. neubearbeitete und erweiterte Auflage

Verlag Dr. Otto Schmidt KG · Köln

CIP-Kurztitelaufnahme der Deutschen Bibliothek

Rudolph, Siegbert:
Das DATEV-Buchführungssystem von Siegbert Rudolph. –
3., neubearb. Aufl. – Köln: O. Schmidt, 1984.
  (DATEV-Schriften; Nr. 1)
  ISBN 3-504-66012-0

NE: Datenverarbeitungsorganisation des Steuerberatenden
Berufes in der Bundesrepublik Deutschland ⟨Nürnberg⟩:
DATEV-Schriften

Alle Rechte vorbehalten.

© 1984 Verlag Dr. Otto Schmidt KG, Köln.

Ohne ausdrückliche Genehmigung des Verlags ist es auch nicht gestattet, das Buch oder Teile daraus in
irgendeiner Form (durch Photokopie, Mikrofilm oder ein anderes Verfahren) zu vervielfältigen.

Gesamtherstellung: Bercker, Graphischer Betrieb GmbH, Kevelaer.

Geleitwort

Nachdem im Juli 1976 die erste Auflage dieses Buches zum DATEV-Finanzbuchführungssystem erschien und hiermit die dritte Auflage vorgelegt wird, muß wohl die Frage gestellt werden, was eigentlich die Gründe dafür sind, daß ein Buchführungssystem eines Rechenzentrums im „Zeitalter" der Personal-Computer immer noch weiter Verbreitung findet.

Sicher sind es nicht mehr nur die reinen EDV-Kosten, wenn diese auch heute, fast 20 Jahre nach Gründung der DATEV, noch jedem Wirtschaftlichkeitsvergleich standhalten, sondern schon eher die Möglichkeiten, die ein so umfassendes System wie das DATEV-Finanzbuchführungssystem an Lösungsalternativen im Programm bietet, wobei die Technik im Rechenzentrum mit Laserdruck, schier unerschöpflichem Speicherplatz und der Datenfernübertragung einen erheblichen Teil dazu beiträgt. Hinzu kommt, daß das DATEV-Konzept den Zusammenschluß von leistungsfähigen Mikrocomputern vor Ort und dem Rechenzentrum vorsieht, wodurch die Vorteile, die solche Geräte heute bieten können, voll ausgenutzt werden und mit den Vorteilen kombiniert werden, die die Verarbeitung im Rechenzentrum bietet.

Das entscheidende Argument dürfte aber das Zusammenwirken von Steuerberater und seinem berufsständischen Rechenzentrum sein. Dadurch ergibt sich eine optimale Situation für den Buchführungspflichtigen. Die Ordnungsmäßigkeit der Datenverarbeitung ist bei DATEV gewährleistet. Das wird durch die beauftragte Wirtschaftsprüfungsgesellschaft aufgrund von freiwilligen Prüfungen immer wieder bestätigt. Das Einzelsystem Finanzbuchführung war schon mehrfach Gegenstand einer freiwilligen Prüfung. Auch hierfür konnte der uneingeschränkte Bestätigungsvermerk erteilt werden. Bei DATEV kann man dabei schon fast von einer Selbstverständlichkeit reden. Die Sicherheit, ein ordnungsgemäßes Finanzbuchführungsprogramm nutzen zu können, das immer den aktuellen Anforderungen der Gesetzgebung entspricht und das noch dazu zu sehr wirtschaftlichen Bedingungen angeboten wird und die modernste Technik nutzt, das ist wohl das wichtigste Argument für die Nutzung des DATEV-Finanzbuchführungsprogramms.

Wer sich mit der EDV-Buchführung beschäftigen will, dem ist dieses Lehrbuch zu empfehlen. Auf der Basis des am weitesten verbreiteten Buchungführungssystems führt es in die Problematik ein. Das Buch richtet sich an Leser, die sich systematisch in Fragen der EDV-Buchhaltung informieren und einarbeiten möchten. Es wendet sich zum einen an Lehrkräfte, denen damit ein Mittel zur Gestaltung des Unterrichts an die Hand gegeben wird, zum anderen an Schüler oder Praktiker, die sich mit Hilfe dieses Buches systematisch einarbeiten wollen.

Es würde mich freuen, wenn die Information über das DATEV-Buchführungsprogramm auf diesem Wege noch breiteren Kreisen zugänglich gemacht werden würde.

Nürnberg, im Oktober 1984
Heinz Sebiger
Vorsitzender des Vorstandes der DATEV

Vorwort

Dieses Lehrbuch behandelt eine besonders aktuelle Technik der Buchführung, die Buchführung mit EDV. Es spricht Schüler und Praktiker gleichermaßen an.

Für den Schüler ist dieses Lehrbuch als Ergänzung zum allgemeinen Buchführungslehrbuch gedacht, wenn auf dem Lehrplan das Thema „Buchführung mit EDV" steht. Das allgemeine Buchführungslehrbuch wird durch das hier vorliegende Werk nicht überflüssig, weil es allgemeine Buchführungskenntnisse voraussetzt.

Dem Praktiker kann dieses Lehrbuch als Einführung in die Thematik dienen. Der Lehrstoff ist so aufgebaut, daß es sich als Ergänzung zum Unterricht und zum Selbststudium eignet.

Auf dem Markt werden eine ganze Reihe von Programmen angeboten. Diesem Lehrbuch liegt als Beispiel das DATEV-Finanzbuchführungsprogramm zugrunde, das wohl am weitesten verbreitet ist. Dabei handelt es sich um eine Verbundlösung, also eine Kombination der „Intelligenz vor Ort" und des Programms im Rechenzentrum. Vor Ort, beim Anwender, stehen Terminals mit Erfassungsprogrammen für logische Prüfungen und mit Programmen zum Druck der über die Telefonleitung zum Rechenzentrum zurückübertragenen Auswertungen zur Verfügung. Für besonders eilige Arbeiten, wie die Bilanzerstellung, gibt es Dialogprogramme und Programmpakete, mit deren Hilfe die Bilanz, aufbauend auf den Werten der Finanzbuchführung aus dem DATEV-Rechenzentrum, im Steuerberaterbüro entwickelt werden kann. Das Finanzbuchführungsprogramm im Rechenzentrum verarbeitet die vom Anwender übermittelten Daten mehrmals täglich. DATEV sendet die Auswertungen auf dem Postweg zurück oder stellt sie in einem Speicher bereit für die Datenrückübertragung. Zwei entscheidende Vorteile müssen hier angeführt werden:

Die heute so wichtigen Fragen einer ordnungsgemäßen Datenverarbeitung stellen sich für den Anwender nicht, da DATEV hier vorsorgt.

Gesetzesänderungen verlieren für den Programmnutzer ihre Schrecken, zumindest was die Programmpflege (Software-Pflege) betrifft.

Da sich fast alle EDV-Buchführungsprogramme in ihren Grundzügen ähnlich sind, ist dieses Lehrbuch auch für denjenigen geeignet, der in der Schule nach dem DATEV-System lernt, in der Praxis aber vielleicht mit einem anderen (ähnlichen) Programm arbeitet. Vergleiche zu Programmen anderer Rechenzentren unterbleiben, weil sich hierbei ständig Änderungen ergeben können.

Dieses Lehrbuch ist keine Einführung in die EDV. Fragen der EDV werden nur soweit behandelt, wie sie zum Verständnis des Lehrstoffes notwendig sind. Es wird Wert darauf gelegt, die Fragen der EDV verständlich und vor allen Dingen erklärend zu beantworten. Dabei sind oft Vereinfachungen notwendig.

Im Anhang befindet sich ein kleines EDV-Lexikon, das die im Lehrbuch verwendeten Begriffe aus der EDV neben den meist allgemein gehaltenen Erläuterungen noch einmal kurz erklärt.

Die Gliederung des Lehrstoffes ist so aufgebaut, daß sich ein „Thema aus dem anderen" ergibt.

Es bleibt den Lehrkräften vorbehalten, ihren Unterricht auch anders aufzubauen und die Kapitel in eine andere Reihenfolge zu bringen.

Als Aufgaben können praktisch die Aufgaben aus jedem allgemeinen Buchführungslehrbuch benutzt werden. Die Buchungssätze können dabei nach dem DATEV-Finanzbuchführungsprogramm gebildet werden. Die Übungen dieses Lehrbuches sind eigens auf die im vorhergehenden Kapitel behandelten Fragen zusammengestellt. Die Formulare zu den Übungen befinden sich im Anhang (Seite 197).

Ein besonderes Problem dieses Lehrbuches ist es, daß bei der EDV-Buchführung mit verschiedener Hardware (Terminals, Datenerfassungsgeräte) gearbeitet werden kann. Dies trifft auch auf das DATEV-Finanzbuchführungsprogramm zu. Aus diesem Grunde wurde auf technische Besonderheiten der einzelnen Datenerfassungsterminals nicht eingegangen. Die Beispiele wurden auf eine Form gebracht, die für Praktiker, ganz gleich mit welchen Datenerfassungsgeräten sie arbeiten, in jedem Falle verständlich sind.

Wie sagte schon Wilhelm Busch:

„1, 2, 3 im Sauseschritt,
läuft die Zeit, wir laufen mit."

So erscheint dieses Lehrbuch nun in der dritten Auflage (1. Auflage: 1976, 2. Auflage: 1978). Ganz genau paßt es aber nicht, dieses Zitat, denn in einem Lehr- und Handbuch der Buchführung mit EDV kann man der Entwicklung, bedingt durch Gesetzesänderungen, neue technische Möglichkeiten und Verbesserungen aufgrund von Vorschlägen der Anwender immer nur hinterherschreiben. So muß zuletzt noch erwähnt werden, daß in den Fällen, in denen mit dem DATEV-Finanzbuchführungsprogramm in der Praxis gearbeitet wird, die aktuellen Informationen und Fachnachrichten der DATEV zu beachten sind.
Ein Dankeschön an alle, die mir zur Überarbeitung Hinweise gaben.

Nürnberg, Oktober 1984   Der Verfasser

Inhaltsverzeichnis

1. Einführung

Die wichtigsten Aufgaben der Buchführung sind:

- Darlegung der Vermögensverhältnisse (zu einem bestimmten Stichtag, also zeitpunktbezogen)
- Aufzeichnung der Geschäftsvorfälle (über einen bestimmten Zeitraum, also zeitraumbezogen)
- Erfolgsermittlung

Jede Buchführung sollte diese Aufgaben erfüllen, aber wie kann das geschehen? Für die Buchführung gibt es eine Vielzahl von Buchführungstechniken, die alle versuchen, die genannten Aufgaben zu erfüllen. Eine dieser Buchführungstechniken, die Buchführung mit elektronischer Datenverarbeitung, beschreiben wir in diesem Buch am Beispiel des DATEV-Finanzbuchführungsprogramms.

Im Laufe der Zeit sind immer wieder neue Buchführungstechniken entstanden. Ursprünglich hat der Kaufmann, um nicht zu vergessen, daß er von einem Kunden noch Geld zu bekommen hat, die Forderung in ein Buch eingetragen, das sehr häufig „Memorial" genannt wurde (von lateinisch „Memoria", Gedächtnis). Die Entwicklung der Buchführung von den Anfängen bis zur Gegenwart behandeln wir hier allerdings nicht, sondern stellen ausschließlich die Buchführung mit Hilfe der elektronischen Datenverarbeitung dar. Um anzudeuten, wie früher gebucht wurde, soll ein Zitat aus einem Buchführungslehrbuch des Jahres 1912 (M. Reischle) vorangestellt werden.

„Da viele und große Seiten zu addieren sind, so ist eine besondere Sorgfalt auf das Schreiben der Ziffern zu verwenden. Diese werden kräftig, nicht zu klein, sehr einfach, weit auseinander, die Einer der höheren Sorte (Mark) nahe an die Kolonne der niederen Sorte (Pfennige) geschrieben. Dadurch ist ein gerades Untereinandersetzen der Zahlen, der Einer unter die Einer, Zehner unter Zehner usw. möglich, ohne welches das Addieren sehr erschwert wird. Es ist ferner empfehlenswert und üblich, daß jedes Buch von ein und derselben Hand geschrieben wird."

Soweit M. Reischle. Seine Regeln gelten wörtlich genommen nur noch für die Buchhalter, die ihre Buchführung mit der Hand schreiben. Ein Grundsatz ist aber geblieben – in den Regeln von M. Reischle kommt er indirekt zum Ausdruck –, daß der Buchhalter gewissenhaft arbeiten muß, ganz gleich, welche Buchführungstechnik er anwendet.

1.1 Buchführung mit elektronischer Datenverarbeitung (EDV)

Bei der Buchführung mit Hilfe der elektronischen Datenverarbeitung gibt es unterschiedliche Formen. Man unterscheidet die „im-Haus-Verarbeitung" und die „außer-Haus-Verarbeitung". Das DATEV-Finanzbuchführungsprogramm ist eine Kombination aus beiden Verfahren, eine Verbindung der Vorteile einer „im-Haus-Lösung" mit den Vorteilen einer Rechenzentrumsnut-

zung. Auf die Entscheidungskriterien für die eine oder andere Form der elektronischen Verarbeitung gehen wir ausführlich nicht ein. Darüber gibt es spezielle Literatur. Erwähnt werden soll hier nur die Bedeutung eines dem aktuellen Gesetzesstand entsprechenden Programms, die Beachtung der Punkte, die zur Ordnungsmäßigkeit des Systems gehören, die Sicherheit vor Programmfehlern, insbesondere vor versteckten Mängeln, und die Wirtschaftlichkeit.

Beim DATEV-Finanzbuchführungsprogramm wird nur noch (meist in Kurzform) ein Buchungssatz gebildet und der Datenverarbeitungsanlage bzw. dem Programm zugeleitet. Das Programm im Rechenzentrum veranlaßt die übrigen Buchführungsarbeiten durch die Datenverarbeitungsanlage. Daß trotzdem noch etwas zu tun bleibt, und wie die EDV-Buchführung abgewickelt wird, zeigen wir in den folgenden Kapiteln.

1.2 Grundbegriffe der EDV-Buchführung außer Haus

Wir betrachten die Eingangsrechnung auf der folgenden Seite:

Es handelt sich hier um einen Beleg, der in unserer Buchführung verarbeitet werden soll, für die Datenverarbeitungsanlage so aber nicht geeignet ist. Wir müssen die für die Buchführung notwendigen Informationen aus diesem Beleg herausnehmen und dem Computer in einer Form mitteilen, die es ihm ermöglicht, den Buchungssatz durchzuführen. Damit sind wir schon mitten in den Fragen der EDV-Buchführung.

Wenn wir diese Buchführungstechnik verstehen wollen, müssen wir zunächst einige Grundbegriffe kennen, die wir in den Kapiteln 1.2.1 bis 1.2.8 erläutern.

1.2.1 Datenverarbeitung

Wir zerlegen das Wort Datenverarbeitung in zwei Teile:

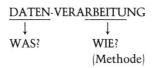

Daten sind Angaben, Tatsachen; so steht es im Duden. Überall im menschlichen Leben fallen Daten an. Als Schüler wird man z. B. im Geschichtsunterricht damit „gefüttert". Aber auch die Fakten und Regeln, die in der Deutschstunde, im Mathematikunterricht oder in diesem Buch gelehrt werden, sind Daten. Uns interessieren nur bestimmte Daten, nämlich Daten der Buchführung, die wir der Datenverarbeitungsanlage (genauer dem Programm) mitteilen müssen, wenn sie uns bei der Erstellung der Buchführung helfen soll.

Bei der Verarbeitung kommt es auf das „Wie", auf die Methode an, mit der die Daten verarbeitet werden. Wir beschäftigen uns mit der Methode der elektronischen Datenverarbeitung, abgekürzt „EDV".

BUCHBINDEREI MÜLLER GEGRÜNDET 1879

Herrn   Fernruf: 33 44 55,
Siegbert Rudolph   8500 Nürnberg, 22. 12. 1983
Paumgartnerstraße 6   Maurerstraße 15

8500 Nürnberg

AUFTRAGSBESTÄTIGUNG UND
RECHNUNG NR. 712

		DM	DM
1 Band „DSWR" 1983 in Verlagseinband- decke gebunden			40,00
			40,00
Umsatzsteuer (Mehrwertsteuer)		+ 14 %	5,60
			45,60

Bankkonto: Stadtsparkasse Nürnberg Nr. 222 299   Gerichtsstand
        Bankleitzahl 760 501 01   Nürnberg
Postscheckkonto: Nürnberg Nr. 98 991 07
        Bankleitzahl 760 100 85

Maschinen, die Daten elektronisch verarbeiten, nennt man (elektronische) Datenverarbeitungsanlagen oder Computer. Die Maschine allein ist allerdings nutzlos, wenn nicht noch ein Programm hinzu kommt, das festlegt, wie die Daten zu verarbeiten sind und welche Informationen an den Buchhalter zurückgemeldet werden sollen. Zu der Datenverarbeitungsanlage selbst, also zum Computer, sagt der Fachmann „Hardware". Die Programme bezeichnet er dagegen als „Software". Ein Programm setzt sich aus Befehlen zusammen. „Befohlen" wird der Datenverarbeitungsanlage, was sie mit den erhaltenen Informationen tun soll. Wenn eine Datenverarbeitungsanlage arbeitet, dann führt sie die Befehle des Programms aus.

3

1.2.2 Daten

Wir überlegen uns jetzt, welche für das Programm notwendigen Daten in unserer Buchführung anfallen können. Wir sehen uns nochmals die Rechnung der Firma Müller (Seite 3) und das Kontoblatt „Zeitschriften, Bücher" an:

Zeitschriften, Bücher   Konto-Nr. 494 Seite 1

Datum	Beleg-Nr.	Buchungstext	Soll	Haben	Saldo
31.1.	527	Die Betriebsbuchhaltung	45,80		45,80 S
15.2.	870	Betriebsverfassungsgesetz	15,80		61,60 S
22.12.	712	Einband DSWR	45,60		107,20 S

Die Rechnung enthält u. a. folgende Daten: den Aussteller, das Ausstellungsdatum, die Art der Leistung, den Preis, die Umsatzsteuer und den Empfänger.

Das Kontoblatt: Es enthält eine Nummer, die Bezeichnung des Kontos und die Buchungen.

Wir teilen die eben genannten Daten in zwei Gruppen ein, in solche, die gleichbleiben, die sich nicht verändern, und solche, die sich laufend verändern. Die erste Gruppe nennen wir Stammdaten, die zweite Gruppe Bewegungsdaten.

Daten

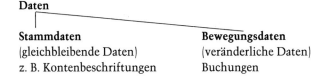

Stammdaten	**Bewegungsdaten**
(gleichbleibende Daten)	(veränderliche Daten)
z. B. Kontenbeschriftungen	Buchungen

Zu den Stammdaten gehört die Bezeichnung „Zeitschriften, Bücher" für die Kontonummer „494". Kontenbeschriftungen sind gleichbleibende Daten, weil sie mindestens für ein Jahr gelten.

Die Rechnung der Firma Müller gehört dagegen eindeutig zu den Bewegungsdaten, weil es sich um eine einmalige Information handelt. Jedes Mal, wenn uns die Firma Müller eine Rechnung zusendet, fallen neue Bewegungsdaten an (anderes Datum, andere Art der Leistung usw.). Die Eigenschaft der Bewegungsdaten geht auch aus dem Konto 494, Zeitschriften, Bücher, hervor. Während die Kontonummer und die Bezeichnung zu den Stammdaten gehören, sind die einzelnen Buchungen Bewegungsdaten.

Welche Informationen im einzelnen zu den Stammdaten und zu den Bewegungsdaten gehören, behandeln wir später.

1.2.3 Datenträger (allgemein)

Bei jeder EDV-Buchführung außer Haus fallen die Daten beim Anwender an und sind im entfernten Rechenzentrum zu verarbeiten.

Zwei Fragen sind zu beantworten:

- Wie werden die Daten in eine Form gebracht, so daß sie das Programm und die Datenverarbeitungsanlage lesen können? (Diese Frage ist bei jeder EDV-Buchführung zu beantworten.)

- Wie können die Daten vom Anwender zum Rechenzentrum gebracht werden? (Dies ist eine spezielle Frage der EDV außer Haus.)

Die Antwort auf die erste Frage heißt „Datenträger". Der Datenträger ist die „Brücke" zwischen Anwender und Rechenzentrum. Er entsteht bei der Datenerfassung (Kapitel 1.2.4) beim Anwender und wurde früher auf dem Postweg an das Rechenzentrum gesandt. Heute wird für den Datentransport meist die Telefonleitung genutzt. Bei der Datenfernverarbeitung (vgl. Kap. 5.1) dient der Datenträger als Zwischenspeicher für die spätere Datenübertragung zum Rechenzentrum und bleibt beim Anwender.

Eine ganze Reihe von Dingen können Datenträger sein. So ist auch das vorliegende Buch ein Datenträger oder der Brief an einen Bekannten zählt dazu. Uns interessieren nur ganz bestimmte Datenträger, nämlich Datenträger, die Daten in maschinenlesbarer Form enthalten. Aber auch hier gibt es verschiedene Arten. Die wichtigsten zählen wir auf:

Magnetbandkassette
Diskette
Lochstreifen
Klarschriftstreifen
Klarschriftbeleg

Eine Beschreibung dieser bei EDV außer Haus gebräuchlichen Datenträger erfolgt in Kapitel 5.

1.2.4 Datenerfassung (allgemein)

Im vorhergehenden Kapitel haben wir festgestellt, daß die Buchführungsdaten, die von einer Datenverarbeitungsanlage verarbeitet werden sollen, auf einem Datenträger erfaßt werden müssen. Diese Erfassung geschieht mit Hilfe eines Datenerfassungsgerätes beim Anwender. (Statt Erfassung kann man auch Eingabe sagen.)

Den Datenträgerarten entsprechend, gibt es auch verschiedene Datenerfassungsgeräte:

Magnetbandkassettenerfassungsgerät ohne Datenfernverarbeitungseinrichtung (off-line)
und mit Datenfernverarbeitungseinrichtung (on-line, auch Terminal genannt)
Diskettenerfassungsgerät (off-line bzw. on-line)
Datenerfassungsgerät mit Lochstreifenstanzer

Eine Beschreibung dieser bei EDV außer Haus gebräuchlichen Datenerfassungsgeräte erfolgt in Kapitel 5. Alle Geräte haben gemeinsam, daß sie sowohl einen Datenträger erstellen als auch eine Liste über die erfaßten Daten zur Kontrolle für den Anwender ausgeben können. Diese Liste nennen wir Primanota.

Bei **Magnetbandkassettenerfassungsgeräten** werden die Daten auf einer Magnetbandkassette aufgezeichnet und gleichzeitig auf eine Primanota geschrieben.

Bei **Diskettenerfassungsgeräten** werden die Daten auf einer Diskette aufgezeichnet und gleichzeitig auf eine Primanota geschrieben.

Bei **Datenerfassungsgeräten mit Lochstreifenstanzer** wird sowohl ein Lochstreifen als auch eine Primanota erstellt.

Die Datenerfassungsgeräte mit Datenfernverarbeitungsmöglichkeit (on-line-Geräte) nennt man auch Terminals.

1.2.5 Besonderheit des DATEV-Systems

Gegenüber anderen EDV-Buchführungssystemen gibt es bei DATEV eine Besonderheit.

DATEV ist eine berufsständische Genossenschaft, die ausschließlich für den steuerberatenden Beruf arbeitet. Die Mitglieder, also Steuerbevollmächtigte, Steuerberater, Steuerberatungsgesellschaften, Wirtschaftsprüfer, Wirtschaftsprüfungsgesellschaften, vereidigte Buchprüfer und Rechtsanwälte lassen die Buchführungen ihrer Mandanten über die DATEV-Computer verarbeiten. Durch diese Konzeption ergibt sich, daß DATEV für viele kleinere, mittlere und große Unternehmen die Buchführung aufgrund von eingegebenen Daten auswertet.

Ein besonderer Vorteil des Systems liegt darin, daß ein steuerlicher Berater seine gesamten Mandanten-Buchführungen nach einem einzigen System verarbeiten kann. Weil DATEV grundsätzlich keine Datenerfassung durchführt, wird die Anschaffung eines Datenerfassungsgerätes notwendig.

DATEV arbeitet nur für die Mitglieder und nicht direkt für Firmen. Deshalb ist im folgenden immer von zwei Nummern die Rede, die den Bezug zum Anwender herstellen (Berater- und Mandantennummer).

Jedes Mitglied erhält von DATEV automatisch eine **Beraternummer** zugeteilt. Unter dieser Beraternummer mit der Versandanschrift des Mitglieds können bis zu 999 Mandanten-Buchführungen verarbeitet werden. Jeder Mandant bekommt eine Mandantennummer. Ein Mitglied kann sich gegen besondere Gebühren weitere Beraternummern zuteilen lassen. Durch eine weitere Beraternummer, die nur für einen Mandanten verwendet wird, ist der Versand der Auswertung an die Zustelladresse des Mitglieds bei seinem Mandanten möglich. Dies wird besonders bei Mandanten mit sehr umfangreichen Abrechnungsvolumen in Anspruch genommen. Der Steuerberater erhält in solchen Fällen von DATEV Unterlagen zur Überwachung und Kontrolle.

1.2.6 Satzarten

Wenn wir einen Brief schreiben, dann setzen wir Punkt und Komma. Das heißt, im Brief reiht sich Satz an Satz. Ähnlich ist es bei der Datenerfassung. **Die Daten werden nicht formlos auf den Datenträger gebracht, sondern vom Datenerfassungsgerät in Sätze eingeteilt.** Dies ist schon deswegen notwendig, damit die Daten vom EDV-Programm systematisch verarbeitet werden können.

Bleiben wir bei unserem Beispiel. Unser Brief hat auf jeden Fall eine Adresse bzw. Anrede. Er würde ja sonst nicht ankommen. Anschließend folgen die Informationen, die wir unserem Bekannten mitteilen wollen. Schreiben wir ihm zu einem späteren Zeitpunkt nochmals einen Brief, dann wird (sofern er nicht umgezogen ist) wieder die gleiche Adresse angegeben. Wir

werden ihm aber – er würde sich sonst langweilen – nicht wieder das gleiche, sondern andere Nachrichten mitteilen. Ähnlich verhält es sich bei der Datenerfassung. **Jede Datenerfassung muß mit der Adresse, wir nennen es Vorlauf, beginnen.** Wir können auch hier noch einmal einen Vergleich mit unserem Brief vornehmen. Wenn die Adresse nicht stimmt, kommt der Brief nicht an.

Der Vorlauf muß die richtige Adresse beinhalten, unter der die Daten des betreffenden Mandanten in der Datenverarbeitungsanlage gespeichert sind. **Nach dem Vorlauf folgen die Bewegungssätze, also die Daten, die unsere Datenverarbeitungsanlage verarbeiten soll.** Wir erinnern noch einmal an die Einteilung der Daten, die wir in Stammdaten und Bewegungsdaten untergliedern. Beim DATEV-Finanzbuchführungsprogramm sind Vorlaufsätze und Bewegungssätze in verschiedene Gruppen eingeteilt. Dies zeigt die folgende Tabelle:

Datenart	Vorlaufsätze	Bewegungssätze
Stammdaten	Kurzvorlauf	Stammsätze
Bewegungsdaten	Vollvorlauf	Buchungssätze
Abruf-Auswertungen	Abrufvorlauf	–

In der linken Kolonne finden wir die bereits bekannten Begriffe Stammdaten und Bewegungsdaten.

Inhalt und Aufbau der Vorläufe beschreiben wir im Kapitel 1.2.7.

Wenn das Rechenzentrum unsere Buchführung erstellen soll, müssen wir die Stammdaten und die Bewegungsdaten melden. **Stammdaten müssen mit einem Kurzvorlauf beginnen.** Die Bezeichnung Kurzvorlauf wurde gewählt, weil im Vergleich zu anderen Vorläufen dieser Vorlauf kürzer ist. **Nach dem Kurzvorlauf werden die Stammdaten in Form von Stammsätzen eingegeben.** Die Erläuterung der Stammsätze erfolgt in den verschiedenen Kapiteln über die Stammdaten.

Bewegungsdaten sind nach einem Vollvorlauf einzugeben. Der Begriff Vollvorlauf wurde gewählt, weil es sich hier um den längsten Vorlauf handelt, der möglich ist. Nach einem Vollvorlauf folgen die Buchungssätze.

Beim DATEV-System dient der Datenträger meist nur als Zwischenstation bis zum Senden der Daten über die Telefonleitung zum Rechenzentrum. Wenn keine Datenfernverarbeitung möglich ist, wird der Datenträger mit Buchungen an das Rechenzentrum gegeben. Das Rechenzentrum sendet die Auswertung sofort zurück oder stellt sie in einen Speicher zum Abruf über die Telefonleitung für den Anwender bereit. Bestimmte Auswertungen werden aber nicht immer benötigt, sondern nur zu bestimmten Terminen, z. B. eine Bilanz oder eine Hauptabschlußübersicht für Zwischenabschlüsse oder zum Jahresende. Diese Auswertungen sind vom Anwender mit einem **Abrufvorlauf** anzufordern. Hier folgen ausnahmsweise nach dem Vorlauf keine Bewegungssätze.

1.2.7 Vorläufe

Die grundsätzliche Bedeutung des Vorlaufs haben wir bereits im vorhergehenden Kapitel herausgestellt. Vorläufe werden an verschiedenen Stellen in diesem Lehrbuch angesprochen. Wir behandeln später nur die besonderen Dinge des jeweiligen Vorlaufs und verzichten auf die allgemeinen Erläuterungen.

Die folgende Abbildung enthält alle Informationen mit Kurzerläuterungen, die der längste Vorlauf beinhalten kann. (Nur bei der Datenfernverarbeitung gibt es weitere Informationen, siehe Kapitel 5.1.)

Vorlauf (maximal)

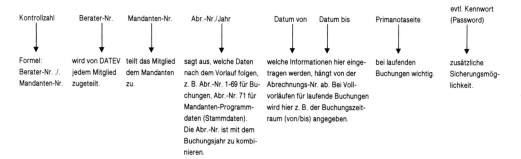

Kontrollzahl	Berater-Nr.	Mandanten-Nr.	Abr.-Nr./Jahr	Datum von	Datum bis	Primanotaseite	evtl. Kennwort (Password)
Formel: Berater-Nr. ./. Mandanten-Nr.	wird von DATEV jedem Mitglied zugeteilt.	teilt das Mitglied dem Mandanten zu.	sagt aus, welche Daten nach dem Vorlauf folgen, z. B. Abr.-Nr. 1-69 für Buchungen, Abr.-Nr. 71 für Mandanten-Programmdaten (Stammdaten). Die Abr.-Nr. ist mit dem Buchungsjahr zu kombinieren.	welche Informationen hier eingetragen werden, hängt von der Abrechnungs-Nr. ab. Bei Vollvorläufen für laufende Buchungen wird hier z. B. der Buchungszeitraum (von/bis) angegeben.		bei laufenden Buchungen wichtig.	zusätzliche Sicherungsmöglichkeit.

Berater- und **Mandantennummer** zusammen ergeben die Adresse, unter der die Daten in der Datenverarbeitungsanlage (im Speicher) zu finden sind. Die Mandantennummer ist 1- bis 3-stellig, die Beraternummer dagegen immer 4- oder 5-stellig (z. B. 1200 oder 13000).

Für das Auffinden der Daten in der Datenverarbeitungsanlage reichen Beraternummer und Mandantennummer aus. Um Fehler zu vermeiden, ist noch eine weitere Nummer, die **Kontrollzahl** einzugeben. Die Kontrollzahl errechnet sich nach der Formel „Beraternummer minus Mandantennummer". Die Sicherheit ist größer, wenn drei Zahlen (Kontrollzahl, Beraternummer, Mandantennummer) richtig geschrieben werden müssen, statt nur zwei Zahlen (Beraternummer, Mandantennummer). Erwähnt werden muß hier auch noch das persönliche **Kennwort**, das jedes DATEV-Mitglied speichern lassen kann und das dann in jedem Vorlauf enthalten sein muß. Stimmt das Kennwort im Vorlauf nicht mit dem gespeicherten überein, erfolgt keine Auswertung.

Die **Abrechnungsnummer** hat die Aufgabe, dem Programm zu sagen, welche Daten nach dem Vorlauf folgen. Man kann die Abrechnungsnummer deshalb mit dem „Betreff" in einem Geschäftsbrief vergleichen. Zum Beispiel muß das Programm aufgrund der Abrechnungsnummer erkennen, ob nach dem Vorlauf Buchungssätze oder Stammdaten folgen. Aus diesem Grunde sind die Abrechnungsnummern vom Rechenzentrum fest eingeteilt.

Die Abrechnungsnummer ist immer mit dem Buchungsjahr zu kombinieren.

Eine Zusammenfassung der Abrechnungsnummern enthält eine Tabelle im Anhang.

Als „**Datum von**" und „**Datum bis**" wird grundsätzlich der Abrechnungszeitraum angegeben (z. B. vom 1. Januar 1984 bis 31. Januar 1984). Bei Kurzvorläufen fallen diese Angaben voll-

ständig weg. Bei Abrufvorläufen ist nur im Datum „von" eine bestimmte Angabe einzutragen, die wir bei den betreffenden Auswertungen erläutern.

Die **Primanota** wird nur bei Vollvorläufen angegeben. Sie untergliedert die Eingabe, die meist über mehrere Primanotaseiten geht. Da die Primanotaseite in den Auswertungen mit ausgedruckt wird, stellt sie den Zusammenhang zwischen Datenerfassung und Auswertung dar und ist eine wesentliche Hilfe bei Kontrollarbeiten.

Die folgende Abbildung macht deutlich, welche Informationen zu den verschiedenen **Vorlaufarten** gehören:

Kontrollzahl	Berater-Nr.	Mandanten-Nr.	Abr.-Nr./Jahr	Datum von	Datum bis	Primanotaseite	evtl. Kennwort (Password)

Vollvorlauf:

Kurzvorlauf:

Abrufvorlauf:

1.2.8 Überblick

In den vorhergehenden Kapiteln haben wir einige Grundbegriffe der EDV besprochen. Dieses Kapitel gibt einen Überblick und zeigt die Unterschiede zu einer herkömmlichen Buchführung. Zur Darstellung verwenden wir Ablaufdiagramme. Vorher müssen wir jedoch noch einige Erläuterungen zu solchen Ablaufdiagrammen geben.

Bei einem Ablaufdiagramm (gemäß DIN 66001 auch Programmablauf genannt) verwendet man bestimmte Symbole. Dadurch soll der Programmablauf anschaulicher werden, was immer dann mißlingt, wenn die Symbole bei demjenigen, der das Ablaufdiagramm ansieht, nicht bekannt sind. Die einzelnen Symbole bedeuten:

Datenträger (z. B. Lochstreifen), der bei der Datenerfassung entsteht.

Magnetband, auch das Magnetband ist ein Datenträger, im Gegensatz zu dem ersten Symbol handelt es sich hier aber um einen Datenträger, der von der Datenverarbeitungsanlage meist on-line (siehe Anhang) verarbeitet wird, während die mit dem obigen Zeichen symbolisierten Datenträger als Datenzwischenträger bezeichnet werden.

Datenfernübertragung (DFÜ)

Operation (Bearbeitung) durch die EDV-Anlage

Operation (Bearbeitung) von Hand (manuell)

Ausgabeliste (allgemein: Schriftstück)

Eingabe, Ausgabe

Magnetplatte

Entscheidung, Verzweigung: Dieses Symbol wird als Raute bezeichnet. Eine Raute symbolisiert eine Entscheidung bzw. Verzweigung. Sie hat immer zwei Ausgänge. Der eine bedeutet „ja", der andere „nein". An diesem Zeichen wird deutlich, daß diese Symbole von Programmierern entwickelt wurden (auch **„Schalter"** genannt). Wie in diesem Lehrbuch bereits angedeutet, besteht ein Programm vorwiegend aus Abfragen. Eine Abfrage wird mit ja oder nein beantwortet. Daraus ergeben sich dann zwei Möglichkeiten für das Programm, die in Form dieser Verzweigung deutlich gemacht werden.

Anschlußpunkt, falls ein Ablaufdiagramm über mehrere Seiten geht bzw. auf bereits beschriebene Stellen im Programmablaufplan hingewiesen werden soll.

(Wenn Symbole in diesem Lehrbuch abweichend von diesen Hinweisen verwendet werden oder wenn mit anderen Symbolen gearbeitet wird, dann ist die Bedeutung (z. B. „Belege") in das Symbol eingetragen.)

In jeder Buchführung, gleich wie sie organisiert ist, fallen Belege an. Diese Belege werden vorkontiert und bilden die Grundlage für die Verbuchung. Die Buchungen werden in ein Tagebuch eingetragen und auf die Konten übertragen, wobei die verschiedensten Techniken angewandt werden. Aus den Konten wird dann der Abschluß (Bilanz und Gewinn- und Verlustrechnung) entwickelt.

Dies zeigt das folgende Ablaufdiagramm:

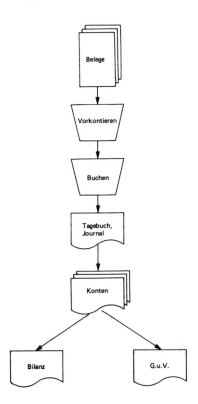

Wir befassen uns nun mit der EDV-Buchführung nach dem DATEV-System, die im nächsten Ablaufdiagramm dargestellt ist.

Bei der Buchführung mit EDV werden die Belege, genau wie bei jeder anderen Buchführung, vorkontiert. Dabei sind allerdings die Regeln zu beachten, die aufgrund des EDV-Programms notwendig sind. Die vorkontierten Belege werden aber nicht in herkömmlicher Weise gebucht, sondern die Daten sind vom Anwender zu erfassen. Bei der Datenerfassung wird eine Primanota beschriftet, die eine Erstaufzeichnung der erfaßten Daten darstellt. Sie verbleibt beim Anwender. Gleichzeitig entsteht ein Datenträger, der die Daten in maschinenlesbarer Form enthält und die Grundlage für die Verarbeitung im Rechenzentrum bildet. (In einigen Fällen, allerdings nicht bei DATEV, können auch vorkontierte Belege an das Rechenzentrum zum Ablochen gegeben werden.) Das Ablaufdiagramm stellt eine Anwendung mit Datenfernverarbeitung dar.

Das Rechenzentrum sendet die Auswertungen in Form von Journalen (evtl. mit Fehlerprotokollen), Konten und (den in der vorhergehenden Abbildung nicht eingezeichneten) Summen- und Saldenlisten an den Anwender zurück. Der Anwender hat die Möglichkeit, aus den im Rechenzentrum gespeicherten Daten die Bilanz und die Gewinn- und Verlustrechnung abzurufen. (Die gestrichelten Linien von den Konten zur Bilanz und G u. V. weisen darauf hin, daß

bei EDV-Buchführung der Abschluß aus den Konten auch manuell entwickelt werden kann.)
Im Rechenzentrum gibt es auch einen Speicher, aus dem bestimmte Auswertungen über die
Telefonleitung abgerufen werden können.

Um das Rechenzentrum haben wir eine unterbrochene Linie gezogen. Diese Linie soll verdeutlichen, was der Anwender zu tun hat und welche Leistung das Rechenzentrum erbringt. Der
Anwender muß die Belege vorkontieren und die Daten erfassen sowie an das Rechenzentrum
senden. Das Rechenzentrum liest und verarbeitet die Daten des Datenträgers und stellt die
Auswertungen zur Verfügung.

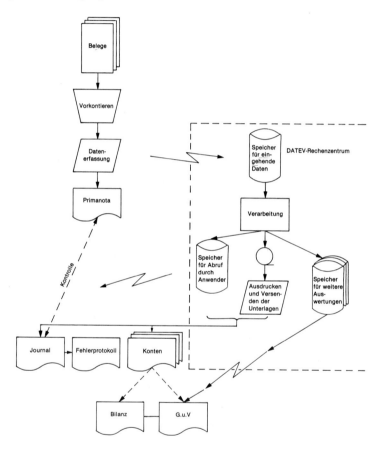

In unserem Ablaufdiagramm haben wir einen wichtigen Gesichtspunkt außer acht gelassen.

Voraussetzung für die Verarbeitung der Buchhaltungsdaten im Rechenzentrum sind bestimmte Stammdaten, die der Anwender vorher festlegen muß. Ohne Stammdaten kann keine Verarbeitung der Bewegungsdaten (Buchungen) erfolgen. Da das Eingeben der Stammdaten aber eine
„einmalige" Arbeit ist, kann auf ihre Berücksichtigung im Ablaufdiagramm für eine EDV-
Buchführung verzichtet werden.

Noch etwas fehlt: Die Auswertungen sind nicht umfassend dargestellt. Es gibt Summen- und
Saldenlisten, Betriebswirtschaftliche Auswertungen, grafische Auswertungen und viele andere.

2. Stammdaten

Die grundsätzliche Bedeutung der Stammdaten haben wir im Kapitel 1.2.2 besprochen. **Stammdaten sind gleichbleibende Daten, die dem Programm einmal gemeldet werden müssen und bis zu einer Änderung gelten.** In diesem Kapitel zeigen wir, daß bestimmte Stammdaten die Voraussetzung für eine Verarbeitung von Bewegungsdaten sind und daß die Stammdaten die Verarbeitung der Bewegungsdaten beeinflussen. Sie sind die Rahmenbedingungen. Die Stammdaten sind in zwei Hauptgruppen eingeteilt, in Mandanten-Stammdaten und in Konten-Stammdaten:

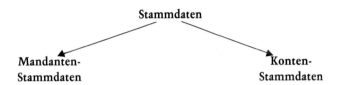

Bei DATEV gliedern sich die Mandanten-Stammdaten aus organisatorischen und technischen Gründen in Mandanten-Adreßdaten und Mandanten-Programmdaten.

Wie der Name sagt, nehmen die **Mandanten-Adreßdaten** die Adresse des Mandanten auf. Die Mandanten-Adreßdaten sind bei DATEV getrennt von den übrigen Mandanten-Stammdaten (den Mandanten-Programmdaten), weil die Adresse des Mandanten für alle Programme, die DATEV anbietet (z. B. Finanzbuchführungsprogramm, Lohnabrechnungsprogramm, Anlagenbuchhaltung), gebraucht wird.

Während die Mandanten-Adreßdaten alle DATEV-Programme betreffen, die für einen Mandanten in Anspruch genommen werden, gelten die **Mandanten-Programmdaten** nur für ein bestimmtes Programm. In diesem Lehrbuch behandeln wir die Mandanten-Programmdaten des Finanzbuchführungsprogramms. Sie enthalten Hinweise, die bei der Verarbeitung der Bewegungsdaten zu berücksichtigen sind, z. B. die Art der Umsatzversteuerung oder Angaben zum Kontenrahmen, der der Buchführung zugrunde gelegt werden soll.

Für die Erfassung der Mandanten-Adreß- und -Programmdaten stellt DATEV Formblätter zur Verfügung. Die Formblätter sind vom Anwender auszufüllen und mit dem Datenerfassungsgerät einzugeben. Das heißt, für die Mandanten-Stammdaten wird vom Anwender ein Datenträger erstellt. In diesem Kapitel erklären wir, wie die Formblätter auszufüllen sind.

2.1 Mandanten-Adreßdaten (MAD)

Zunächst das Formblatt:

Vorlage für die Datenerfassung

Kontrollzahl	Berater-Nr.	Mandant	Abr.-Nr	Jahr
2 8 6 2 6	2 8 9 6 1	3 3 5	9 9 0 1	8 3

Ersteingabe/Änderung

101	1	1 = Ersteingabe 2 = Änderung

gültig ab Buchungsjahr

102		nur bei Änderung

Name   (15 Stellen)

103	K U R T K L E I N K G

Name   (25 Stellen)

104	K U R T K L E I N K G H E I Z U N G S B A U

Postleitzahl

105	2 1 2 0

Ort   (20 Stellen)

106	L U E N E B U R G

Straße   (20 Stellen)

107	S T O E R T E R O G G E R S T R . 3

Länderschlüssel

108	0 7

01 = Baden-Württemberg	05 = Hamburg	09 = Rheinland-Pfalz
02 = Bayern	06 = Hessen	10 = Saarland
03 = Berlin	07 = Niedersachsen	11 = Schleswig-Holstein
04 = Bremen	08 = Nordrhein-Westfalen	30 = Nordbaden
		31 = Bremerhaven

Art des Unternehmens   (25 Stellen)

109	H E I Z U N G S B A U

Branchenschlüssel

110	9 3 1 0 1 0

Gesellschaftsform

111	3

1 = Einzelfirma	6 = KG a. A.
2 = OHG	7 = Bergrechtliche Gewerkschaft
3 = KG	8 = Genossenschaft
4 = GmbH	9 = BGB-Gesellschaft
5 = AG	10 = GmbH & Co. KG

Vollhaftende Gesellschafter

112	

Nationalitätskennzeichen/Auslands-Postleitzahl

113	

Anzahl Protokolle

114	1

Kennwort Datenträgeraustausch

115	H U G O

4

Die Kopfzeile des Formblattes enthält den **Vorlauf**. Aus Kapitel 1.2.7 geht hervor, um welche Vorlaufart es sich handelt. Aufgrund der Angaben Kontrollzahl, Beraternummer, Mandantennummer und Abrechnungsnummer liegt ein Kurzvorlauf vor. Kontrollzahl, Beraternummer und Mandantennummer haben wir in Kapitel 1.2.7 ausführlich beschrieben. Die Abrechnungsnummer, die von DATEV für die Mandanten-Adreßdaten vorgesehen wurde, lautet 9901. Sie ist im Formblatt vorgedruckt. Der Anwender braucht nur das betreffende Buchungsjahr zu ergänzen.

Nach der Kopfzeile ist das Formblatt in zwei Spalten eingeteilt. Links steht eine **Kennziffer** in einem rechteckigen Kästchen. In die Felder rechts daneben tragen wir unsere Angaben ein.

Evtl. zum Ausfüllen benötigte Schlüsselzahlen sind bei der betreffenden Zeile mit angegeben, so daß sich Erläuterungen fast erübrigen. Trotzdem sind folgende Hinweise erforderlich:

- Weil für die verschiedenen Programme eine unterschiedliche Anzahl von Druckstellen für den Namen des Mandanten zur Verfügung steht, ist der Name des Mandanten in dem Formblatt zweimal aufgeführt (bei **Kennziffer 103 und 104**). Am besten ist, den Namen des Mandanten bei beiden Kennziffern einzutragen. Falls bei der Kennziffer 103 (15 Stellen) abgekürzt werden muß, besteht bei Kennziffer 104 die Möglichkeit, den Namen ausführlich zu schreiben.

- Nicht unerwähnt bleiben darf die **Kennziffer 101 = Ersteingabe/Änderung**. Bei jeder Einreichung von Mandanten-Adreßdaten muß diese Kennziffer als einzige zwingend angegeben sein. Falls ein Mandant zum ersten Mal gemeldet wird, ist der Schlüssel 1 zu verwenden, bei allen anderen Einreichungen von MAD für diesen Mandanten der Schlüssel 2. Gilt eine Änderung erst ab einem bestimmten Jahr (z. B. eine Mandantin hat 1984 geheiratet), kann dies bei **Kennziffer 102** kenntlich gemacht werden (im Beispiel wäre 84 einzutragen).

- Der **Branchenschlüssel (Kennziffer 110)** kann einem besonderen Verzeichnis, das DATEV den Mitgliedern zur Verfügung stellt, entnommen werden. Es ist für den Betriebsvergleich gedacht. In diesem Lehrbuch wird er nicht gebraucht und kann deshalb weggelassen werden.

- Bei den Mandanten-Adreßdaten gibt es eine Sonderregelung. Wie alle anderen Stammdaten müssen auch die Mandanten-Adreßdaten vom Anwender auf einen Datenträger gebracht werden. **Diese Daten sind aber mindestens einige Arbeitstage vor den Daten, bei denen die Adreßdaten schon Berücksichtigung finden sollen, an das Rechenzentrum einzusenden.**

- **DATEV bestätigt die Speicherung der MAD durch ein Protokoll.** Die nächsten Daten sollten erst eingereicht werden, wenn das betreffende Protokoll eingegangen und geprüft ist. Bei Eingabefehlern (z. B. ungültiger Schlüssel) druckt das Programm einen Fehlerhinweis auf das Protokoll. Die Fehler sind durch neue Eingaben zu berichtigen.

2.2 Mandanten-Programmdaten (MPD)

Die Mandanten-Stammdaten enthalten viele Informationen. Zur Vereinfachung sind sie deshalb in sieben Abschnitte (MPD I bis VII) untergliedert. Die Mandanten-Programmdaten sind

auf einem Faltblatt zusammengefaßt, das als Vorlage zur Datenerfassung dient. Eine Skizze zeigt, nach welchen Gesichtspunkten diese Unterscheidung getroffen wurde:

DATEV-Programm FIBU

MPD I: Mindest- angaben MPD II: Umsatz- besteuerung MPD III: Kontenrahmen/ Kontenausgabe	MPD IV: Grundaus- wertungen MPD V: Buchungsver- einfachung MPD VI: Betriebswirt- schaftl. Aus- wertungen (BWA)	MPD VII: Jahresab- schluß

Die Mandanten-Programmdaten behandeln wir auszugsweise. Wir greifen die wichtigsten Angaben heraus. Auf die vielfältigen Möglichkeiten der Auswertungssteuerung, wo bestimmt werden kann, ob Datenfernübertragung gewünscht wird, ob die Auswertungen auf Papier oder auf Mikrofilm erstellt werden sollen und wieviel Ausfertigungen zu liefern sind, gehen wir nicht ein.

Auch bei den Mandanten-Programmdaten ist zunächst der **Vorlauf** (die Kopfzeile) auszufüllen. Die Abrechnungsnummer 71 ist mit dem entsprechenden Buchungsjahr zu ergänzen.

Nach dem Vorlauf ist das Formular in zwei Spalten gegliedert. Links stehen die **Kennziffern**. Die Kästchen daneben sind von uns auszufüllen.

Die Felder, die unter MPD I (**Mindestangaben**) stehen, müssen bei der Ersteingabe eines Mandanten unbedingt ausgefüllt werden. Falls bei der Ersteingabe eines Mandanten zu einer dieser Kennziffern eine richtige Angabe fehlt, speichert das Programm den Mandanten nicht. Alle übrigen Mandanten-Programmdaten sind nur bei Bedarf auszufüllen. Wenn wir die Mandanten-Programmdaten ändern wollen, brauchen wir neben der Kennziffer 101 (Wert 2) nur die Felder auszufüllen, die sich ändern.

Die Mandanten-Programmdaten sind besonders wichtig. **Das Programm führt keine Verarbeitung durch, wenn die Mandanten-Programmdaten nicht gespeichert sind.**

Die Formulare, die DATEV für die Mandanten-Programmdaten zur Verfügung stellt, sind als Vorlage für die Datenerfassung gedacht. Bei der Übertragung der Daten auf den Datenträger (z. B. auf eine Magnetbandkassette) können Eingabefehler (z. B. Tippfehler) vorkommen. Eine Berichtigung ist durch Neueingabe der Kennziffern mit dem zutreffenden Wert möglich. Dabei ist ein Korrekturschlüssel anzugeben, damit das Programm die richtige Eingabe erkennt. Der Korrekturschlüssel kann von 1 bis 9 vergeben werden. Das Programm speichert die Zeile mit dem höchsten Korrekturschlüssel.

Mandanten-Programmdaten   FIBU

Vorlage für die Datenerfassung

Magnetb.-Nr.	Anw.-Nr.	DFV	Kontrollzahl	Berater-Nr.	Mandant	Abr.-Nr.	Jahr
A 1 0	1 3	K L	2 8 6 2 6	2 8 9 6 1	3 3 5	7 1	8 3

I. MINDESTANGABEN

bei jeder Eingabe

Ersteingabe/Änderung
| 101 | 1 | 1 = Ersteingabe
2 = Änderung |

erstmalig

UStA-Schlüssel **102** **G**
A = keine Umsatzsteuerrechnung   G = Soll-Verst. + UStVA monatlich
B = Soll-Versteuerung + UStVA   H = Ist-Verst. + UStVA monatlich
C = Soll-Versteuerung ohne UStVA   K = Soll-Verst. + UStVA vierteljährlich
D = Ist-Versteuerung + UStVA   L = Ist-Verst. + UStVA vierteljährlich
E = Ist-Versteuerung ohne UStVA

Spezialkontenrahmen (SKR) **103** **0 1**
01 = DATEV-Kontenrahmen SKR 01
02 = DATEV-Kontenrahmen SKR 02 mit Konten für aktienr. Abschluß
Weitere Kontenrahmen siehe Fachnachricht FIBU

bei abweichendem Wirtschaftsjahr

Beginn abweichendes Wirtschaftsjahr **110**
nur eingeben, wenn
Wirtschaftsjahr nicht
mit dem Kalenderjahr übereinstimmt
→ Tag (01)
→ Monat
(immer 2stellig)

II. UMSATZBESTEUERUNG

Finanzamtsangaben

Finanzamts-Nr. **112** **2 3 3**
lt. amtlichem Verzeichnis
siehe im Anhang Fachnachricht FIBU

Steuernummer **113** **3 3 2 0 0 0 5 0 0 8**   Eingabe mit Sonderzeichen möglich

Steuerabzugsbetrag Kleinunternehmer (UStVA Kennzahl 32) **114**
0 = nein/Aufhebung
Prozentsatz 01 bis 80 möglich siehe Tabelle Fachnachricht FIBU

Verrechnungsscheck zur Umsatzsteuer-Voranmeldung

Scheck zur Umsatzsteuer-Voranmeldung **115** **1**
0 = nein/Aufhebung
1 = ja

Bankleitzahl **116** **2 4 0 5 0 1 1 0**

Konto-Nummer **117** **7 2 3 0 5 1 0**

Scheck mit Ausstellungsort und Name **118** **1**
0 = nein/Aufhebung
1 = Ausdruck Ausstellungsort und Name des Ausstellers auf Scheck

Kassenfinanzamts-Nr. **119**
Anschrift auf dem UStVA-Verrechnungsscheck, wenn Veranlagungs-
finanzamt und Kassenfinanzamt nicht identisch

Datenträgeraustausch mit der Finanzverwaltung

UStVA-Fristverlängerung beim Datenträgeraustausch **130**
0 = nein/Aufhebung
1 = ja

UStVA-Datenträgeraustausch **131**
→ Kennwort zum Datenträgeraustausch wie Kennziffer 115 der MAD
→ 0 = nein/Aufhebung
1 = Einverständnis zur Datenübermittlung an die Finanzverwaltung

III. KONTENRAHMEN/KONTENAUSGABE

Kontenbeschriftung

Kanzlei-Kontenbeschriftung für Kanzlei-Kontenrahmen
`107` `☐`
0 = nein/Aufhebung
1 = ja (Eingabe mit Abr.-Nr. 98 JJ)

Übernahme Debitoren-/Kreditoren-Beschriftung nach OPOS
`240` `☐`
0 = nein/Aufhebung
1 = ja

Kontenfunktionen

Eingabe individueller Funktionen
`204` `01`
0 = nein/Aufhebung
1 = ja
`01`
→ Kanzlei-Funktion
→ Individuelle Funktion

Kontenausgabe

Verdichtung von Buchungszeilen auf Konten
`108` `100`
0 = nein/Aufhebung
1 = Verdichtung monatlich
bzw. pro Einreichung
2 = Verdichtung tageweise
`100`
→ Geldkonten
→ Wareneinkauf
→ Warenverkauf

Kontenausgabe monatlich (Wartebuchhaltung monatlich)
`201` `1`
0 = nein/Aufhebung
1 = ja (monatliche automatische Ausgabe)

Kontenausgabe durch Abruf
`202` `111`
0 = nein (Füllnull)
1 = **zusätzlich** durch Abruf
(Wartebuchhaltung jährlich)
2 = **nur** durch Abruf
`111`
→ Sachkonten
→ Debitoren
→ Kreditoren

Ausgabe von Konten auf Papier
`327` `122`
0 = nein/Aufhebung
1 = einfach → autom. Schlüsselung
2 = zweifach bis
9 = neunfach
`122`
→ Sachkonten
→ Debitoren
→ Kreditoren

Ausgabe von Konten auf Mikrofilm
`337` `☐☐☐`
0 = nein/Aufhebung
1 = einfach
2 = zweifach bis
9 = neunfach
→ Sachkonten
→ Debitoren
→ Kreditoren

IV. GRUNDAUSWERTUNGEN

Journal

Rückübertragung Journal
`304` `☐☐`
0 = nein/Aufhebung
1 = ja
→ Fehlerprotokoll
→ Umsatzsteuerwerte

Summen- und Saldenliste

Inhalt Summen- und Saldenliste
`111` `☐☐☐`
0 = Ausdruck aller
bebuchten Konten
1 = Unterdrückung der ausgegl.
und nicht bewegten Konten
2 = Ausdruck aller bebuchten
und/oder ind. beschrifteten
Konten
→ Sachkonten
→ Debitoren
→ Kreditoren

Rückübertragung Summen- und Saldenliste
`316` `☐☐☐`
0 = nein/Aufhebung
1 = ja
→ Sachkonten
→ Debitoren
→ Kreditoren

Anzahl der Auswertungen auf Summen- und Saldenlistenpapier
`326` `2`
1 = einfach (nur Original) → automatische Schlüsselung
2 = zweifach (Original + Duplikat)

V. BUCHUNGSVEREINFACHUNG

Wiederkehrende Buchungen
`203` `☐`
0 = nein/Aufhebung
1 = Wiederk. Buchungen ohne Ergänzung der Beleg-Nr. beim Abruf
2 = Wiederk. Buchungen mit Ergänzung der Beleg-Nr. beim Abruf

VI. BETRIEBSWIRTSCHAFTLICHE AUSWERTUNGEN (BWA)

Standard-BWA
Individuelle BWA
Kanzlei-BWA

BWA-Form
01 = DATEV-BWA
02 = KER nach G.u.V. in
    Staffelform/4/3-Rechnung
03 = IfH-BWA
20 = Handwerks-BWA
30 = BAE
70 = Hotel- u. Gaststätten-BWA
90 = Gartenbau-BWA
99 = Löschen

Wareneinsatz
KG 2 = Wareneinkauf
KG 3 = Wareneinkauf
KG 4 = Umbuchung
KG 6 = Umbuchung
KG 7 = Umbuchung
%-Satz
(z. B. 62,5 % = 625)
BWA = individuelle BWA
KAN = Kanzlei-BWA

BWA-Zeitraum
0 = je Einreichung
1 = monatlich mit automatischer
    Speicherung einschließlich
    Vergleichs-BWA
2 = monatlich ohne
    automatische Speicherung
9 = Löschen Speicher

	BWA-Form		Wareneinsatz		BWA-Zeitraum	
BWA-Nr. 01	104	0 1	105	K G 3	106	1
BWA-Nr. 02	210	0 1	211	B W A	212	1
BWA-Nr. 03	213		214		215	
BWA-Nr. 04	216		217		218	
BWA-Nr. 05	219		220		221	
BWA-Nr. 06	222		223		224	
BWA-Nr. 07	225		226		227	
BWA-Nr. 08	228		229		230	
BWA-Nr. 09	231		232		233	
BWA-Nr. 10	234		235		236	

BWA-Chefübersichten

Chefübersichten

328	0 1 1 1 1 1		328	0 2 1 1 1 1		328	0 3	
328			328			328		

→ Jahresübersicht   0 = nein/Aufhebung
→ Entwicklungsübersicht   1 = Werte in TSD
BWA-Nummer → Vergleichsanalyse Vorjahr   2 = Werte ab
01 – 10 → Vergleichsanalyse Vorgabe   DM 100,00 in TSD

BWA-Graphiken

Standardgraphiken

330	0 1 1 1		330	0 2		330	0 3	
330			330			330		

→ Entwicklungsübersicht   0 = nein/Aufhebung
BWA-Nummer → Vergleich mon. und kum.   1 = monatlich
01 – 10   2 = vierteljährlich

Individuelle Graphiken

331	0 1		331	0 2 1 1		331	0 3	
331			331			331		

→ Liniendiagramm   0 = nein/Aufhebung
BWA-Nummer → Balkendiagramm   1 = monatlich
01 – 10   2 = vierteljährlich

Rückübertragung

Rückübertragung BWA

305	

mit Ausnahme der   0 = nein/Aufhebung
BWA-Graphiken   1 = ja

Datenübermittlung

BWA-Datenübermittlung BMW AG

140					

→ Kennwort zum Datenträgeraustausch wie Kennziffer 115 der MAD
→ 0 = nein/Aufhebung
1 = Einverständnis zur Datenübermittlung an die BMW AG

BWA-Datenübermittlung IfH

141					

→ Kennwort zum Datenträgeraustausch wie Kennziffer 115 der MAD
→ 0 = nein/Aufhebung
1 = Einverständnis zur Datenübermittlung an das IfH

– 3 –

19

VII. JAHRESABSCHLUSS

Auswertungen

Individuelle Bilanz

| 205 | ☐☐ |

0 = nein/Aufhebung
1 = ja

→ Kanzlei-Bilanz
→ Individuelle Bilanz

Gewinnermittlung nach § 4/3 EStG

| 207 | ☐☐☐ |

siehe Fachnachricht Gewinnermittlung nach § 4/3 EStG
(Art.-Nr. 11074)

→ Individuell
→ Kanzlei
→ Standard

Anlagenspiegel

| 208 | ☐☐☐ |

siehe Fachnachricht
Anlagenspiegel
(Art.-Nr. 10119)

→ Individuell
→ Kanzlei
→ Standard

Mehrjahresbilanzvergleich

| 209 | *1* |

1 = zusätzliche Speicherung ab 4. Buchungsjahr
9 = Löschung

Bilanzgestaltung

Schriftart Bilanz

| 250 | *2* |

1 = Schriftart Gotik → automatische Schlüsselung
2 = Schriftart Text

Deckblatt Bilanz

| 251 | *5* |

1 = Deckblatt Nr. 1 bis → automatische Schlüsselung
5 = Deckblatt Nr. 5

Rückübertragung

Rückübertragung Hauptabschlußübersicht

| 301 | ☐ |

0 = nein/Aufhebung
1 = ja

Rückübertragung Bilanzübersicht

| 302 | ☐ |

0 = nein/Aufhebung
1 = ja

Rückübertragung Bilanz

| 303 | ☐ |

0 = nein/Aufhebung
1 = ja

Rückübertragung Gewinnermittlung nach § 4/3 EStG

| 311 | ☐ |

0 = nein/Aufhebung
1 = ja

Rückübertragung HÜ-Werte für MBK-Bilanz

| 312 | ☐ |

0 = nein/Aufhebung
1 = ja

Rückübertragung Mehrjahresbilanzvergleich

| 313 | ☐ |

0 = nein/Aufhebung
1 = ja

Rückübertragung Anlagenspiegel

| 314 | ☐ |

0 = nein/Aufhebung
1 = ja

Die Einreichung der Mandanten-Programmdaten bestätigt DATEV durch ein **Protokoll**, das dem Anwender eine Kontrolle über die gespeicherten Werte ermöglicht.

```
DATEV, PAUMGARTNERSTR. 6, 8500 NUERNBERG


        HERRN
        STB
        WERNER STEUERMANN              28961
        FINANZAMTSTR. 15               KURT KLEIN KG
                                       06.01.83  MAND. 335

        2120 LUENEBURG
                                       VK 6D  BLATT-NR    1



MANDANTEN-PROGRAMMDATEN - F I B U - 83 -   ERSTEINGABE /*



    KZ.  BEZEICHNUNG                      PROGRAMMDATEN

    101  ERSTEINGABE/AENDERG.             1
  * 102  USTA-SCHLUESSEL                  G
  * 103  SPEZIALKONTENRAHMEN              01
  * 104  BWA-FORM             1           01
  * 105  WARENEINSATZ         1           KG3
  * 106  BWA-ZEITRAUM         1           1
  * 108  VERDICHTUNG                      100
  * 112  FINANZAMTSNUMMER                 2333
  * 113  STEUERNUMMER                     3320005008
  * 115  VERR.-SCHECK USTVA               1
  * 116  BANKLEITZAHL                     24050110
         BANKVERBINDUNG GEM. BANKENDATEI
         KR SPK
         LUENEBURG
  * 117  KONTO-NUMMER                     0007230510
  * 118  AUSSTELLERANGABEN                1
  * 201  WARTEBUCHHALTG. MTL.             1
  * 202  WARTEBUCHHALTUNG                 111
  * 204  INDIVID. FUNKTION                01
  * 209  BILANZVERGLEICH                  1 83/82/81
  * 210  BWA-FORM             2           01
  * 211  WARENEINSATZ         2           BWA
  * 212  BWA-ZEITRAUM         2           1
  * 250  SCHRIFTTYP                       2
  * 251  DECKBLATT                        05
  * 326  SUSA ANZAHL                      2
  * 327  KONTENAUSG. PAPIER               122
  * 328  CHEFUEBERSICHTEN     1           011111
  * 323  CHEFUEBERSICHTEN     2           021111
  * 330  BWA-STAND.-GRAPH.    1           0111
  * 331  IND. BWA-GRAPHIKEN   2           0211
```

Für die Besitzer eines DFÜ-fähigen Terminals gibt es die Möglichkeit, sich den aktuellen Stand der im Rechenzentrum gespeicherten Stammdaten durch ein Dialogprogramm anzeigen zu lassen (look up). Das Terminal ist dazu mit einem besonderen Maschinenprogramm zu laden, die Anmeldeformel ist einzugeben, und anschließend wird dem Programm mitgeteilt, welche Stammdaten auf dem Bildschirm angezeigt oder ausgedruckt werden sollen, z. B. „MPDF" für Mandanten-Programmdaten FIBU.

Die Mandanten-Programmdaten können gleichzeitig mit Bewegungsdaten eingereicht werden. Das Programm sortiert die Daten aufgrund der Abrechnungsnummern, so daß die MPD gespeichert sind, bevor die Bewegungsdaten zur Verarbeitung kommen. (Aus technisch-organisatorischen Gründen ist dies bei den MAD nicht möglich.) DATEV empfiehlt den Anwendern jedoch, die Mandanten-Programmdaten so rechtzeitig einzureichen, daß das von DATEV erstellte Protokoll vor Verarbeitung der Bewegungsdaten kontrolliert und evtl. berichtigt werden kann. Die Stammdaten beeinflussen die Verarbeitung der Bewegungsdaten. Sind die Stammdaten falsch, so hat dies eine Auswirkung auf die Auswertung und kann dort zu Fehlern führen.

Die Kapitel 2.2.1 bis 2.2.11 behandeln die wichtigsten Informationen der MPD.

2.2.1 Ersteingabe/Änderung (Kennziffer 101 MPD I)

Bei den Mandanten-Programmdaten muß, genau wie bei den Mandanten-Adreßdaten, zuerst angegeben werden, ob die Daten eine Ersteingabe oder eine Änderung bereits gespeicherter Mandanten-Programmdaten betreffen. **Bei der Ersteingabe eines Mandanten ist immer der Schlüssel 1 anzugeben, bei einer Änderung der Schlüssel 2.** Das Programm prüft diese Angaben. Wird eine Ersteingabe mit dem Schlüssel 2 vorgenommen, dann verarbeitet das Programm die Eingabe nicht. Genauso verhält es sich bei einer Änderung, bei der versehentlich mit dem Schlüssel 1 gearbeitet wird.

Durch diese Kontrolle wird vermieden, daß eine Mandantennummer zweimal vergeben wird. Zweckmäßig ist es, ein Verzeichnis oder eine Kartei über die belegten Mandantennummern zu führen.

Fehlt bei Kennziffer 101 eine Angabe, dann kann keine Verarbeitung erfolgen.

2.2.2 Umsatzsteuerartenschlüssel (Kennziffer 102 MPD I)

Die Berücksichtigung der Umsatzsteuer ist ein wichtiges Kapitel der Buchführung. Dies wird auch bei den Mandanten-Programmdaten deutlich. **Bei der Ersteingabe darf der Umsatzsteuerartenschlüssel nicht fehlen.** Der Umsatzsteuerartenschlüssel gibt dem Programm Hinweise, nach welchen Gesichtspunkten die Umsatzsteuer im Programm behandelt werden soll und wie die Umsatzsteuer-Voranmeldung zu erstellen ist. Im einzelnen legt der Umsatzsteuerartenschlüssel fest:

● Die **Art der Versteuerung:**
Sollversteuerung
Istversteuerung
keine Umsatzsteuerrechnung

- Den **Umsatzsteuer-Voranmeldungszeitraum**:
  monatlich
  vierteljährlich

Die wichtigsten Umsatzsteuerartenschlüssel sind die Schlüssel B (Sollversteuerung mit Erstellung der Umsatzsteuer-Voranmeldung durch das Programm) und D (Istversteuerung mit Ausdruck der Umsatzsteuer-Voranmeldung durch das Programm).

Aufgrund dieser beiden Schlüssel liefert DATEV die Umsatzsteuer-Voranmeldung bei jeder Auswertung mit. Da die Buchführungsdaten für die meisten Mandanten einmal monatlich an das DATEV-Rechenzentrum gesandt werden, wird die Umsatzsteuer-Voranmeldung monatlich einmal erstellt.

Wenn die Daten für einen Mandanten mehrmals im Monat eingereicht werden oder wenn vierteljährlicher Voranmeldungszeitraum vorliegt, sind andere Schlüssel anzugeben, damit das Programm die Umsatzsteuer-Voranmeldung nicht bei jeder Auswertung, sondern nur bei Bedarf schreibt. Bei mehrmaliger Einreichung für einen Mandanten im Monat und monatlichem Voranmeldungszeitraum kommen die **Schlüssel G (Sollversteuerung)** und **H (Istversteuerung)** in Frage. Das Programm liefert die Umsatzsteuer-Voranmeldung immer dann, wenn im Vorlaufdatum „bis" des Vollvorlaufs der Monatsletzte (und zwar der tatsächliche, z. B. der 30. 4. oder 31. 5.) enthalten ist. Bei vierteljährlicher Umsatzsteuer-Voranmeldung, für die die **Schlüssel K (Sollversteuerung)** und **L (Istversteuerung)** vorgesehen sind, ist der Quartalsletzte anzugeben.

Falls wir keine Umsatzsteuer-Voranmeldung wünschen, aber nach dem System der Soll- oder Ist-Versteuerung buchen, müssen wir dem Programm dies ebenfalls melden, und zwar durch die **Schlüssel C (Sollversteuerung ohne Umsatzsteuer-Voranmeldung) oder E (Istversteuerung ohne Umsatzsteuer-Voranmeldung)**.

Für Kleinunternehmer im Sinne des Umsatzsteuergesetzes 1980 kann in der MPD-Kennziffer 114 ein Prozentsatz für den Abzugsbetrag eingetragen werden (auf Besonderheiten dabei gehen wir in diesem Lehrbuch nicht ein). Der **Schlüssel A** betrifft Sonderfälle, bei denen keine Umsatzsteuer zu berücksichtigen ist.

Zur Umsatzbesteuerung gibt es noch weitere MPD-Kennziffern unter II. Umsatzbesteuerung.

Die meisten davon sind nicht erklärungsbedürftig. Interessant ist, daß bei den Angaben zum Verrechnungsscheck nicht die Bankverbindung selbst, sondern nur die Bankleitzahl auszugeben ist. Die Bankverbindung dazu wird vom Rechenzentrum aus einer zentralen Datei ermittelt.

Eine Neuerung ist die Möglichkeit des Datentausches mit der Finanzverwaltung. Dadurch wird der „Papierkrieg" überflüssig. Dabei sind aber besondere Hinweise des Rechenzentrums zu beachten, auf die wir nicht eingehen.

2.2.3 Spezialkontenrahmen (Kennziffer 103 MPD I)

Bei einer Ersteingabe eines Mandanten muß hier eine Angabe erfolgen.

DATEV stellt den Anwendern des DATEV-Finanzbuchführungsprogramms verschiedene Kontenrahmen, die als Spezialkontenrahmen bezeichnet werden, zur Verfügung. **Die wichtigsten Kontenrahmen bei DATEV sind der DATEV-Spezialkontenrahmen (SKR) 01 und 02. Der SKR**

01 wird z. B. mit dem Schlüssel „01„ bei Kennzifer 103 gewählt. Die Beispiele in diesem Buch betreffen den SKR 01. Der SKR 02 ist streng nach dem Aktiengesetz gegliedert. Er enthält dafür zusätzliche, spezielle Konten. Zu beachten sind noch der Einzelhandelskontenrahmen (SKR 30), der Handwerkskontenrahmen (SKR 20) sowie der Industriekontenrahmen (SKR 50), der nach dem Abschlußgliederungsprinzip aufgebaut ist.

Die DATEV-Kontenrahmen SKR 01 und SKR 02 sind am Ende dieses Lehrbuches eingefügt. Erläuterungen zum DATEV-Kontenrahmen können den Kapiteln 2.3.1 und 2.3.2 entnommen werden. Wenn wir in diesem Lehrbuch Kontonummern angeben, beziehen sie sich immer auf den DATEV-Kontenrahmen SKR 01.

Der DATEV-Kontenrahmen kann vom Anwender ergänzt oder geändert werden. Diese Möglichkeit beschreiben wir in Kapitel 2.6. (Auch ein völlig individueller Kontenrahmen ist möglich. Diesen Sonderfall, der durch einen besonderen Schlüssel bei der Kennziffer 103 gekennzeichnet werden muß, behandeln wir hier nicht.)

2.2.4 Abweichendes Wirtschaftsjahr (Kennziffer 110 MPD I)

Jeder Kaufmann ist nach § 9 HGB verpflichtet, für den Schluß eines jeden Geschäftsjahres ein Inventar und eine Bilanz aufzustellen. Es ist jedoch nicht erforderlich, daß das Geschäftsjahr und das Kalenderjahr übereinstimmen müssen. Ein vom Kalenderjahr abweichendes Wirtschaftsjahr wird z. B. gewählt, damit der Jahresabschluß nicht in eine Zeit fällt, die als Hochsaison gilt oder aus anderen Gründen große Belastungen für den Kaufmann und seine Mitarbeiter bringt.

Unter Kennziffer 110 ist in solchen Fällen der Tag und Monat anzugeben, an dem das abweichende Wirtschaftsjahr beginnt. (Der Monat ist zweistellig zu schreiben, z. B. Januar = 01).

Die letzten beiden Stellen des Buchungsjahres sind an jede Abrechnungsnummer anzuhängen. Dabei ist beim abweichenden Wirtschaftsjahr immer das Jahr anzugeben, in dem das abweichende Wirtschaftsjahr beginnt.

2.2.5 Finanzamtsnummer (Kennziffer 112 MPD II)

Die Finanzamtsnummer wird für die Umsatzsteuer-Voranmeldung gebraucht. Die Finanzverwaltung hat ein Verzeichnis aller Finanzämter herausgegeben, in dem jedes Finanzamt eine Kenn-Nummer bekommen hat. Diese Kenn-Nummer ist bei Kennziffer 112 anzugeben. Das Programm speichert jeweils nur gültige Finanzamtsnummern. Das Verzeichnis kann von den Anwendern bei DATEV angefordert werden.

2.2.6 Steuernummer (Kennziffer 113 MPD II)

Bei dieser Kennziffer ist die Steuernummer für die Umsatzsteuer-Voranmeldung einzutragen. Die Steuernummer wird vom Programm bei den meisten Bundesländern noch um die maschinellen Ordnungsangaben ergänzt, die aufgrund der Finanzamtsnummer aus einer Programmtabelle abgerufen werden. Wegen der maschinellen Ordnungsangaben ist bei Eingabe der Steuernummer darauf zu achten, daß die Steuernummer entsprechend den jeweiligen Vorschriften geschrieben wird.

2.2.7 Kanzlei-Kontenrahmen (Kennziffer 107 MPD III)

Die bei DATEV gespeicherten Spezialkontenrahmen können auf zwei Arten ergänzt bzw. abgeändert werden. Der Anwender kann für jeden Mandanten individuelle Kontenbeschriftungen eingeben, aber auch für mehrere oder für alle Mandanten den DATEV-Kontenrahmen einheitlich abändern. Im letzten Falle sprechen wir von einem Kanzlei-Kontenrahmen. Wenn bei einem Mandanten der vom Mitglied selbst festzulegende Kanzlei-Kontenrahmen, der ein eigenständiger Kontenrahmen oder aber auch eine Ergänzung des DATEV-Kontenrahmens sein kann, in Anspruch genommen werden soll, dann ist bei diesem Mandanten die Kennziffer 107 mit Schlüssel 1 notwendig.

Wie ein Kanzlei-Kontenrahmen eingegeben wird, beschreiben wir in Kapitel 2.5.

2.2.8 Individuelle Kontenfunktionen (Kennziffer 204 MPD III)

Der DATEV-Kontenrahmen enthält eine Reihe von fest vergebenen Konten, die durch bestimmte Funktionen gekennzeichnet sind. Wir erläutern diese Funktionen im Kapitel 2.3.2 ausführlich. Eine der wichtigsten Funktionen ist die Umsatzsteuer-Automatik, die bewirkt, daß aus einem Betrag, der auf ein automatisches Konto gebucht wird, ohne besondere Angabe im Buchungssatz die Umsatzsteuer errechnet wird. In vielen Fällen reichen die automatischen Konten des DATEV-Kontenrahmens zwar aus, DATEV gibt aber den Anwendern Gelegenheit, entsprechende Änderungen und Erweiterungen vorzunehmen. Hierbei können nicht nur die automatischen Konten abgeändert und erweitert werden, sondern auch eine Reihe weiterer Funktionen, die wir noch behandeln. Wenn Funktionen (z. B. automatische Konten) individuell eingegeben oder geändert werden sollen, ist bei Kennziffer 204 der Schlüssel 1 ins rechte Kästchen einzutragen. Die DATEV-Mitglieder haben auch die Möglichkeit, diese Funktionen für Ihre Kanzlei einheitlich zu ändern. Liegt ein solcher Kanzleifunktionsplan vor, ist eine 1 bei diesem Mandanten in das linke Kästchen einzutragen. Sollen bei einem Mandanten die Kanzleifunktionen individuell geändert werden oder sind zusätzliche individuelle Funktionen einzurichten, ist eine 1 auch im rechten Kästchen einzutragen.

Wie individuelle automatische Konten festgelegt werden, zeigen wir in Kapitel 2.7.

Übung 1

Bitte füllen Sie nach den folgenden Angaben die Blätter der Mandanten-Adreß- und -Programmdaten aus:

- Beraternummer 5100
- Mandantennummer 333
- Die Buchführung soll ab 1984 erstmals mit EDV abgewickelt werden.
- Name und Anschrift des Mandanten:
  Johannes Maurer, 8500 Nürnberg, Paumgartnerstraße 6
- Umsatz: ca. 1 Million DM pro Jahr

- Die Kontierung soll nach dem DATEV-Kontenrahmen (SKR 01) erfolgen.

- Die Betriebswirtschaftliche Auswertung der DATEV wird gewünscht, und zwar in der Standard-Form.

- Der Wareneinsatz wird aufgrund der Materialentnahmescheine monatlich von der Klasse 3 in die Klasse 4 umgebucht.

- Die Daten werden einmal im Monat an das Rechenzentrum gesandt.

- Die Zahlungsmittelkonten sind zu verdichten.

- Das Finanzamt ist Nürnberg-Ost (Finanzamts-Nr. 9239)

- Die Steuernummer für die Umsatzsteuer-Voranmeldung lautet: 31319568.

Übung 2

Durch die zahlreichen Ausgangsrechnungen, die bei der Firma Johannes Maurer monatlich zu verbuchen sind, fallen viele Kontenblätter für Erlöskonten an. In Übereinstimmung mit dem steuerlichen Berater soll deshalb die Verdichtung auch für die Kontenklasse 8 eingeführt werden. Bitte füllen Sie das Formblatt für die Mandanten-Programmdaten aus (Änderung der Mandanten-Programmdaten!). Die Übungsformulare befinden sich im Anhang.

2.2.9 Verdichtung von Buchungszeilen auf Konten (Kennziffer 108 MPD III)

Wir haben in diesem Lehrbuch bereits darauf hingewiesen, daß bei der EDV-Buchführung nicht mehr gebucht wird, sondern die Daten erfaßt werden. Die Buchungssätze werden dazu auf eine Primanota geschrieben, während vom Datenerfassungsgerät gleichzeitig der Datenträger erstellt wird. Das Programm macht nun aus jedem Buchungssatz zwei Buchungen, Buchung und Gegenbuchung. Bei vielen Buchungen für ein Konto können mehrere Kontoblätter anfallen. Manchmal ist der Nachweis der Einzelbuchungen auf dem Kontoblatt aber nicht notwendig. Dies ist z. B. bei der Kasse der Fall, wo die Einzelaufzeichnungen im Kassenbuch vorhanden sind oder bei der Bank, wo die entsprechenden Bankauszüge mit den dazugehörigen Belegen vorliegen.

In fast allen EDV-Buchführungssystemen ist deshalb die Möglichkeit der Konten-Verdichtung vorgesehen. **Verdichten heißt, daß das Programm auf bestimmten Konten statt Einzelbuchungen nur eine Sammelbuchung durchführt.** Durch die Verdichtung wird der Papierbedarf eingedämmt. Ein Zahlenbeispiel macht den Vorteil der Verdichtung deutlich:

Für 1000 Kassenbuchungen werden bei DATEV 46 Kontenblätter benötigt (auf ein Kontoblatt gehen 22 Buchungen). Wenn das Kassenkonto verdichtet wird, erscheinen nur 2 gedruckte Zeilen, eine für die Sollbeträge, die andere für die Habenbeträge. Dadurch wird nur ein Kontoblatt gebraucht.

Über die Mandanten-Programmdaten ist eine Verdichtung von Kontengruppen möglich. Außerdem kann die Verdichtung bei der Eingabe der individuellen Kontenbeschriftung einzeln (siehe Kapitel 2.6) geschlüsselt werden.

Bei Kennziffer 108 gibt es folgende Möglichkeiten:

Verdichtung der Geldkonten (Kasse, Bank, Postscheck)
1000–1299

Verdichtung der Klasse 3 (Wareneinkauf)
3000–3899

Verdichtung der Klasse 8 (Umsatz)
8000–8699 (ohne die USt-freien Umsätze, Konten 8500–8509)

Die Verdichtung kann monatlich (eine Sammelbuchung pro Monat) oder pro Tag (tägliche Sammelbuchungen) gewählt werden. In den Mandanten-Programmdaten wird wohl nur monatliche Verdichtung (Schlüssel 1) vorkommen. Tägliche Verdichtung (Schlüssel 2) ist dann zu empfehlen, wenn umfangreiche Bankkonten abzustimmen sind, und wird meist bei der individuellen Kontenbeschriftung eingegeben.

Beispiele für die Eingabe der Verdichtung in den Mandanten-Programmdaten:

100 = monatliche Verdichtung der Geldkonten
101 = monatliche Verdichtung der Geldkonten und der Umsatzkonten
010 = monatliche Verdichtung der Wareneinkaufskonten
111 = monatliche Verdichtung der Geldkonten, der Wareneinkaufskonten und der Umsatzkonten.

Die Einzelbuchungen, aus denen sich eine Sammelbuchung zusammensetzt, können dem EDV-Journal oder der Primanota entnommen werden.

Im Interesse der Klarheit der Buchführung werden Generalumkehrbuchungen und Eröffnungsbilanzwerte nicht in die Verdichtung mit einbezogen.

Unter Generalumkehr verstehen wir Buchungen, die auf der Gegenseite mit Minus ausgewiesen werden (z. B. Eingabe eines Soll-Betrages, der auf der Habenseite des Kontos mit Minuszeichen erscheint. Die Generalumkehr erläutern wir im Kapitel 3.4.1).

Eröffnungsbilanzbuchungen werden deshalb gesondert ausgewiesen, weil sie nicht zu den Jahresverkehrszahlen gehören, die auf dem Kontoblatt fortgeschrieben werden.

Sollten einmal mehrere Monate zusammen gebucht werden, dann wird pro Monat eine Sammelbuchung gebildet.

Beim Wareneinkauf und bei Erlösen wird die Verdichtung immer nur für einen Steuersatz vorgenommen. Dadurch sind z. B. die 7 und 14prozentigen Umsätze getrennt ausgewiesen.

In bestimmten Fällen ist zwar die Verdichtung einer Kontengruppe sehr sinnvoll, ein einzelnes Konto dieser Gruppe soll aber ausgenommen werden. Dafür gibt es die Möglichkeit, die Gruppenverdichtung aufzuheben (vgl. Kapitel 2.6). Außerdem kann die Verdichtung einer Gruppe im Einzelfall abgeändert werden.

2.2.10 Summen- und Saldenliste (Kennziffer 111 MPD IV)

Zu der Standard-Auswertung, die DATEV liefert, gehört auch eine Summen- und Saldenliste (vgl. Kapitel 4.4). Diese Kontenzusammenstellung wird für Sachkonten, Debitoren- und Kreditorenkonten geliefert. Durch einen Schlüssel in Kennziffer 111 kann man bestimmen, daß in den Summen- und Saldenlisten die ausgeglichenen und nicht bewegten Personenkonten unter-

drückt werden. Dazu ist der Schlüssel 1, wie im Formblatt festgelegt, anzugeben. Bei einem
großen Kontokorrent trägt diese Möglichkeit zur Übersichtlichkeit bei. Es erscheinen dann
nur noch die bewegten Konten und solche, die einen Saldo ausweisen. Der im Formblatt angegebene Schlüssel 2 dient dazu, alle angelegten Konten in der Summen- und Saldenliste auszuweisen, also auch solche Konten, die nur beschriftet sind und bisher noch nicht bebucht wurden.

2.2.11 Betriebswirtschaftliche Auswertung (BWA), (Kennziffer 104 bis 106 MPD VI)

Einer der Vorteile der EDV-Buchführung ist die Möglichkeit, die Zahlen der Buchführung
nicht nur in „Soll und Haben" auszuwerten, sondern die gespeicherten Verkehrszahlen und
Salden der Konten für bestimmte Aufstellungen abzufragen und aufzubereiten. Die Buchführung wird dadurch aussagekräftiger. Ein Beispiel dafür ist die Betriebswirtschaftliche Auswertung im DATEV-Finanzbuchführungsprogramm. Das Programm fragt die gespeicherten Konten nach verschiedenen Kriterien ab und stellt betriebswirtschaftliche Kennziffern für die Un-
ternehmensführung zusammen.

DATEV bietet den Anwendern des DATEV-Finanzbuchführungsprogramms verschiedene Formen der Betriebswirtschaftlichen Auswertung an. Die von den Mitgliedern am häufigsten ge-
wünschte BWA-Form ist die DATEV-Standard-BWA. Sie wird im Kapitel 4.6 erläutert. Die anderen BWA-Formen, z. B. die Betriebswirtschaftlichen Analysen für den Einzelhandel, die
DATEV in Zusammenarbeit mit der Betriebswirtschaftlichen Beratungsstelle für den Einzelhandel (BBE in Köln) entwickelt hat, behandeln wir nicht.

Wenn die DATEV-Standard-BWA gewünscht wird, ist der **Schlüssel „01"** in das zweistellige
Feld neben der **Kennziffer 104** einzutragen.

Nach der BWA-Form müssen wir festlegen, wie der **Wareneinsatz (Kennziffer 105)** in unserer
Betriebswirtschaftlichen Auswertung errechnet werden soll.

Die Betriebswirtschaftliche Auswertung enthält eine Kostenstatistik. Die erste Rechenopera-
tion in dieser Betriebswirtschaftlichen Auswertung ist die Ermittlung des Rohgewinns. Dazu
wird vom Umsatz der Wareneinsatz abgezogen. Folgende Möglichkeiten sind, aufgrund der
Gegebenheit in der Praxis, im DATEV-Finanzbuchführungsprogramm zur Ermittlung des Wareneinsatzes vorhanden:

- Es gibt Betriebe, die den Wareneinsatz monatlich genau ermitteln, indem sie (z. B. aufgrund
  von Materialentnahmescheinen) von der Klasse 3 in die Klasse 4 umbuchen. Diese Methode
  wird vor allem in Industriebetrieben angewandt. Sie wird durch die Eintragung von „KG4"
  (Konten-Gruppe 40) bei Kennziffer 105 gekennzeichnet. Das Programm fragt dann bei der
  Ermittlung des Wareneinsatzes die Kontengruppe 4000 bis 4099 ab, auf der der Wareneinsatz umgebucht wird.

- Sehr häufig wird der Wareneinsatz nicht monatlich genau ermittelt, sondern erst am Jahresende durch Inventur. Man geht davon aus, daß in diesen Fällen der monatliche Wareneinsatz dem Wareneinkauf ungefähr entspricht. Deshalb fragt das Programm die Wareneinkaufskonten (3000 bis 3969) für den Wareneinsatz ab. Die Bestände sind dagegen auf die
  Konten 3980 bis 3999 zu buchen, damit sie nicht ebenfalls als Wareneinsatz berücksichtigt
  werden. Der bei Kennziffer 105 einzutragende Schlüssel lautet „KG3" (Konten-Gruppe
  3000–3969).

• Oft (z. B. im Einzelhandel) wird der Wareneinsatz auch nach einem **Prozentsatz** ermittelt, der sich auf den Umsatz bezieht (Klasse 8). Dabei bleiben die Kontengruppen 86 Provisions- erlöse und 87 Sonstige Erlöse unberücksichtigt. Das Programm setzt den Betrag aufgrund des bei Kennziffer 105 mit zwei Stellen vor und einer Stelle nach dem Komma einzutragenden Prozentsatzes ein.

Die Schlüssel **KG6** und **KG7**, die wir in unserem Formblatt ebenfalls vorfinden, sind für be- stimmte Spezial-Kontenrahmen vorgesehen.

Auf zwei weitere Möglichkeiten wollen wir noch hinweisen: Die Betriebswirtschaftliche Aus- wertung kann auch individuell gestaltet werden. DATEV hat diesen Programmteil eingeführt, weil es besonders bei Großbetrieben interessant ist, nicht nur die Standard-Auswertung, son- dern speziell auf den betreffenden Betrieb zugeschnittene Kennzahlen zu erhalten. Dabei gibt es die Möglichkeit, eine individuelle Betriebswirtschaftliche Auswertung für einen oder meh- rere Mandanten festzulegen. Im ersten Falle wird „BWA", im zweiten Fall „KAN" bei Kennzif- fer 105 eingetragen. Die Einrichtung einer individuellen Betriebswirtschaftlichen Auswertung erfordert das Studium besonderer Broschüren des Rechenzentrums. Eine Sammlung interessan- ter Beispiele von individuellen Betriebswirtschaftlichen Auswertungen enthält das Buch von Knief, EDV-gestützte Individuelle Betriebswirtschaftliche Auswertungen, Köln 1984, das in der DATEV-Schriftenreihe erschienen ist.

Die Betriebswirtschaftliche Auswertung kann monatlich oder mit jeder Auswertung (z. B. wö- chentlich) vom Programm erstellt werden. Zu empfehlen ist, bei **Kennziffer 106 (BWA-Zeit- raum)** den Schlüssel 1 einzutragen. Das Programm schreibt die Betriebswirtschaftliche Auswer- tung dann nur, wenn der tatsächliche Monatsletzte im Vorlaufdatum „bis" des Vollvorlaufs angegeben ist (z. B. 30. 4. oder 31. 5.). Außerdem speichert das Programm die Monatswerte, so daß im nächsten Jahr ein Vergleich mit dem Vorjahr möglich ist. Der Vorjahresvergleich kann im 2. Jahr der Auswertung über DATEV erstellt werden. Wenn die Vergleichs-BWA schon vor- her gewünscht wird, sind die Vergleichswerte einzugeben (vgl. zu diesem Thema auch das Ka- pitel 4.6, Betriebswirtschaftliche Auswertung). Bei entsprechender Schlüsselung der MPD- Kennziffern können die Vergleichswerte graphisch und in „Chefübersichten" aufbereitet wer- den. Dazu ist entsprechend dem Schema im Erfassungsblatt bei Kennziffer 330 eine 1 einzutra- gen.

Bitte beachten: Bei einer **Änderung** sind die Kennziffern 104 bis 106 immer gemeinsam auszu- füllen.

2.3 Kontenstammdaten

Während die Mandanten-Stammdaten Grundsätzliches für die gesamte Buchführung festlegen, beeinflussen die Stammdaten eines Kontos die Auswertungen und den Ausdruck dieses Kon- tos.

Zu den Kontenstammdaten gehören der Kontenrahmen, die Kontenfunktionen und die Ver- dichtung.

Der **Kontenrahmen** wird vom Anwender in den Mandanten-Programmdaten bei Kennziffer 103 gewählt. Die wichtigsten Kontenrahmen im DATEV-Finanzbuchführungsprogramm sind die DATEV-Kontenrahmen SKR 01 und SKR 02. Jeder Kontenrahmen, auch der DATEV-Kontenrahmen, kann vom Anwender individuell geändert und erweitert werden. Auch diese Änderungen und Ergänzungen gehören zu den Kontenstammdaten.

Ein wichtiger Teil dieses Kapitels ist die Behandlung der Kontenfunktionen. Kontenfunktionen sind Programmbefehle, die bei bestimmten Konten gespeichert sind. Die Kenntnis der Kontenfunktionen ist für den Anwender bedeutsam, weil er beim Vorkontieren wissen muß, was die Kontenfunktionen bewirken.

2.3.1 DATEV-Kontenrahmen

Als Kontenrahmen versteht man eine nach bestimmten Gesichtspunkten geordnete Zusammenstellung aller in Frage kommenden Konten einer Gruppe von Betrieben. Eine solche Kontenzusammenstellung ist der DATEV-Kontenrahmen.

Der DATEV-Kontenrahmen ist dekadisch (Zehnersystem) aufgebaut. Die erste Stelle der vierstelligen Sachkonten kennzeichnet die Kontenklasse, z. B. Konten 1000–1999, Klasse 1, Finanzkonten. Jede Klasse wird in 10 Kontengruppen eingeteilt, z. B. 1800 bis 1899, Kontengruppe 18, Sonstige Verbindlichkeiten. Eine Kontengruppe hat wiederum 10 Untergruppen, z. B. Konten 1870 bis 1879, Untergruppe 187, Mehrwertsteuerkonten. Jede Untergruppe umfaßt wiederum bis zu 10 Konten, z. B. Konto 1877, Mehrwertsteuer 14 %.

Der DATEV-Kontenrahmen ist am Ende dieses Lehrbuches eingefügt. Allerdings mußte DATEV für den Ausdruck alle Bezeichnungen auf maximal 20 Druckstellen kürzen, da auf dem Kontenformular, das von der Datenverarbeitungsanlage bedruckt wird, nur 20 Druckstellen zur Verfügung stehen.

Der Vorteil der Anwendung eines im Rechenzentrum gespeicherten Spezial-Kontenrahmens, z. B. des DATEV-Kontenrahmens, liegt darin, daß die im Spezialkontenrahmen des Rechenzentrums enthaltenen Konten nicht erst eingerichtet zu werden brauchen. Außerdem gibt es für die Spezialkontenrahmen Standardlösungen für die Betriebswirtschaftliche Auswertung und für den Abschluß.

Der DATEV-Kontenrahmen ist so aufgebaut, daß er bei fast allen Unternehmen zum Einsatz kommen kann. Durch individuelle Änderungen und Erweiterungen wird der DATEV-Kontenrahmen zum Kontenplan für den einzelnen Betrieb.

Zusätzlich zum DATEV-Kontenrahmen kann vom DATEV-Mitglied auch ein Kanzlei-Kontenrahmen eingerichtet werden. Während der DATEV-Kontenrahmen für alle Buchführungen zur Verfügung steht, die über DATEV ausgewertet werden, steht ein Kanzlei-Kontenrahmen für alle Mandanten einer Steuerkanzlei zur Verfügung. Der DATEV-Kontenrahmen kann als Kanzlei-Kontenrahmen geändert oder erweitert werden. (Es ist aber auch ein völlig selbständiger Kanzlei-Kontenrahmen möglich.) Den Zusammenhang zwischen DATEV-Kontenrahmen, Kanzlei-Kontenrahmen und individueller Kontenbeschriftung erläutern wir in Kapitel 2.5.

Der DATEV-Kontenrahmen ist ein EDV-Kontenrahmen. Alle Sachkonten haben grundsätzlich vierstellige Nummern. (Die meisten Rechenzentren arbeiten mit vierstelligen Kontonummern, es finden aber auch dreistellige und sechsstellige Kontenrahmen Anwendung.)

Die folgende Aufstellung stellt einige herkömmliche Kontonummern den Kontonummern bei
DATEV gegenüber.

bisher		bei DATEV	
02	Maschinen	0200	Maschinen
10	Kasse	1000	Kasse
121	Deutsche Bank	1210	Deutsche Bank*
122	Bayerische Vereinsbank	1220	Bayerische Vereinsbank*
14	Forderungen	1400	Forderungen

2.3.2 Kontenfunktionen

Das Buchen ist nicht die einzige Beschäftigung eines Buchhalters. Meist muß er aus den Unterlagen der Buchführung auch die Umsatzsteuer-Voranmeldung anfertigen. Bei einer EDV-Buchführung gibt es die Möglichkeit, die Werte für die Umsatzsteuer-Voranmeldung vom Programm ermitteln zu lassen. Das Programm kann dies jedoch nur dann, wenn es entsprechende
Informationen vom Anwender bekommt, bzw. wenn in den Stammdaten die notwendigen
Hinweise gespeichert sind. Z. B. muß das Programm wissen, auf welche Konten die Vorsteuer
gebucht wird, damit die Vorsteuer in der Umsatzsteuer-Voranmeldung ausgewiesen werden
kann.

In einer EDV-Buchführung richtet man deswegen Konten mit Funktionen ein. **Die Funktion
bewirkt eine Tätigkeit des Programms.** In unserem Beispiel mit den Vorsteuerkonten übermittelt die Funktion dem Programm, daß die auf die Vorsteuerkonten gebuchten Beträge in die
Umsatzsteuer-Voranmeldung einzusetzen sind.

Funktionen wurden aber nicht nur für die Umsatzsteuer-Voranmeldung eingerichtet, sondern
auch für andere Fälle. Zum Beispiel muß immer dann, wenn ein Personenkonto angesprochen
wird, das entsprechende Sachkonto (Forderungen oder Verbindlichkeiten) bebucht werden.
Meist werden dazu Sammelbuchungen gebildet. Bei der elektronischen Datenverarbeitung
kann diese Sammelbuchung vom Programm automatisch durchgeführt werden, veranlaßt
durch Kontenfunktionen.

Dics waren zwei Beispiele für Kontenfunktionen. Die folgende Aufstellung gibt einen Überblick über die verschiedenen Funktionsarten des DATEV-Kontenrahmens. Die Einteilung mu-
tet zunächst sehr theoretisch an. Es ist auch nicht notwendig, diese Funktionsarten auswendig
zu lernen. Die Bedeutung der Funktionen wird immer dann erklärt, wenn wir den betreffenden Buchungsfall behandeln. In diesem Kapitel führen wir deshalb nur die Funktionen als
Übersicht zum Nachschlagen auf.

Im DATEV-Kontenrahmen (siehe Anhang) **sind die Funktionen durch Abkürzungen vor den
Kontonummern gekennzeichnet.** In diesem Kapitel wird die allgemeine Bedeutung der Funk-
tionsgruppen erläutert.

---

* Die Beschriftung dieser Konten muß individuell eingegeben werden – vgl. Kap. 2.6.

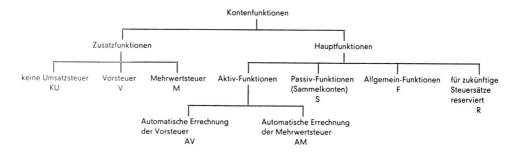

Zusatzfunktionen

Im DATEV-Finanzbuchführungsprogramm wird die Umsatzsteuer entweder aufgrund von Umsatzsteuerschlüsseln oder aufgrund von automatischen Konten errechnet (vgl. Kapitel 3.2). Im ersten Fall haben die Zusatzfunktionen eine wichtige Bedeutung, denn **die Zusatzfunktionen sagen dem Programm, ob bei den angesprochenen Konten Vorsteuer, Mehrwertsteuer oder keine Umsatzsteuer errechnet werden darf.** Die Zusatzfunktionen machen komplizierte Buchungsregeln zur Errechnung der Umsatzsteuer überflüssig. Das Programm errechnet die Umsatzsteuer dadurch automatisch aus dem richtigen Konto (vgl. dazu Kapitel 3.3). Im DATEV-Kontenrahmen sind die Zusatzfunktionen jeweils vor einer Kontenklasse angegeben.

Keine Umsatzsteuer = KU

Die Zusatzfunktion KU verhindert, daß bei einem Konto mit dieser Zusatzfunktion Umsatzsteuer errechnet wird. Mit dieser Zusatzfunktion sind beispielsweise sämtliche Finanzkonten (Klasse 1) belegt. Neben den im DATEV-Kontenrahmen angegebenen Konten haben auch alle Personenkonten (10000–99999) die Zusatzfunktion KU.

Vorsteuer = V

Diese Zusatzfunktion sagt dem Programm: Bei einem Konto mit dieser Zusatzfunktion darf nur Vorsteuer errechnet werden. Im DATEV-Kontenrahmen sind beispielsweise die Wareneinkaufskonten sowie die Klasse 4 (Kostenarten) mit dieser Zusatzfunktion belegt.

Mehrwertsteuer = M

Bei einem Konto mit dieser Zusatzfunktion darf nur Mehrwertsteuer errechnet werden. Im DATEV-Kontenrahmen ist die Klasse 8 (Erlöskonten) mit dieser Zusatzfunktion belegt.

Hauptfunktionen

Während die Zusatzfunktionen nur in Verbindung mit einem Umsatzsteuerschlüssel von Bedeutung sind, bewirken die Hauptfunktionen von sich aus eine Tätigkeit des Programms bei Ansprechen der betroffenen Konten.

Automatische Vorsteuer-Errechnung = AV

Am einfachsten wird die Umsatzsteuer durch das Ansprechen von automatischen Konten berücksichtigt. In den Kontenstammdaten eines automatischen Kontos ist gespeichert, daß ein bestimmter Prozentsatz aus den auf dieses Konto gebuchten Bruttobeträgen errechnet wird. Bei den mit AV gekennzeichneten Konten handelt es sich um automatische Vorsteuerkonten. Der zutreffende Steuersatz geht aus der Kontenbeschriftung hervor.

Automatische Mehrwertsteuer-Errechnung = AM

Wie AV, allerdings wird hier Mehrwertsteuer automatisch errechnet.

Sammelkonten = S

Bei der EDV-Buchführung wird die Sammelbuchung für die Einzelbuchungen auf die Personenkonten vom Programm automatisch auf das zutreffende Sachkonto gebucht. Die Sachkonten für Forderungen (1400) und Verbindlichkeiten (1600) sind Sammelkonten. Zu den Sammelkonten gehören auch die Konten, auf die das Programm die errechnete Umsatzsteuer automatisch bucht (z. B. 1877, 14 % Mehrwertsteuer).

Allgemeine Funktionen = F

Im DATEV-Kontenrahmen gibt es eine Reihe von Funktionen, die nicht so eindeutig bezeichnet werden können, wie die bisher erläuterten Funktionen. Sie sind unter der Gruppe „Allgemeine Funktionen" zusammengefaßt. Zu den allgemeinen Funktionen gehören beispielsweise die Saldenvortragskonten und einige Konten für die Umsatzsteuer-Voranmeldung.

Reservierte Konten = R

Die Anwender des DATEV-Finanzbuchführungsprogramms können den DATEV-Kontenrahmen individuell ergänzen oder erweitern. DATEV muß aber bei Gesetzesänderungen, z. B. bei Steuersatzänderungen, neue Konten mit neuen Funktionen belegen. Damit es hier nicht zu Überschneidungen kommt, ist eine Reihe von Konten reserviert. Die mit der Bezeichnung „R" versehenen Konten darf der Anwender nicht bebuchen. Falls ein solches Konto im Buchungssatz enthalten ist, wird die Buchung vom Programm abgelehnt.

2.4 Kontokorrent

Das Kontokorrent (Geschäftsfreundebuch) gehört zur „ordnungsgemäßen Buchführung". Alle unbaren Geschäftsvorfälle, aufgegliedert nach Geschäftsfreunden (Kunden, Lieferanten) sind darin aufzuzeichnen, damit zeigt das Kontokorrent den Stand der Forderungen und Verbindlichkeiten.

Das Kontokorrent ist ein Nebenbuch. Ein Nebenbuch dient zur Erläuterung und zur näheren Bestimmung von Konten des Hauptbuches. **Das Kontokorrent erläutert die Sachkonten, Forderungen (1400) und Verbindlichkeiten (1600).** Das folgende Schaubild zeigt dies:

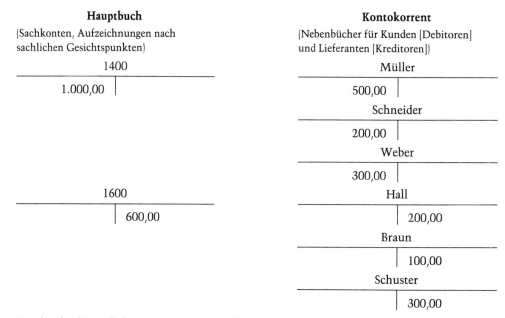

Hauptbuch	**Kontokorrent**
(Sachkonten, Aufzeichnungen nach sachlichen Gesichtspunkten)	(Nebenbücher für Kunden [Debitoren] und Lieferanten [Kreditoren])

Bei den herkömmlichen Buchführungstechniken werden die unbaren Geschäftsvorfälle zunächst auf den Personenkonten gebucht. Die Summen (oder auch die einzelnen Beträge) dieser Geschäftsvorfälle werden dann auf die Sachkonten Forderungen und Verbindlichkeiten übertragen.

Auch bei der EDV-Buchführung wird zunächst das Personenkonto angesprochen. Das Übertragen auf das Sachkonto übernimmt aber das Programm automatisch, und zwar einmal aufgrund der Kontokorrentkennziffern der Konten und zum anderen aufgrund der Kontenfunktionen für die Sachkonten Forderungen (1400) und Verbindlichkeiten (1600).

Die Sachkonten des DATEV-Kontenrahmens sind 4stellig. **Für die Kontokorrentkonten sind 5stellige Konten zu verwenden.** Die 5. Stelle von rechts kennzeichnet die Kontokorrentkonten:

DATEV-Konto (5stellig) $\boxed{\text{X XXXX}}$

    Gruppenkennziffer
    0 = Sachkonto
    1–6 = Kunden (Debitoren) 10 000–69 999
    7–9 = Lieferanten (Kreditoren) 70 000–99 999

Genaugenommen sind im DATEV-Finanzbuchführungsprogramm alle Konten 5-stellig, denn das Programm füllt die Sachkonten mit der Gruppenkennziffer 0 auf 5 Stellen auf. Bei der Eingabe und bei unseren Buchungssätzen können wir die Gruppenkennziffer „0" aber meist außer acht lassen, und sprechen einfach von 4stelligen Sachkonten.

14712 = Beispiel für Debitorenkontonummer
74712 = Beispiel für Kreditorenkontonummer

Weil das Programm die Übertragung der Kontokorrent-Buchungen auf die Sachkonten Forderungen und Verbindlichkeiten automatisch vornimmt, dürfen die Sachkonten 1400 Forderungen und 1600 Verbindlichkeiten nicht bebucht werden. Geschieht dies trotzdem, werden die Buchungen vom Programm abgelehnt. Damit werden Differenzen zwischen dem Sachkonto und den dazugehörigen Personenkonten vermieden.

Es folgt ein Beispiel für die Einteilung des Personenkontokorrents:

Gliederungsmöglichkeiten der Personenkonten

Kunden Kto-Nr.	Konten-Bezeichnung	Lieferanten-Kto-Nr.
1 1100	A	7 4100
1 1200	B	7 4200
1 1300	C	7 4300
1 1400	D	7 4400
1 1500	E	7 4500
1 1600	F	7 4600
1 1700	G	7 4700
1 1800	H	7 4800
1 1900	I	7 4900
1 2000	J	7 5000
1 2100	K	7 5100
1 2200	L	7 5200
1 2300	M	7 5300
1 2400	N	7 5400
1 2500	O	7 5500
1 2600	P	7 5600
1 2700	Q	7 5700
1 2800	R	7 5800
1 2900	S	7 5900
1 3000	SCH	7 6000
1 3100	ST	7 6100
1 3200	T	7 6200
1 3300	U	7 6300
1 3400	V	7 6400
1 3500	W	7 6500
1 3600	X	7 6600
1 3700	Y	7 6700
1 3800	Z	7 6800

Neben dieser organisatorischen Maßnahme kann die alphabetische Sortierung der Personenkonten auch vom Programm erledigt werden (vgl. Kapitel 4.8 Kontenplan).

2.5 Zusammenhang zwischen DATEV-Kontenrahmen, Kanzlei-Kontenrahmen und individueller Kontenbeschriftung

Der DATEV-Kontenrahmen kann individuell geändert und erweitert werden. Eine Änderung wäre z. B. die Umbeschriftung des Kontos 1210 von „Banken" in „Deutsche Bank". Hier wird ein im DATEV-Kontenrahmen bereits gespeichertes Konto anders bezeichnet. Eine Erweiterung ist die zusätzliche Einfügung eines Kontos, z. B. die Einrichtung des Kontos 0311, PKW-N-AM 246. Wie solche Änderungen und Ergänzungen durchgeführt werden, sehen wir im Kapitel 2.7. **Individuelle Änderungen überschreiben die Bezeichnung des Spezialkontenrahmens.**

Ein **Kanzleikontenrahmen** (vgl. Kapitel 2.2.7) wird in den Fällen verwendet, in denen ein Spezialkontenrahmen bei mehreren oder allen Mandanten übereinstimmend geändert und ergänzt oder ein individueller Kontenrahmen für mehrere oder alle Mandanten aufgebaut werden soll. Durch den Kanzleikontenrahmen brauchen die Änderungen und Erweiterungen nicht bei jedem Mandanten einzeln durchgeführt zu werden. Der Kanzleikontenrahmen gilt für die Mandanten, die in den Mandanten-Programmdaten bei Kennziffer 107 mit Schlüssel 1 gekennzeichnet sind.

Wenn bei einem Mandanten sowohl der DATEV-Kontenrahmen als auch ein Kanzleikontenrahmen zur Anwendung kommt und außerdem individuelle Beschriftungen vorliegen, die den Kanzleikontenrahmen oder auch den DATEV-Kontenrahmen ändern, gilt die Reihenfolge:

Individuelle Beschriftung vor Kanzleikontenrahmen und Kanzleikontenrahmen vor DATEV-Kontenrahmen.

Beispiel:

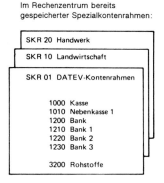 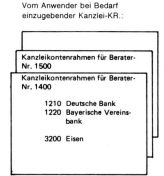 

Kontenplan für Berater 1400,
Mandant 420:
(Herkunft der Kontenbeschriftung)

1000 KASSE	Standard (SKR 01)
1010 PORTO KASSE	individuell
1210 DEUTSCHE BANK	Kanzlei
1220 BAYERISCHE VEREINSBANK . . . ·	Kanzlei
1230 BANK 3	Standard (SKR 01)
3200 STAHL	individuell

2.6 Individuelle Kontenbeschriftung und -verdichtung

Grundsätzlich können alle Konten des DATEV-Kontenrahmens umbeschriftet werden. Man sollte aber daran denken, daß bei verschiedenen Standard-Auswertungen, die das Rechenzentrum liefert, bestimmte Konten abgefragt werden. Dies ist beispielsweise bei der Umsatzsteuer-Voranmeldung, bei der Betriebswirtschaftlichen Auswertung und bei der Bilanz der Fall. Wenn diese Konten nicht dem Sinn ihrer Beschriftung nach verwendet werden, ergeben sich bei diesen Standard-Auswertungen Fehler, die aber durch im DATEV-System mögliche individuelle Änderungen der Standard-Auswertungen vermieden werden können.

Ein Beispiel für eine sinngemäße Umbeschriftung: Das Konto 4200, das im DATEV-Kontenrahmen mit Raumkosten beschriftet ist, wird mit Miete eingegeben.

Sinnentstellend wäre für das Konto 4200 beispielsweise die Verwendung für Werbekosten.

Weil auf den von der Datenverarbeitungsanlage zu bedruckenden Kontenblättern ein begrenzter Raum zur Verfügung steht, kann die Kontenbeschriftung nicht beliebig lang sein. **Für die Kontenbeschriftung sind maximal 20 Stellen vorgesehen.** Da Zwischenräume ebenfalls Platz beanspruchen, zählen sie bei der Eingabe der Beschriftung mit. Zwischenräume bezeichnet man in der Datenverarbeitung als „Leerzeichen" (Blanks).

Zur Kontenbeschriftung gehört auch der Verdichtungsschlüssel. Die Verdichtung haben wir schon im Kapitel 2.2.9 bei den Mandanten-Programmdaten erwähnt. In den Mandanten-Programmdaten kann eine gruppenweise Kontenverdichtung vorgenommen werden. In den Kontenstammdaten können dagegen einzelne Konten verdichtet werden. Damit ist es möglich, jedes Sachkonto zu verdichten. Dies ist allerdings nicht sinnvoll, weil dadurch die Aussagekraft der Buchführung stark beeinträchtigt wird. Personenkonten können nicht verdichtet werden.

Genau wie in den Mandanten-Programmdaten bedeutet der Schlüssel 1 monatliche und der Schlüssel 2 tageweise Verdichtung.

Außerdem gibt es noch den Schlüssel 9, der z. B. für den folgenden Fall gebraucht wird:

In den Mandanten-Programmdaten wurden die Konten 1000 bis 1399, die Zahlungsmittelkonten, verdichtet. Innerhalb dieser Konten befindet sich ein Verrechnungskonto, das nicht verdichtet werden soll, weil wir **die einzelnen Beträge** dieses Kontos abstimmen wollen. Damit wir nicht auf die Verdichtung der Mandanten-Programmdaten verzichten müssen und gezwungen sind, alle anderen Konten mit Ausnahme dieses Verrechnungskontos mit dem Verdichtungsschlüssel einzugeben, ist im Programm der Schlüssel 9 vorgesehen, der die Verdichtung der Mandanten-Programmdaten bei einzelnen Konten aufhebt.

Für die Kontenbeschriftungen hat DATEV ein Formblatt entwickelt:
(Wird das Formblatt für einen Kanzleikontenrahmen verwendet, dann ist als Mandantennummer 000 in die Kopfzeile einzutragen.)

Kontenbeschriftungen

Vorlage für die Datenerfassung

Kontrollzahl	Berater-Nr.	Mandant	Abr.-Nr.	Jahr	bei Kanzleikontenrahmen
			9	9	lautet die Abr.-Nr. 98

Konto-Nr	Bezeichnung (20 Stellen)	Korr./Verd.
1 2 0 0	HAUSBANK	2
1 3 6 1	VERRECHNUNG	9

DATEV Art.-Nr. 10020   Eigenformular, Nachdruck – auch auszugsweise – nicht gestattet

Die Kopfzeile des Formblattes beginnt mit dem **Vorlauf.** Nach Kontrollzahl, Beraternummer und Mandantennummer kommt die Abrechnungsnummer 99, die mit dem betreffenden Buchungsjahr zu kombinieren ist. Bei einem Kanzleikontenrahmen ist die Abrechnungsnummer 99 auf 98 zu ändern. Außerdem muß bei einem **Kanzleikontenrahmen** als Mandantennummer 0 angegeben werden. Dadurch ist Kontrollzahl und Beraternummer gleich.

Das Formblatt ist als Vorlage für die Datenerfassung auszufüllen. Die Daten werden auf Datenträger übertragen. Das Formblatt bleibt beim Anwender.

Bei Tippfehlern während der Erfassung ist die Eingabe richtig zu wiederholen. Im **Feld „Korr"** vor dem Verdichtungsschlüssel ist ein **Korrekturschlüssel** einzugeben, damit das Programm die richtige Eingabe erkennen kann. Wenn kein Verdichtungsschlüssel vorliegt, ist als Korrekturschlüssel 10 zu erfassen. Ein versehentlich angelegtes Konto kann mit dem Schlüssel 99 im Feld Korrektur/Verdichtung wieder gelöscht werden.

Übung 3

Das DATEV-Mitglied mit der Beraternummer 5100 will den DATEV-Kontenrahmen ab 1983 durch einen Kanzleikontenrahmen ergänzen. Der Kanzleikontenrahmen soll folgende Konten enthalten, damit diese Beschriftungen nicht bei jedem Mandanten einzeln eingegeben werden müssen:

1200 Sparkasse
1210 Deutsche Bank
1220 Commerzbank

Außerdem sollen die Konten 2127 und 2627 bei allen Mandanten monatlich verdichtet werden.

Bitte füllen Sie das Formblatt entsprechend aus.

(In den MPD wurde bei Kennziffer 107 für alle Mandanten der Schlüssel 1 eingegeben.)

Übung 4

Das DATEV-Mitglied mit der Beraternummer 5100 will für den Mandanten 310 die Erlöskonten genauer bezeichnen. Folgende Kontenbeschriftungen werden gewünscht:

8550 Kühlschränke   8554 Plattenspieler
8551 Waschmaschinen   8555 Zubehör
8552 Fernseher   8556 Sonstiges
8553 Radio

Über die Mandanten-Programmdaten wurden die Konten der Klasse 8 verdichtet. Weil auf dem Konto 8556 der Buchungstext bei den einzelnen Buchungen gedruckt werden soll, ist dieses Konto aus der Verdichtung der Mandanten-Programmdaten herauszunehmen.

Bitte füllen Sie das Formblatt für die Kontenbeschriftungen aus!

2.7 Individuelle automatische Konten

Den Überblick über die Kontenfunktionen haben wir in dem Kapitel 2.3.2 gegeben. Es würde zu weit führen, in diesem Lehrbuch die individuelle Eingabe sämtlicher Kontenfunktionen zu erläutern. Eine Funktionsart ist jedoch besonders wichtig: Die Aktivfunktionen (automatische Konten).

Unter Aktivfunktionen verstehen wir Konten, bei denen aus dem Bruttobetrag Umsatzsteuer errechnet wird, ohne daß im Buchungssatz besondere Angaben notwendig sind. Automatische Mehrwertsteuerkonten sind mit AM, automatische Vorsteuerkonten mit AV gekennzeichnet.

Mit dem Formblatt 10029 können wir die automatischen Funktionen des DATEV-Kontenrahmens ändern oder neue einfügen. Wir sprechen dann von individuellen automatischen Konten.

Voraussetzung ist ein Schlüssel bei MPD-Kennziffer 204, vgl. Kapitel 2.2.8.

Das Formblatt enthält den Vorlauf mit der Abrechnungsnummer 89, die mit dem Buchungsjahr zu kombinieren ist. Anschließend folgen die zwei Gruppen „Funktionsnummer" und „Konto von/bis". Die Funktionsnummer ist vom Anwender zu ermitteln. Sie setzt sich aus der eigentlichen Funktionsnummer und dem Schlüssel aus der Steuersatztabelle zusammen. Einen Auszug aus den beiden umfangreichen Tabellen der DATEV-Fachnachricht zeigen wir nachstehend:

Funktionstabelle	
Bezeichnung	**Funktions-Nr.**
AV (autom. Errechnung der Vorsteuer)	30XXX
AM (autom. Errechnung der Mehrwertsteuer)	80XXX

Steuersatztabelle	
%-Satz	**Schlüssel**
voller Steuersatz ermäßigter Steuersatz	001 002

Die Steuersatztabelle enthält außerdem alle in der Bundesrepublik Deutschland und in den
EG-Ländern vorkommenden Steuersätze. Der Vorteil der Bezeichnung „voller" und „ermäßig-
ter Steuersatz" liegt darin, daß bei Steuersatzänderungen keine zusätzlichen Anweisungen oder
Regeln für den Anwender notwendig sind.

Die Funktionsnummer aus der Funktionstabelle ist mit dem Schlüssel aus der Steuersatztabelle
zu ergänzen. Für „XXX" ist der Schlüssel aus der Steuersatztabelle einzusetzen. Für ein automatisches Mehrwertsteuerkonto mit Errechnung des vollen Steuersatzes lautet die Funktionsnummer deshalb 80001. Dies verdeutlicht die folgende Skizze:

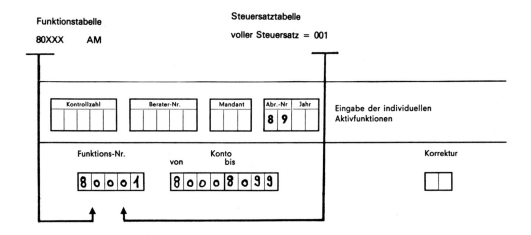

Die Funktionsnummer tragen wir in das Formblatt für die Erfassung der individuellen Aktivfunktionen ein. Rechts daneben in dem Feld „Konto von/bis" brauchen wir nur noch anzugeben, welchen Konten die Funktion zugeordnet werden soll. In unserem Beispiel haben wir die
Funktion zur automatischen Errechnung des vollen Mehrwertsteuersatzes den Konten 8000
bis 8099 zugeteilt.

Bei der Eingabe von individuellen Funktionen druckt DATEV zur Bestätigung einen Funk-
tionskontenplan.

Übung 5

Bei der Elektro-Großhandlung Mayer und Sohn (Beraternummer 1400, Mandant 170) werden
die Wareneinkäufe in der Kontengruppe 310 Handelswaren gebucht.

Die Konten sollen in Zukunft mit automatischen Funktionen belegt werden, damit nicht bei
jeder Buchung ein Umsatzsteuerschlüssel eingegeben werden muß. Betroffen sind die Konten
3100 bis 3199, es handelt sich um den vollen Steuersatz. Bitte nehmen Sie in den Mandanten-
Programmdaten die notwendige Änderung vor und füllen Sie das Formblatt für die individuellen Funktionen aus. Sie finden die Übungsformulare im Anhang.

2.8 Jahresübernahme

Die Stammdaten sind mit Ausnahme der Mandanten-Adreßdaten immer auf ein bestimmtes Buchungsjahr bezogen. Das heißt aber nicht, daß sie deshalb jedes Jahr neu einzugeben sind. Es besteht die Möglichkeit, die Stammdaten auf das neue Jahr zu übertragen. Dazu ist ein Abrufvorlauf mit der Abrechnungsnummer 81, kombiniert mit dem neuen Buchungsjahr, an das Rechenzentrum zu senden. Das Programm übernimmt dann alle gespeicherten Stammdaten für das neue Wirtschaftsjahr. Im Vorlaufdatum „von" geben Sie eine Null an („0").

Beispiel:

Kontrollzahl	Berater	Mandant	Abrechnungsnummer/Jahr
27 500	28 000	500	81/84

Mit diesem Vorlauf wird die Jahresübernahme von 1983 auf 1984 durchgeführt.

Bei Verwendung der Programme KOST (Kosten- und Ergebnisrechnung) und OPOS (Offene-Posten-Buchführung) sind zusätzliche Regeln, auf die wir hier nicht eingehen, zu beachten.

Vor der Einreichung der ersten Buchungen für ein neues Wirtschaftsjahr ist in der Regel zu prüfen, ob Änderungen durchzuführen sind (z. B. Besteuerungssatz, Kontenrahmen, BWA-Form, usw.). In den Fällen, in denen Buchungen für das neue Wirtschaftsjahr ohne Jahresübernahme eingegeben werden, führt das Programm eine automatische Jahresübernahme der im alten Wirtschaftsjahr gespeicherten Stammdaten durch. Auch dabei müssen einige Besonderheiten beachtet werden, auf die wir hier nicht einzugehen brauchen.

Auf Wunsch können durch das Programm auch die Salden der Personenkonten vom alten auf das neue Jahr vorgetragen werden. Der Anwender erspart sich dadurch die manuelle Eingabe dieser Buchungen. Für die Saldenübernahme ist ebenfalls ein Abrufvorlauf notwendig. Die Abrechnungsnummer lautet 94 und ist mit dem neuen Jahr zu kombinieren. Im Vorlaufdatum „von" muß ein Schlüssel nach folgendem Schema angegeben werden:

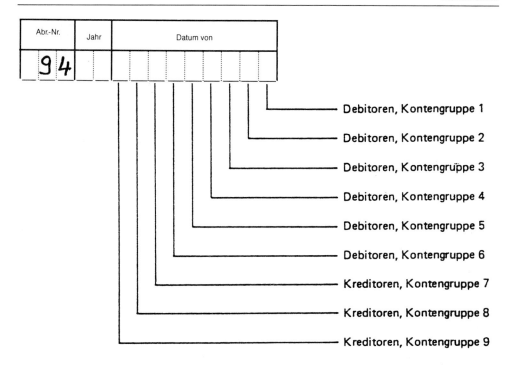

Für die Kontengruppen, deren Salden zu übernehmen sind, ist der Schlüssel 1 anzugeben.

Bei der Saldenübernahme ist zu beachten, daß sie nicht gleichzeitig mit Buchungen des alten Jahres durchgeführt werden darf.

Mit der Abrechnungsnummer 96 können auch die Salden der Sachkonten in das neue Jahr übernommen werden. Dabei sind mehrere Vorläufe möglich, wobei im Vorlaufdatum „von" und „bis" die betreffenden Konten bzw. Kontengruppen anzugeben sind.

2.9 Programmverbindungen

Das Kennzeichen moderner betriebswirtschaftlicher Datenverarbeitungssysteme ist die integrierte Datenverarbeitung. Man versteht darunter Programmverbindungen, die es dem Anwender ermöglichen, nach einmaliger Eingabe seiner Daten (z. B. eines Buchungssatzes) möglichst alle Folgearbeiten automatisch von Programmen ausführen zu lassen (z. B. Berücksichtigung der Lohnbuchungen in der Finanzbuchführung, usw.). Der praktische Nutzen für den Anwender liegt darin, daß er so seine Datenverarbeitung insgesamt beschleunigt und die Gefahr von Eingabefehlern vermindert.

Am häufigsten werden Daten aus dem Lohnprogramm in die FIBU übertragen. Dazu wird in den Stammdaten des Lohnprogramms in einem Buchungsbeleg festgelegt, auf welche Konten die Lohnsummen, Abzüge usw. zu buchen sind. Das Lohnprogramm stellt dann nach einem Verarbeitungslauf diese Daten in einen Zwischenspeicher, vgl. dazu die Abb. auf der nächsten Seite.

Durch die Eingabe des folgenden Belegs, der beispielhaft ausgefüllt ist, werden die Daten in die Finanzbuchhaltung übernommen. Bei Kennziffer 101 ist statt „XX" die aktuelle Abrechnungsnummer einzusetzen.

Programmverbindungen   FIBU

Vorlage für die Datenerfassung

Kontrollzahl	Berater-Nr.	Mandant	Abr.-Nr.	Jahr
2 9 5 1 4	2 9 6 2 4	1 1 0	7 0	8 5

FIBU-Abrechnungsnummer

101	Abr.-Nr.	Jahr
	x x	8 5

Aktuelle Abrechnungsnummer aus FIBU.
Damit ist diese Abr.-Nr. für FIBU **vergeben.**

FIBU-Datum bis

102	Datum bis
	3 0 1 2 8 5

Datum, das im Vorlaufdatum „bis" bei FIBU erscheinen soll.
Es gelten die bekannten FIBU-Vorschriften für das Vorlaufdatum „bis".

Programmkennzeichen

103	L 0

Zum Beispiel:
BD = Programmkennzeichen BILOG
LO = Programmkennzeichen LOHN
SB = Programmkennzeichen SBI

Laufnummer

104	von	bis
	1 2	

BILOG: Bereitstellungstag (Abr.-Nr. 129JJ) = Laufender Tag des Jahres
LOHN: Abgerechnete(r) Monat(e), von/bis = 1 – 12
    und Unterscheidungsschlüssel bei Übernahme
    mehrerer Mandanten
SBI: Laufnummer(n), von/bis = 1 – 999

Abweichende Belegnummer

105						

Gilt nur für Programmverbindung LOHN/FIBU.

BERATER 29624 MANDANT 110 TEST SAARLAND   6600 SAARBRUECKEN   PFALZSTR   LISTE NR. 24 BLATT 1

BUCHUNGSLISTE L O H N FUER MONAT DEZEMBER 1985   LFD. NR. 258 OB DATUM 25.05.84

V O R L A U F D A T E N   - - - ABRECHNUNGS-NR. UND DATUM FUER MANUELLE ERFASSUNG ERGAENZEN - - -

KONTROLLZAHL BERATER-NR. MAND.-NR. ABRECHN.-NR. DATUM VON DATUM BIS PN-SEITE

29514   29624   110

UMSATZ

S O L L	H A B E N	GEGENKONTO	BELEGFELD 1	BELEGFELD 2	DATUM	KONTO	KOST 1	KOST 2	TEXT
	3.000,00	4120	008512		3012	1850	1000		GEHAELTER
	40,50	4121	008512		3012	1850	1000		SONST.LOHNK.
	15,60	4170	008512		3012	1850	1000		VERMW.LEISTG AG
	518,78	4130	008512		3012	1850	1000		GES SOZ AUFW
	4.200,00	4120	008512		3012	1850	2000		GEHAELTER
	94,50	4121	008512		3012	1850	2000		SONST.LOHNK.
	36,40	4170	008512		3012	1850	2000		VERMW LEISTG AG
	732,42	4130	008512		3012	1850	2000		GES SOZ AUFW
	12,00	1835	008512		3012	1850			VERB LST/KST
8,00		1835	008512		3012	1850			VERB LST/KST
	13,60	1840	008512		3012	1850			VERB SOZIALVERS
464,00		1855	008512		3012	1850			VERB AUS EINBEH
104,00		1840	008512		3012	1850			VERB SOZIALVERS
2.047,56		1835	008512		3012	1850			VERB LST/KST
1.772,60		1835	008512		3012	1850			VERB LST/KST
147,83		1851	008512		3012	1850			VERB AN AN
4.119,81									
8.663,80*	8.663,80*								
115,98		1840	008512		3012	4130			GES SOZ AUFW

44

3. Buchungsregeln

Bei der Behandlung der Stammdaten im vorhergehenden Kapitel wurde deutlich, daß der Buchhalter bei einer EDV-Buchführung zu den allgemeinen Buchführungsvorschriften und -regeln zusätzlich bestimmte Anweisungen beachten muß, die durch das Programm bedingt sind. Ohne Programm kann die Datenverarbeitungsanlage nicht „buchen". Man muß sich immer wieder verdeutlichen, daß die Datenverarbeitungsanlage kein Buchhalter, sondern eine Maschine ist. Wir wollen dies an einem einfachen Beispiel zeigen.

Im Kapitel 2.3.1 haben wir einige herkömmliche Kontonummern den Kontonummern gegenübergestellt, die bei der EDV-Buchführung zu verwenden sind. Wir sehen uns zunächst noch einmal die herkömmlichen Kontonummern mit den dazugehörenden Bezeichnungen an:

02 Maschinen
10 Kasse
121 Deutsche Bank
122 Bayerische Vereinsbank
14 Forderungen

Kein Buchhalter käme auf die Idee, die oben angegebene Reihenfolge bei der Ablage in einem Kontenkasten zu ändern. In welche Reihenfolge würde aber unser Programm die Konten bringen, wenn wir es anweisen, die Konten aufgrund der Nummern zu sortieren? Das Ergebnis wäre:

02 Maschinen
10 Kasse
14 Forderungen
121 Deutsche Bank
122 Bayerische Vereinsbank

Wie kam es dazu? Das Programm hat die Konten nach Nummern sortiert. 14 ist kleiner als 121. Deshalb gehört die Kontonummer 14 vor die Kontonummer 121. Daraus leitet sich die Regel ab, daß bei der EDV-Buchführung die Kontonummern eine einheitliche Länge haben müssen, im DATEV-Programm FIBU sind die Sachkonten deshalb 4-stellig, die Personenkonten 5-stellig.

Mit unserem Beispiel wollen wir zeigen, daß durch die Logik der Datenverarbeitung besondere Regeln notwendig werden.

Eine wichtige Voraussetzung für die Anwendung der EDV-Buchführung ist das Beherrschen der Regeln, die durch das Programm vorgeschrieben sind. Die Rechenzentren geben dazu Programmanweisungen oder Fachnachrichten heraus. Die Regeln, die beim DATEV-Finanzbuchführungsprogramm zu beachten sind, besprechen wir im Kapitel 3.

Zu einer Buchführung gehören immer Grund- und Hauptbuch. In der EDV-Buchführung erfaßt der „Buchhalter" lediglich die Daten dafür. Bei der Datenerfassung wird die Primanota geschrieben. (Bei einigen Belegkreisen findet eine Grundbuchaufzeichnung schon vor der Datenerfassung statt, z. B. sind die Kassenbelege in einem Kassenbuch einzutragen.)

Die Primanota ist ein wichtiger Bestandteil im System der EDV-Buchführung, weil sie die Daten enthält, die der Anwender mittels Datenträger oder Datenfernverarbeitung zur Auswertung an das Rechenzentrum weiterleitet. Zur Kontrolle erstellt das Rechenzentrum über die empfangenen Daten per Programm ein Protokoll. Dieses Protokoll bezeichnet man bei der EDV-Buchführung als Journal. Das Journal ist die eigentliche Grundbuchaufzeichnung und ist, wie alle Bücher, die der Kaufmann führen muß, 10 Jahre aufzubewahren.

Zwischen mechanischen (z.B. Lochstreifenstanzern) und elektronischen Geräten (z.B. DATEV-Verbundsystem) gibt es hinsichtlich der Primanota einen Unterschied. Während bei mechanischen Geräten die Primanota der Erfassungskraft zeigt, was sie gerade eingegeben hat, übernimmt bei moderneren Geräten diese Funktion der Bildschirm. Im letzteren Fall kann die Primanota deshalb auf Diskette gespeichert werden, die wiederverwendet werden kann, wenn die richtige Auswertung aus dem Rechenzentrum vorliegt. Die Grundbuchfunktion hat dann das Journal aus dem Rechenzentrum. Ein Ausdruck der Primanota zu Kontrollzwecken kann bei Bedarf erfolgen.

Vor der Datenerfassung wird kontiert. Diese Tätigkeit ist bei einer herkömmlichen Buchführung und bei EDV-Buchführung gleich. Allerdings sind bei einer EDV-Buchführung die entsprechenden Programmvorschriften zu beachten.

Die meisten Buchführungen werden einmal monatlich erfaßt. Bei Bedarf werden die Daten aber auch öfter zur Auswertung an das Rechenzentrum gegeben. Dies ist vor allem dann der Fall, wenn neben der Finanzbuchführung auch die Unterlagen für das Mahnwesen durch die Datenverarbeitungsanlage erstellt werden und beispielsweise 10-tägig oder 14-tägig gemahnt werden soll.

Wichtig ist, daß so wirtschaftlich wie möglich gearbeitet wird. Wie wir besonders im Kapitel 3.6 (Voll-, Folge- und Kurzbuchung) noch zeigen werden, ist es empfehlenswert, nach **Buchungskreisen** einzugeben. In der Praxis wird bei EDV-Buchführungen ausschließlich nach Buchungskreisen erfaßt. Einen Buchungskreis stellen z. B. sämtliche Kassenbuchungen dar. Ein anderer Buchungskreis sind die Bankbuchungen für eine bestimmte Bank. Es gibt folgende Buchungskreise:

Kasse	Postscheck	Ausgangsrechnungen
Bank	Eingangsrechnungen	Sonstige Belege.

Innerhalb eines Buchungskreises sollten die Belege nach Datum, innerhalb eines Datums nach Belegnummern geordnet werden.

3.1 Vorkontierung

In der Praxis hat sich bei allen Buchführungstechniken, nicht nur bei der EDV-Buchführung, eine Trennung zwischen der Kontierung und dem Buchen (bei der EDV-Buchführung: dem Erfassen) ergeben, auch dann, wenn die Kontierung und die Buchung (bzw. Erfassung) von derselben Arbeitskraft durchgeführt werden. Das Buchen oder Erfassen läßt sich nur wirtschaftlich durchführen, wenn zügig gearbeitet werden kann. Dies ist nur gewährleistet, wenn auf den Belegen ein deutlicher Hinweis steht, welche Daten zu buchen oder zu erfassen sind.

Zunächst müssen wir uns überlegen, welche Informationen (Daten) eigentlich zu einer Buchung gehören. Wir sehen uns dazu die folgende Rechnung an:

BUCHBINDEREI MÜLLER GEGRÜNDET 1879

Herrn   Fernruf: 33 44 55,
Siegbert Rudolph   8500 Nürnberg, 22. 12. 1983
Paumgartnerstraße 6   Maurerstraße 15

8500 Nürnberg

AUFTRAGSBESTÄTIGUNG UND
RECHNUNG NR. 712

		DM	DM
1 Band „DSWR" 1983 in Verlagseinband- decke gebunden			40,00
			40,00
Umsatzsteuer (Mehrwertsteuer)		+ 14 %	5,60
			45,60

Bankkonto: Stadtsparkasse Nürnberg Nr. 222 299   Gerichtsstand
    Bankleitzahl 760 501 01   Nürnberg
Postscheckkonto: Nürnberg Nr. 98 991 07
    Bankleitzahl 760 100 85

Nicht alle Informationen dieses Buchungssatzes gehen aus der Rechnung klar hervor. Die Rechnung enthält ein Datum, einen Text und einen Betrag. Außerdem sehen wir die Belegnummer 712. Die beiden Kontonummern, die wir für unseren Buchungssatz benötigen, finden wir auf der Rechnung nicht.

Die ursprüngliche Bedeutung des Wortes „Kontieren" wird dadurch klar. Auf unserer Rechnung fehlen die Kontonummern, die den eigentlichen Buchungssatz ausmachen und die noch auf unsere Rechnung zu schreiben sind. Wir brauchen die Personenkontonummer der Firma Müller und die Nummer des Kontos, auf das wir die Leistung der Firma Müller buchen wollen.

Wie nun die zu erfassenden Informationen auf den Beleg geschrieben bzw. kenntlich gemacht werden, ist in der Praxis sehr unterschiedlich. Vor allen Dingen spielt dabei das Datenerfassungsgerät eine wichtige Rolle. Es kommt darauf an, in welcher Reihenfolge die Daten eines Buchungssatzes bei der Datenerfassung einzugeben sind. Um dies zu zeigen, stellen wir dar, wie sich im DATEV-System der Buchungssatz entwickelt hat. Als Beispiel verwenden wir die bekannte Eingangsrechnung. Aus Vereinfachungsgründen lassen wir zunächst die Umsatzsteuer außer acht. Wir haben als Text „Einband DSWR" angegeben. Ob ein Text notwendig ist, das muß im Einzelfalle der Anwender entscheiden. Die Personenkontonummer der Firma Müller ist 76533. Die Leistung wollen wir auf das Konto 4900/Sonstige Kosten buchen.

Noch einmal der herkömmliche Buchungssatz:

Konto	Datum	Beleg-Nr.	Betrag		Text
			Soll	Haben	
4900	22.12.	712	45,60		Einband DSWR
76533	22.12.	712		45,60	Einband DSWR

Wenn wir uns diese Zeilen unter dem Gesichtspunkt der Rationalisierung ansehen, dann fällt uns sofort auf, daß einige Angaben doppelt enthalten sind. Wir haben diese Informationen durch ein Kästchen gekennzeichnet:

Konto	Datum	Beleg-Nr.	Betrag		Text
			Soll	Haben	
4900	22.12.	712	45,60		Einband DSWR
76533	22.12.	712		45,60	Einband DSWR

Der einzige Unterschied zwischen den beiden Zeilen (mit Ausnahme des Vorzeichens – Soll oder Haben – des Betrages) besteht bei der Kontonummer. Im DATEV-Programm FIBU wird die zweite Kontonummer mit in die erste Zeile unseres Buchungssatzes genommen, um dadurch die doppelte Angabe von Belegdatum, Belegnummer und Betrag (und selbstverständlich auch des Textes) zu sparen. Damit ergibt sich folgende DATEV-Buchungszeile:

Konto	Datum	Beleg-Nr.	Betrag		Konto	Text
			Soll	Haben		
4900	22.12.	712	45,60		76533	Einband DSWR

Eindeutig sind in diesem Buchungssatz das Datum, die Belegnummer und der Betrag (sowie der Text). Wir haben aber zwei Konten. Um diese beiden Konten im Buchungssatz zu unterscheiden, sprechen wir von **Konto** und **Gegenkonto**. Im Beispiel heißt das Konto „4900" und das Gegenkonto „76533". Datum, Belegnummer und Betrag gelten für Konto und Gegenkonto. **Das Vorzeichen des Betrages, der im Soll oder Haben zu erfassen ist, richtet sich nach dem Konto** und nicht nach dem Gegenkonto. Kosten stehen auf dem Kostenkonto (4900 ist ein Kostenkonto) im Soll, deshalb müssen wir den Betrag bei unserer Buchung im Soll erfassen. Zur Verdeutlichung dazu die T-Konten (wie EDV-Konten aussehen, zeigen wir im Kapitel 4.3):

	4900			76533	
	45,60				45,60

Im EDV-Journal wurde unsere Buchung wie folgt ausgewertet:

Journal vom		bis		Abrechnung		Berater		Mandant				Blatt	
Datum	Prima-nota	Buchungstext	Beleg-Nr. Beleg-Feld 2	Kostenstelle	SU	Konto Gegenkonto	Umsatz		Umsatzsteuer		USt.-Kto.	Steuer-satz
Tag Mon. Jahr							Soll	Haben	Soll	Haben		
22 12 83		EINBAND DSWR	712			4900	45,60					
22 12 83						76533		45,60				

Wenn wir in unserem Buchungssatz Konto und Gegenkonto austauschen, muß der Betrag auf die andere Seite, ins Haben, weil auf den Lieferantenkonten Eingangsrechnungen im Haben zu buchen sind.

Konto	Datum	Beleg-Nr.		Betrag	Gegen-	Text
			Soll	Haben	Konto	
76 533	22. 5.	712		45,60	4900	Einband DSWR

Dazu die Konten und das EDV-Journal:

	4900			76533	
	45,60				45,60

Journal vom		bis		Abrechnung		Berater		Mandant				Blatt	
Datum	Prima-nota	Buchungstext	Beleg-Nr. Beleg-Feld 2	Kostenstelle	SU	Konto Gegenkonto	Umsatz		Umsatzsteuer		USt.-Kto.	Steuer-satz
Tag Mon. Jahr							Soll	Haben	Soll	Haben		
22 12 83		EINBAND DSWR	712			76533		45,60				
22 12 83						4900	45,60					

Wir sehen uns nun zum Vergleich die Verbuchung der Eingangsrechnung der Firma Müller bei verschiedenen Datenerfassungsmethoden an. Bei den ersten beiden Beispielen ist die Reihenfolge der Daten im Buchungssatz anders als oben gezeigt. Diese rationellere Eingabeform hat sich in der Praxis bewährt. Bei Bildschirmterminals kann man den Buchungssatz zusätzlich am Bildschirm ansehen.

Vorweg ist zum **Belegdatum** folgendes zu bemerken:

Den 22. 12. müssen wir bei der Datenerfassung „2212" schreiben, weil das Programm die letzten beiden Stellen des Belegdatums als Monat liest. Bei den Monaten 1 bis 9 ist deshalb immer eine Null voranzustellen.

Beispiel für Kassette oder Diskette

Umsatz		SU	Gegen-konto	Belegfeld 1	Belegfeld 2	Datum	Konto	Kosten-stelle 1	Kosten-stelle 2	Skonto	Text			
Soll	Haben					Tag Monat						15	20	25	30
	45,60		76533	712	0	22. 02.	4900								

Beispiel für Lochstreifen (Primanota-Steuerschiene 300)

Gruppen-abschl. 00	Skonto	Umsatz		Storno	USt.	Gegen-Konto K Abschl. 00	Beleg-Feld 1 Rechn.-Nr.	Beleg-Feld 2 Fälligkeit	Datum		K	Konto	Kostenstelle	Text		
		Soll	Haben						Tag	Monat				5	10	15
			45,60		7	65,33	7,12	00	22	12		49,00				

Habenbeträge erkennt man in der Praxis an der roten Schrift. In diesem Buch kann man Soll- und Habenbeträge durch ihre Stellung im Betragsfeld unterscheiden, Habenbeträge stehen ganz rechts in der Umsatzspalte. Im Beispiel handelt es sich um einen Sollbetrag.

Beispiel mit Lochstreifen (Primanota-Steuerschiene 100)

Konto	Beleg-Datum		Beleg-Nr. (Verd.-Symbol)	Soll	Haben	USt.	Gegen-Konto	Text			
				(Kontenbezeichnung)					5	10	15
49,00	22	12	7,12	45,60		7	65,33				

Diese Form ist heute nicht mehr im Einsatz. Sie ist aber deswegen interessant, weil es sich um die erste, bei DATEV übliche Primanota und damit um die Grundlage aller folgenden Erfassungsmethoden handelt.

Kontierungsstempel und Buchungsliste

Beim Kontieren wird die Voraussetzung für eine rationelle Datenerfassung geschaffen. Wir zeigen hier einige Verfahren, die in der Praxis entwickelt wurden. Sehr häufig arbeitet man mit Kontierungsstempeln, die auf dem Beleg angebracht werden. Beispiele:

Konto	Dat.	Bel.-Nr.	Betrag Soll	Haben	S	U	Geg.-Konto

Betrag Soll	Haben	S	U	Geg.-Konto	Rechn.-Nr.	Fällig-keit	Dat.	Konto

Betrag Soll	Haben	S	U	Geg.-Konto	Bel.-Nr.	Dat.	Konto	Skonto

Soll	Haben	S	U	Geg.-Kto.	Dat.	Konto

Manchmal werden die Buchungen auch in **Buchungslisten** eingetragen (Beispiel auf der nächsten Seite).

BUCHUNGSLISTE

FIRMA:_____ **Blatt**_____

Kontrollzahl	Berater-Nr.	Mandant	Abr.-Nr.	Jahr	Datum von	Datum bis

Soll	Haben	Storno	USt.	K	Gegen-Konto Nr.	Bel.-Nr.	Beleg-Datum	K	Konto Nr.	T	Text	Skonto
			Summe:			ausgestellt am:			gebucht am:			

DATEV Art.-Nr. 10.045

Eigenformular, Nachdruck – auch auszugsweise – nicht gestattet

Das Kapitel über die Vorkontierung kann nicht abgeschlossen werden, ohne einen besonderen Vorteil des Buchens nach Buchungskreisen zu erwähnen. Unter bestimmten Voraussetzungen (siehe Kapitel 3.6) braucht ein Buchungssatz nicht alle Informationen zu enthalten, was bereits beim Vorkontieren zur Rationalisierung beiträgt.

In den nächsten Kapiteln werden wir viele Buchungsbeispiele bringen. Dabei geben wir aus Vereinfachungsgründen nicht immer alle Daten eines Buchungssatzes an. Meist lassen wir Belegnummer und Belegdatum weg, beschränken uns also auf Betrag, Gegenkonto und Konto.

Wir können in diesem Kapitel bei den Beispielen nicht alle Datenerfassungsmethoden berücksichtigen. Wir bringen daher die Informationen des Buchungssatzes in der Reihenfolge, die in der Praxis am häufigsten vorkommt.

Übung 6:

Bitte tragen Sie Konto, Gegenkonto und Betrag (Kurzform) für folgende Buchungsfälle ein:

Barverkauf, Konten: 1000 (Kasse), 8000 (Erlöse), Betrag: DM 1000,– (die Umsatzsteuer ist hier nicht zu berücksichtigen).

Einzahlung auf das Bankkonto, Konten: 1000 (Kasse), 1200 (Bank), Betrag: DM 1500,–.

Privatentnahme, Konten: 1000 (Kasse), 1900 (Privat), Betrag: DM 250,–.

BETRAG		GEGENKTO.		KONTO
SOLL	HABEN	U		

Tauschen Sie nun bitte Konto und Gegenkonto aus, die Buchungen müssen aber dem Sinn nach die gleichen bleiben:

BETRAG		GEGENKTO.		KONTO
SOLL	HABEN	U		

3.2 Umsatzsteuer (ohne Berücksichtigung der Ist-Versteuerung)

Wir haben uns schon mehrfach mit der Rechnung der Firma Müller beschäftigt. Hier noch einmal der Buchungssatz, den wir im vorhergehenden Kapitel gebildet haben (jetzt in Kurzform):

BETRAG		GEGENKTO.					KONTO			
SOLL	HABEN	U								
45,60		7	6	5	3	3	4	9	0	0

Bei diesem Buchungssatz haben wir die Umsatzsteuer, die in der Rechnung der Firma Müller mit 14% oder DM 5,60 ausgewiesen ist, nicht berücksichtigt. Nun muß aber der Unternehmer (meist monatlich) eine Umsatzsteuer-Voranmeldung beim Finanzamt abgeben. Die Umsatzsteuer-Voranmeldung gehört nicht direkt zur Buchführung, hängt aber eng mit ihr zusammen, da sie aus den Zahlen der Buchführung entwickelt wird. Der Aufwand, die Werte für die Umsatzsteuer-Voranmeldung manuell zu errechnen, ist nicht unerheblich. Hier hilft die elektronische Datenverarbeitung. Das Programm erstellt die Umsatzsteuer-Voranmeldung (vgl. Kapitel 4.5). Es müssen aber entsprechende Hinweise vorliegen. In den Mandanten-Programmdaten eines jeden Mandanten wird z. B. festgelegt, ob Soll- oder Ist-Versteuerung vorliegt (Mandanten-Programmdaten I, Kennziffer 102). Dies reicht dem Programm aber noch nicht aus, um die Umsatzsteuer-Voranmeldung schreiben zu können. Zusätzlich muß dem Programm bekannt sein, welche Umsätze angefallen sind, und wie sich diese auf die verschiedenen Umsatzsteuer-Prozentsätze aufteilen. Darüber hinaus benötigt das Programm die Vorsteuerbeträge und sämtliche anderen Werte, die in die Umsatzsteuer-Voranmeldung einzusetzen sind.

DATEV hat deswegen Umsatzsteuerschlüssel, automatische Konten und andere Konten mit Funktionen für die Umsatzsteuer-Voranmeldung in das Programm aufgenommen. In diesem Kapitel geht es uns nur um die Vor- und Mehrwertsteuer und um die umsatzsteuerfreien Umsätze. Die übrigen Werte für die Umsatzsteuer-Voranmeldung behandeln wir in einem eigenen Kapitel (vgl. Kapitel 4.5). Auch die Ist-Versteuerung klammern wir hier aus (siehe Kapitel 3.11).

Bei der Behandlung der Umsatzsteuer in der Buchführung kann im allgemeinen entweder nach dem Brutto- oder nach dem Nettoverfahren gearbeitet werden.

Vom **Bruttoverfahren** spricht man, wenn die Bruttopreise auf die Einkaufskonten oder die Erlöskonten gebucht werden und die Vorsteuer bzw. Mehrwertsteuer am Schluß eines jeden Voranmeldungszeitraumes aus den Verkehrszahlen errechnet und umgebucht wird. Der Vorteil dieses Verfahrens liegt darin, daß bei Kleinrechnungen die Umsatzsteuer nicht ermittelt werden muß und daß bei allen Rechnungen die Umsatzsteuer nicht gesondert zu buchen ist.

Beim **Nettoverfahren** werden Nettowarenwerte und Umsatzsteuer auf getrennten Konten gebucht. Vorteilhaft ist, daß die Steuer einzeln ausgewiesen wird und auf den Sachkonten Nettowerte stehen.

Die Vorteile beider Verfahren kann man durch eine Kombination nutzen. Dies wird möglich, weil bei einer EDV-Buchführung das Buchen in Datenerfassung und Auswertung unterteilt ist. Das Bruttoprinzip bietet Vorteile beim Erfassen. Die Umsatzsteuer braucht nicht gesondert eingegeben zu werden. Wir werden deshalb beim Erfassen – und damit schon vorher beim Kontieren – nach dem Bruttoprinzip arbeiten. Das Nettoprinzip, das den Vorteil bietet, daß die Steuer einzeln ausgewiesen wird und daß auch auf den Sachkonten Nettowerte stehen, erfordert aber eine gesonderte Behandlung der Umsatzsteuer im Buchungssatz. Vor allem bei herkömmlicher Buchführung ist das Nettoverfahren sehr aufwendig. Bei der EDV-Buchführung wird deshalb beim Datenerfassen das für den Anwender einfachere Bruttoverfahren angewandt, während das Programm, dem Routinearbeiten „leichter fallen", nach dem Nettoverfahren arbeitet. Damit sind Brutto- und Nettoverfahren vorteilhaft verknüpft.

3.2.1 Umsatzsteuerschlüssel

Noch einmal der Buchungssatz für die Eingangsrechnung „Müller":

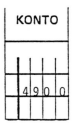

BETRAG		GEGENKTO.						KONTO			
SOLL	HABEN	U									
45,60			7	6	5	3	3		4	9	0	0

Bei der Erfassung haben wir den Rechnungsendbetrag einschließlich Umsatzsteuer angegeben; das Programm soll die Vorsteuer berücksichtigen und „netto" buchen. Woher soll das Programm aber wissen, daß in dem gebuchten Betrag Vorsteuer enthalten ist, die Firma Müller könnte ja auch ein von der Umsatzsteuer befreiter Kleinunternehmer (§ 19 UStG) sein. Falls Umsatzsteuer vorliegt, muß dem Programm aber auch der zutreffende Steuersatz bekannt sein. Wir sehen, das Programm braucht einen Hinweis zur Umsatzsteuer. Beim DATEV-Finanzbuchführungsprogramm ist dafür der Umsatzsteuerschlüssel vorgesehen, der in unseren Buchungssatz noch einzufügen ist. Er wird vor das Gegenkonto gesetzt, und zwar an die sechste Stelle von rechts:

DATEV-Gegenkonto:

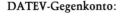

Im DATEV-Finanzbuchführungsprogramm gibt es für Vor- und Mehrwertsteuer getrennte Umsatzsteuerschlüssel:

1 = umsatzsteuerfrei	**8** = ermäßigter Vorsteuersatz
2 = ermäßigter Mehrwertsteuersatz	**9** = voller Vorsteuersatz
3 = voller Mehrwertsteuersatz	

Wenn der Umsatzsteuersatz geändert wird, gelten folgende Regeln:

Die Umsatzsteuerschlüssel 1, 2, 3, 8 und 9 betreffen die alten und die neuen Prozentsätze. Bei der Arbeit mit den Umsatzsteuerschlüsseln braucht man auf die tatsächliche Höhe des Prozentsatzes nicht zu achten. Das Programm weiß aus dem Jahr im Vorlaufdatum „bis" und aus dem Belegdatum, welcher Prozentsatz zu rechnen ist, und zwar nach folgender Logik:

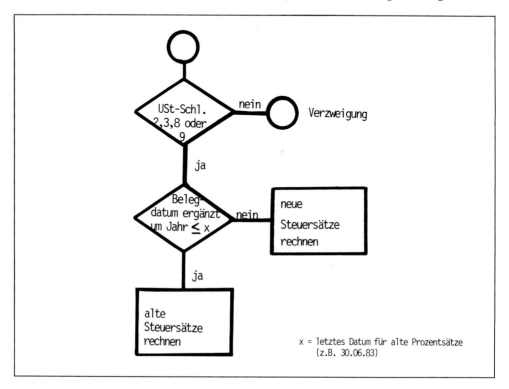

Da es vorkommen kann, daß unter einem Datum, das aufgrund dieser Logik zur Errechnung der neuen Umsatzsteuersätze führt, doch noch der alte Umsatzsteuersatz zu berücksichtigen ist, gibt es dafür die folgenden Umsatzsteuerschlüssel:

4 = Errechnung des alten ermäßigten Mehrwertsteuersatzes
5 = Errechnung des alten vollen Mehrwertsteuersatzes
6 = Errechnung des alten ermäßigten Vorsteuersatzes
7 = Errechnung des alten vollen Vorsteuersatzes

Ein Beispiel dafür ist eine Gutschrift unter einem Datum, bei dem bereits die neuen Steuersätze gelten, für eine Lieferung oder sonstige Leistung, die noch zu den alten Steuersätzen ausgeführt wurde.

Andere Steuersätze als die üblichen können im DATEV-Programm FIBU ebenfalls durch Umsatzsteuerschlüssel berücksichtigt werden. Die Erläuterung dieser individuellen Möglichkeiten würde in diesem Lehrbuch zu weit führen. (Es gibt aber für alle vorkommenden Steuersätze auch automatische Konten, vgl. Kapitel 3.2.2.)

Wir fügen nun in den Buchungssatz für die Rechnung des Lieferanten Müller, vom 22. 5. 1983, noch den Umsatzsteuerschlüssel ein:

Kurzform des Buchungssatzes:

BETRAG		GEGENKTO.		KONTO
SOLL	HABEN	U		
45,60		9 7 6 5 3 3		4 9 0 0

Primanota:

Umsatz		SU	Gegen-konto	Belegfeld 1	Belegfeld 2	Datum	Konto	Kosten-stelle 1	Kosten-stelle 2	Skonto	Text				
Soll	Haben					Tag Monat						15	20	25	30
45,60			976533	712	0	22. 12.	4900				EINBAND DSWR				

Wie von der Datenverarbeitungsanlage gebucht wird, zeigen wir zunächst anhand der T-Konten:

1577 Vorsteuer		4900 Sonstige Kosten	
5,60		40,00	

76533 Müller	
	45,60

Im vom Programm erstellten Journal sieht der Buchungssatz wie folgt aus:

Journal vom   bis   Abrechnung   Berater   Mandant   Blatt

Datum			Prima-nota	Buchungstext	Beleg-Nr. Beleg-Feld 2	Kostenstelle	SU	Konto Gegenkonto	Umsatz		Umsatzsteuer		USt.-Kto.	Steuer-satz
Tag	Mon.	Jahr							Soll	Haben	Soll	Haben		
22	12	83		EINBAND DSWR	712			4900	40 00		5 60		1577	14 00
22	12	83					9	76533		45 60				

Der Vergleich zwischen dem Buchungssatz in der Primanota und dem Buchungssatz im EDV-Journal macht den Unterschied zwischen Brutto- und Nettoprinzip deutlich.

Bei der Datenerfassung (Primanota) kommt das Bruttoprinzip zur Anwendung. Das Programm (EDV-Journal) arbeitet nach dem Nettoprinzip. Es weist die Umsatzsteuer gesondert aus und bucht sie auf ein dafür bestimmtes Konto (vgl. unten, Sammelfunktion).

Wir tauschen bei unserem Buchungssatz Konto und Gegenkonto aus:

Kurzform:

BETRAG		GEGENKTO.		KONTO
SOLL	**HABEN**	U		
	45,60	9 0 4 9 0 0		7 6 5 3 3

Primanota (Steuerschiene 300):

Umsatz		SU	Gegen-konto	Belegfeld 1	Belegfeld 2	Datum	Konto	Kosten-stelle 1	Kosten-stelle 2	Skonto	Text			
Soll	Haben					Tag Monat					15	20	25	30
	45,60		904900	712	0	22. 12.	76533				EINBAND DSWR			

Zur Verdeutlichung die T-Konten:

```
        1577 Vorsteuer                        4900 Sonstige Kosten
  ──────────────────────              ──────────────────────────
        5,60          │                     40,00        │


        76533 Müller
  ──────────────────────
                │  45,60
```

Der Buchungssatz, wie er vom Programm im Journal ausgewertet wird:

Journal vom   bis   Abrechnung   Berater   Mandant   Blatt

Datum			Prima-nota	Buchungstext	Beleg-Nr. Beleg-Feld 2	Kostenstelle	SU	Konto Gegenkonto	Umsatz		Umsatzsteuer		USt.-Kto.	Steuer-satz
Tag	Mon.	Jahr							Soll	Haben	Soll	Haben		
22	12	83		EINBAND DSWR	712			76533		45 60				
22	12	83					9	4900	40 00		5 60		1577	14 00

Weil sich das Vorzeichen des Betrages immer auf die Kontonummer bezieht, mußten wir jetzt den Betrag „im Haben" eingeben. Auf dem Lieferantenkonto sind Eingangsrechnungen „im Haben" zu erfassen. Da das Gegenkonto (4900) ein Sachkonto ist (4-stellig), müssen wir zwischen

der Nummer des Gegenkontos und dem Umsatzsteuerschlüssel 9, der an die sechste Stelle des Gegenkontos gesetzt wird, eine Null einschieben. Diese Null kennzeichnet das Konto 4900 als Sachkonto (Gruppenkennziffer 0).

Ein weiteres Beispiel für einen Umsatzsteuerschlüssel:

Wir buchen eine Ausgangsrechnung über DM 114, – (Mehrwertsteuer 14 % darin enthalten), Erlöskonto 8100, Kundenkonto 11000, Datum 1. 10. 83 Belegnummer 123:

Umsatz		SU	Gegen-konto	Belegfeld 1	Belegfeld 2	Datum	Konto	Kosten-stelle 1	Kosten-stelle 2	Skonto	Text			
Soll	Haben					Tag Monat					15	20	25	30
114,00			308100	123	0	1. 10.	11000							

Zur Verdeutlichung die T-Konten:

```
          1877 MwSt                                    8100 Erlöse
          ────────────                                 ────────────
                  │  14,00                                      │  100,00



          11000 (Kunde)
          ────────────
          114,00  │
```

Der Buchungssatz im EDV-Journal:

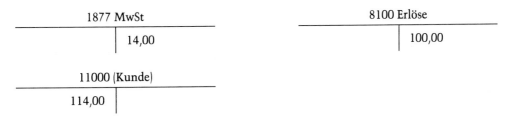

Journal vom				bis		Abrechnung		Berater		Mandant					Blatt	
Datum			Prima-nota	Buchungstext	Beleg-Nr.Beleg-Feld 2	Kostenstelle	SU	KontoGegenkonto	Umsatz		Umsatzsteuer		USt.-Kto.	Steuer-satz		
Tag	Mon.	Jahr							Soll	Haben	Soll	Haben				
1	10	83			123			11000	114 00							
1	10	83					3	08100		100 00		14 00	1877	14 00		

Wir haben bei den bisherigen Beispielen aus den Konten und aus dem EDV-Journal ersehen, daß die Vor- bzw. Mehrwertsteuer vom Programm errechnet und auf gesonderte Konten gebucht wird. Dabei handelt es sich um Konten mit bestimmten Funktionen. Die Funktionen haben wir im Kapitel 2.3.2 zusammenhängend besprochen. Bei den Konten 1579 und 1877 besteht eine **Sammelfunktion**. Die vom Programm errechnete Umsatzsteuer wird auf diesen Konten gesammelt. Mit „gesammelt" meinen wir, daß das Programm im EDV-Journal die Umsatzsteuerbeträge zwar einzeln ausweist, aber nur die Summen der jeweiligen Steuersätze auf die „Sammelkonten" bucht.

Im DATEV-Kontenrahmen gibt es für den vollen und für den ermäßigten Steuersatz folgende Sammelkonten:

Von 1. 7. 79 bis 30. 6. 83 (6,5 % bzw. 13 %):   **Ab 1. 7. 83 (7 % bzw. 14 %):**

1578 = Vorsteuer, ermäßigter Steuersatz   1576 = Vorsteuer, ermäßigter Steuersatz
1579 = Vorsteuer, voller Steuersatz   1577 = Vorsteuer, voller Steuersatz
1878 = Mehrwertsteuer, ermäßigter Steuersatz 1876 = Mehrwertsteuer, ermäßigter Steuersatz
1879 = Mehrwertsteuer, voller Steuersatz   1877 = Mehrwertsteuer, voller Steuersatz

Es ist nun noch eine Regel für die Behandlung der Umsatzsteuer im Buchungssatz herauszuarbeiten. Dazu zeigen wir zunächst die Buchungssätze, die wir eingeben müssen, wenn wir auf den Umsatzsteuerschlüssel verzichten und den Nettobetrag sowie die Umsatzsteuer gesondert behandeln:

Eingangsrechnung:

BETRAG		GEGENKTO.						KONTO				
SOLL	HABEN	U										
40,00			7	6	5	3	3		4	9	0	0
5,60			7	6	5	3	3		1	5	7	7

Ausgangsrechnung (1. 10. 83):

BETRAG		GEGENKTO.						KONTO				
SOLL	HABEN	U										
100,00				8	1	0	0		1	1	0	0	0
14,00				1	8	7	7		1	1	0	0	0

Zum Vergleich die T-Konten für diese Buchungen:

1577 Vorsteuer		1877 MwSt.	
5,60			14,00

4900 Sonstige Kosten		8100 Erlöse	
40,00			100,00

11000 (Kunde)	76533 (Lieferant)
100,00	40,00
14,00	5,60

Beide Buchungssätze werden richtig gebucht. Aber: **Wenn das Programm die Umsatzsteuer-Voranmeldung erstellen soll, ist die getrennte Eingabe von Warenwert und Umsatzsteuer bei Verkäufen (beim Umsatz) nicht möglich.** Bei der Vorsteuer dagegen könnten wir auch Netto eingeben. Diese Regeln müssen wir uns für die Kontierung merken, weil davon die Richtigkeit unserer Umsatzsteuer-Voranmeldung abhängt. Der Grund für die unterschiedliche Behandlung von Vor- und Mehrwertsteuer:

Die Vorsteuer wird in der Umsatzsteuer-Voranmeldung in einem Betrag aufgeführt. Bei der Mehrwertsteuer sind aber nicht nur die Umsatzsteuerbeträge getrennt nach Steuersätzen, sondern auch die dazugehörigen Umsätze auszuweisen. Bei unserem zweiten Beispiel (Ausgangsrechnung ohne Umsatzsteuerschlüssel) kann das Programm aus dem Buchungssatz selbst nicht erkennen, daß hier ein steuerbarer Umsatz (§ 1 UStG) vorliegt. Außerdem ist es dem Programm nicht möglich, den Betrag dem entsprechenden Steuersatz zuzuordnen.

Übung 7

Bitte vervollständigen Sie in den folgenden Buchungen das Gegenkonto um den Umsatzsteuerschlüssel (an Füllnullen denken!). Den Umsatzsteuerprozentsatz haben wir zwischen Konto und Gegenkonto angegeben. Ob es sich um Vor- oder Mehrwertsteuer handelt, geht aus der Kontierung hervor.

BETRAG SOLL	BETRAG HABEN	GEGENKTO. U	%	KONTO
	342,00	1 1 2 0 0	14 %	8 0 0 0
	21,40	4 9 0 0	7 %	1 0 0 0
	456,00	3 0 0 0	14 %	7 1 2 0 0
107,00		8 0 0 0	7 %	1 1 2 0 0
570,00		8 0 0 0	14 %	1 0 0 0
11,40		7 1 2 0 0	14 %	4 9 0 0

Buchen Sie nun auf T-Konten unter Berücksichtigung des von Ihnen ergänzten Umsatzsteuer-schlüssels:

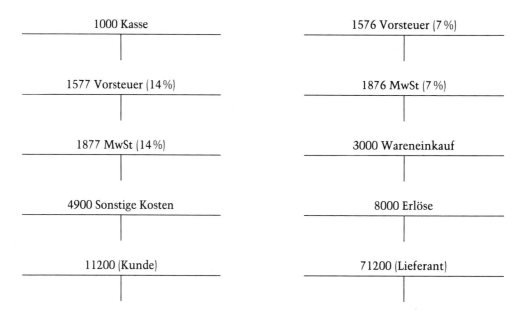

1000 Kasse	1576 Vorsteuer (7 %)
1577 Vorsteuer (14 %)	1876 MwSt (7 %)
1877 MwSt (14 %)	3000 Wareneinkauf
4900 Sonstige Kosten	8000 Erlöse
11200 (Kunde)	71200 (Lieferant)

Übung 8

Bitte kreuzen Sie die Geschäftsvorfälle an, die das Programm für die Umsatzsteuer-Voranmeldung berücksichtigen kann:

BETRAG		GEGENKTO.						KONTO				
SOLL	HABEN	U										
	226,00	3	1	1	2	0	0		8	0	0	0
100,00			7	1	2	0	0		3	0	0	0
14,00			7	1	2	0	0		1	5	7	7
	22,40	9	0	4	9	0	0		1	0	0	0
300,00				8	0	0	0	1	1	3	0	0
39,00				1	8	7	9	1	1	3	0	0
	426,00	2	1	2	1	0	0		8	1	0	0
	10,65	8	0	4	9	0	0		1	0	0	0
	500,00		1	3	1	0	0		8	0	0	0
	35,00		1	3	1	0	0		1	8	7	6

3.2.2 Automatische Konten

Die Umsatzsteuerschlüssel sind eine von zwei Möglichkeiten, die Umsatzsteuer im DATEV-Finanzbuchführungsprogramm so zu berücksichtigen, daß die Umsatzsteuer-Voranmeldung vom Programm gefertigt werden kann. Die zweite Möglichkeit sind automatische Konten. **Automatische Konten haben eine Programmfunktion, die bewirkt, daß aus dem Bruttobetrag des Kontos mit dieser Funktion ein bestimmter Umsatzsteuerprozentsatz errechnet wird. Bei automatischen Konten braucht man keinen Umsatzsteuerschlüssel.** Damit ist diese Möglichkeit noch einfacher als das Arbeiten mit Umsatzsteuerschlüssel. Für den vollen und den ermäßigten Steuersatz gibt es im DATEV-Kontenrahmen SKR 01 ab 1983 innerhalb der Klassen 3 und 8 z. B. folgende automatische Konten, die in Abhängigkeit vom Belegdatum den richtigen Steuersatz errechnen:

AV	3540–49	Wareneingang	ermäßigter Vorsteuersatz
AV	3550–59	Wareneingang	voller Vorsteuersatz
AV	3814	Erhaltene Boni	ermäßigter Vorsteuersatz
AV	3815	Erhaltener Boni	voller Vorsteuersatz
AV	3824	Erhaltene Rabatte	ermäßigter Vorsteuersatz
AV	3825	Erhaltene Rabatte	voller Vorsteuersatz
AM	8540–49	Erlöse	ermäßigter Vorsteuersatz
AM	8550–59	Erlöse	voller Vorsteuersatz
AM	8814	Gewährte Boni	ermäßigter Vorsteuersatz
AM	8815	Gewährte Boni	voller Vorsteuersatz
AM	8824	Gewährte Rabatte	ermäßigter Vorsteuersatz
AM	8825	Gewährte Rabatte	voller Vorsteuersatz

Maßgebend ist auch hier, ebenso wie beim Umsatzsteuerschlüssel, das Jahr im Vorlaufdatum „bis" (Beim abweichenden Wirtschaftsjahr ist aufgrund dieser Regelung keine besondere Vorschrift zu beachten) und das Belegdatum der Buchung. Darüberhinaus gibt es weitere automatische Konten mit bestimmten Umsatzsteuersätzen.

Als Beispiel kontieren wir eine Ausgangsrechnung über DM 114,— (Kunde 11000), Mehrwertsteuersatz 14%, über das automatische Konto 8550.

Kurzform:

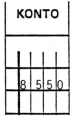

BETRAG			GEGENKTO.						KONTO			
SOLL	HABEN		U									
	114,00			1	1	0	0	0	8	5	5	0

Primanota (Steuerschiene 300):

Umsatz		SU	Gegen-konto	Belegfeld 1	Belegfeld 2	Datum	Konto	Kosten-stelle 1	Kosten-stelle 2	Skonto	Text			
Soll	Haben					Tag Monat					15	20	25	30
	114,00		11000	123	0	1. 10.	8550							

Zum Vergleich die Konten und das EDV-Journal:

Journal vom		bis		Abrechnung		Berater		Mandant						Blatt		
Datum			Prima-nota	Buchungstext	Beleg-Nr. Beleg-Feld 2	Kostenstelle	SU	Konto Gegenkonto	Umsatz		Umsatzsteuer		USt.-Kto.	Steuer-satz		
Tag	Mon.	Jahr							Soll	Haben	Soll	Haben				
1	10	83			123			8550	100|00			14|00	1877	14|00		
1	10	83						11000	114|00							

Wenn automatische Konten angesprochen werden, wird vom Programm Umsatzsteuer errechnet und gebucht. Dabei werden die gleichen Sammelkonten angesprochen, wie im vorhergehenden Kapitel.

Das automatische Konto kann im Konto oder im Gegenkonto eingesetzt werden. Wenn zwei automatische Konten im Buchungssatz enthalten sind (Umbuchungen), wird aus beiden Konten die Umsatzsteuer errechnet. In bestimmten Fällen ist es jedoch notwendig, die Errechnung der Umsatzsteuer bei automatischen Konten zu unterdrücken. Dazu gibt es einen Schlüssel, den wir im Kapitel 3.4.2 behandeln.

Bitte beachten Sie eine wichtige Regel:

Wenn ein automatisches Konto im Buchungssatz enthalten ist, dann darf kein Umsatzsteuerschlüssel an die sechste Stelle des Gegenkontos gesetzt werden. Die Buchung ist sonst falsch und wird vom Programm nicht durchgeführt.

Übung 9

Bitte bilden Sie die Buchungssätze für die folgenden Geschäftsvorfälle. Verwenden Sie jeweils ein automatisches Konto.

1. Wareneinkauf auf Ziel über DM 5700,—. Lieferant Meier, Konto-Nr. 76512. Der Betrag enthält 14% Umsatzsteuer.

2. Warenverkauf in bar über DM 228, —. Der Betrag enthält 14 % Umsatzsteuer.

3. Warenverkauf auf Ziel an Kunden Huber, Konto-Nr. 14220 über DM 570, —. Der Betrag enthält 14 % Umsatzsteuer.

4. Warenverkauf in bar über DM 428, —. Der Betrag enthält 7 % Umsatzsteuer.

BETRAG		GEGENKTO.			KONTO	
SOLL	**HABEN**	U				

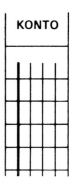

3.2.3 Umsatzsteuerfreie Umsätze

Wenn umsatzsteuerfreie Umsätze vorliegen, braucht zwar keine Umsatzsteuer errechnet zu werden, die betreffenden Umsätze müssen aber in der Umsatzsteuer-Voranmeldung ausgewiesen werden (vergleiche Kapitel 4.5 Umsatzsteuer-Voranmeldung). In der Umsatzsteuer-Voranmeldung wird unterschieden zwischen „umsatzsteuerfreien Umsätzen mit Vorsteuerabzug" und „umsatzsteuerfreien Umsätzen ohne Vorsteuerabzug". **Der Umsatzsteuerschlüssel 1 bedeutet „umsatzsteuerfrei mit Vorsteuerabzug".** Damit können die Exportumsätze mit diesem Schlüssel kontiert werden. **Für die umsatzsteuerfreien Umsätze ohne Vorsteuerabzug (Umsätze nach § 4 Ziffer 7 ff. UStG) gibt es automatische Konten.** Solche automatischen Konten stehen auch für die umsatzsteuerfreien Umsätze mit Vorsteuerabzug zur Verfügung.

Für umsatzsteuerfreie Umsätze gibt es im DATEV-Kontenrahmen insgesamt folgende automatische Konten:

AM 8500 = Umsatzsteuerfrei § 4, Ziffer 7 ff. UStG (ohne Vorsteuerabzug)
AM 8501 = Umsatzsteuerfrei § 4, Ziffer 1 bis 6 UStG (mit Vorsteuerabzug)
AM 8502 = Umsatzsteuerfrei WgM-DDR
AM 8503 = Umsatzsteuerfrei Offshore usw.
AM 8799 = Sonstige Erlöse umsatzsteuerfrei § 4, Ziffer 7 ff. UStG (ohne Vorsteuerabzug).

Die Automatik liegt hier nicht in der Errechnung eines Umsatzsteuerbetrages, sondern darin, daß der Rechnungsbetrag vom Programm automatisch in der Umsatzsteuer-Voranmeldung berücksichtigt wird.

Beispiele:

Ausgangsrechnung über DM 1.000, – , kontiert auf Konto 8100, Umsatzsteuerschlüssel 1:

Umsatz		SU	Gegen-konto	Belegfeld 1	Belegfeld 2	Datum	Konto	Kosten-stelle 1	Kosten-stelle 2	Skonto	Text			
Soll	Haben					Tag Monat					15	20	25	30
1.000,00			112000	12345	0	28. 10.	8100							

Ausgangsrechnung über DM 2.000, – , umsatzsteuerfrei, kontiert auf das automatische Konto 8501:

Umsatz		SU	Gegen-konto	Belegfeld 1	Belegfeld 2	Datum	Konto	Kosten-stelle 1	Kosten-stelle 2	Skonto	Text			
Soll	Haben					Tag Monat					15	20	25	30
2.000,00			8501	12346	0	28. 10.	12001							

Beide Buchungsbeispiele im EDV-Journal:

Journal vom   bis   Abrechnung   Berater   Mandant   Blatt

Datum			Prima-nota	Buchungstext	Beleg-Nr. Beleg-Feld 2	Kostenstelle	SU	Konto Gegenkonto	Umsatz		Umsatzsteuer		USt.-Kto.	Steuer-satz
Tag	Mon.	Jahr							Soll	Haben	Soll	Haben		
28	10	83			12345			8100		1 000 00				
28	10	83					1	12000	1 000 00					FR EI
28	10	83			12346			12001	2 000 00					
28	10	83						8501		2 000 00				FR EI

Übung 10

Bitte bilden Sie die Buchungssätze für folgende Geschäftsvorfälle:

1. Ausgangsrechnung für einen Kunden in Brasilien über DM 5.480, – . Als Erlöskonto ist 8102 zu verwenden. Die Kunden-Nr. ist 24810.

2. Einnahme (bar) aus der Vermietung und Verpachtung eines Grundstückes über DM 1.000, – . Bitte verwenden Sie ein automatisches Konto.

3. Ausgangsrechnung für einen Kunden in Österreich über DM 525, – . Bitte verwenden Sie als Erlöskonto das Konto 8501.

BETRAG		GEGENKTO.	KONTO
SOLL	HABEN	U	

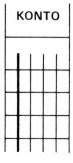

3.2.4 Alte Umsatzsteuersätze

Bei einer Änderung der Umsatzsteuersätze gibt es für den Buchhalter Sonderfälle, die spezieller Regeln bedürfen. Gutschriften z. B., die im neuen Bemessungszeitraum ausgestellt werden, aber Lieferungen oder sonstige Leistungen des alten Bemessungszeitraumes betreffen, unterliegen den vorhergehenden Umsatzsteuersätzen. Grundsätzlich sind für diese Buchungen besondere Umsatzsteuerschlüssel zu verwenden (s. Kapitel 3.2.1).

Aufgepaßt, heißt es deshalb bei allen Änderungen der Bemessungsgrundlage (z. B. Gutschriften) für eine vor dem 1. 7. 83 ausgeführte Lieferung oder sonstige Leistung. Das folgende Beispiel macht dies deutlich:

Beispiel:

Mandant Huber hat wegen der Rechnung vom 15. 6. 1983 mehrfach bei seinem Lieferanten Kunz (Lieferanten-Nr. 74500) reklamiert. Am 15. 8. 1983 erhält er eine Gutschrift über DM 56,50 (einschließlich Umsatzsteuer). Die Gutschrift ist auf das Konto 4900 zu buchen.

Nehmen wir an, im Buchungsjahr 1983 würden die gleichen Umsatzsteuersätze gelten, dann wäre folgende Kontierung richtig:

BETRAG		GEGENKTO.					KONTO			
SOLL	**HABEN**	U								
	56,50	9	7	4	50	0	4	9	0	0

Weil aber für diese Gutschrift, die eine Lieferung oder sonstige Leistung des alten Bemessungszeitraums betrifft, der Umsatzsteuersatz vor 1. 7. 83, also 13 % gilt, und nicht der Umsatzsteuersatz ab 1. 7. 83 (14 %), ist diese Kontierung falsch. Unter dem Belegdatum 15. 8. 1983 und unter dem Vorlaufdatum „bis" für 1983 rechnet das Programm bei Umsatzsteuerschlüssel 9 Vorsteuer in Höhe von 14 %. Eine automatische Beachtung solcher Fälle durch das Programm ist bei Umsatzsteuerschlüsseln nicht möglich. Zur Änderung der Bemessungsgrundlage fehlt dem Programm bei der Buchung der Hinweis auf den Zeitpunkt der ursprünglichen Lieferung oder sonstigen Leistung. Es könnte sich in unserem Beispiel auch um eine Gutschrift für eine Lieferung oder sonstige Leistung nach dem 1. 7. 83 handeln.

Für alle Buchungen, bei denen unter einem Vorlauf des neuen Bemessungszeitraumes (z. B. ab 1. 7. 83) und unter einem Datum des neuen Bemessungszeitraumes die alten Umsatzsteuersätze zu errechnen sind (z. B. bis 30. 6. 83), hat DATEV besondere Umsatzsteuerschlüssel eingeführt (s. auch Kapitel 3.2.1):

Umsatzsteuerschlüssel 4 = Errechnung des alten ermäßigten Mehrwertsteuersatzes
Umsatzsteuerschlüssel 5 = Errechnung des alten vollen Mehrwertsteuersatzes
Umsatzsteuerschlüssel 6 = Errechnung des alten ermäßigten Vorsteuersatzes
Umsatzsteuerschlüssel 7 = Errechnung des alten vollen Vorsteuersatzes

Die Gutschrift, die der Lieferant Kunz dem Mandanten Huber am 15. 8. 1983 für eine Lieferung und Leistung vom 15. 6. 1983 ausgestellt hat, ist deshalb wie folgt zu buchen:

BETRAG		GEGENKTO.		KONTO	
SOLL	HABEN	U			
	56,50	7 7 4 50 0		4 9 0 0	

Dazu die T-Konten:

1579 VSt		4900 versch. Kosten		74500	
	6,50		50,00	56,50	

Ein ähnliches Problem tritt auf, wenn Gutschriften für Lieferungen oder sonstige Leistungen des vorangegangenen Bemessungszeitraumes auf automatische Konten gebucht werden sollen. In solchen Fällen darf das übliche automatische Konto für den vollen oder ermäßigten Steuersatz (z. B. 8550 oder 8540 bzw. 3550 oder 3540) nicht angesprochen werden. Entweder muß mit den Umsatzsteuerschlüsseln 4, 5, 6 oder 7 gearbeitet werden oder aber mit den speziell dafür vorgesehenen automatischen Konten.

Für 13% und 6,5% Mehrwertsteuer sind im DATEV-Kontenrahmen SKR 01 die Konten 8590–99 bzw. 8580–89 und für 13% und 6,5% Vorsteuer die Konten 3590–99 bzw. 3580–89 eingerichtet.

Beispiel:

Wir erteilen einem Kunden (Kunden-Nr. 11111) am 20. 7. 83 eine Gutschrift über DM 113,00 auf eine Rechnung vom 2. Juni 1983. Die Umsätze werden normalerweise auf das Konto 8550 gebucht. Zwei Kontierungen sind möglich:

BETRAG		GEGENKTO.		KONTO	
SOLL	HABEN	U			
113,00		1 1 1 1 1		8 5 9 0	
oder					
113,00		5 1 1 1 1 1		8 0 0 0	

Das Konto 8550 darf nicht angesprochen werden, weil das Programm sonst 14% Umsatzsteuer errechnen würde.

3.3 Weitere Regeln zur Umsatzsteuer – Umsatzsteuerschlüssel und Zusatzfunktionen

In den Kapiteln 3.2.1 bis 3.2.3 haben wir die Grundsätze bei der Beachtung der Umsatzsteuer in unserem EDV-Buchführungsprogramm herausgearbeitet. Diese wenigen Regeln reichen in der Praxis zwar in den meisten Fällen, aber nicht immer aus. Sonderfälle verlangen eine besondere Behandlung. Mit den weiteren Regeln zur Umsatzsteuer beschäftigen wir uns in diesem Kapitel.

Bei den folgenden Buchungssätzen ist jeweils Umsatzsteuer zu berücksichtigen. Die zutreffenden Umsatzsteuerschlüssel sind im Buchungssatz bereits angegeben. Zum besseren Verständnis haben wir den Geschäftsfall durch ein Stichwort erläutert.

BETRAG		GEGENKTO.								KONTO			
SOLL	HABEN	U											
	1.026,00	3	1	4	7	0	0	ZIELVERKAUF		8	0	0	0
114,00		3	1	4	7	0	0	GUTSCHRIFT AN KUNDEN		8	0	0	0
228,00		3	0	8	0	0	0	BARVERKAUF		1	0	0	0
570,00		9	7	1	2	3	4	ZIELEINKAUF		3	0	0	0
	114,00	9	7	1	2	3	4	GUTSCHRIFT V. LIEFERANT		3	0	0	0
	456,00	9	0	4	5	0	0	KFZ.-REPAR.BAR		1	0	0	0

Diese Buchungen sind auf einem gesonderten Blatt auf T-Konten durchzuführen.

Zur Erinnerung die wichtigsten Regeln:

Der Betrag bezieht sich immer auf die Kontonummer. (Bei der ersten Buchung wird das Konto 8000 also im Haben bebucht. Bei dem Konto 14700 kommt der Betrag ins Soll.)

Der Umsatzsteuerschlüssel 3 bedeutet Errechnung des vollen Mehrwertsteuersatzes (14%).

Die vom Programm errechnete Mehrwertsteuer zu 14% wird auf das Konto 1877 gebucht.

Der Umsatzsteuerschlüssel 9 bedeutet Errechnung des vollen Vorsteuersatzes (14%).

Die vom Programm errechnete Vorsteuer zu 14% wird auf das Konto 1577 gebucht.

Lösung

1000				1577	
3) 228,00	6) 456,00			4) 70,00	5) 14,00
				6) 56,00	

1877				3000	
2) 14,00	1) 126,00			4) 500,00	5) 100,00
	3) 28,00				

4500				8000	
6) 400,00				2) 100,00	1) 900,00
					3) 200,00

14700				71234	
1) 1.026,00	2) 114,00			5) 114,00	4) 570,00

Bitte vergleichen Sie jetzt Ihre Konten mit dieser Lösung.

Wir gehen davon aus, daß alle Buchungen richtig durchgeführt wurden. Zwar mußte bei jeder Buchung entschieden werden, auf welches Konto nicht der Bruttobetrag, sondern der Nettobetrag zu schreiben ist. Aber für einen „Buchhalter" dürfte dies kein Problem gewesen sein.

Ohne lange nachzudenken, können wir sagen, daß bei einem Zielverkauf (1. Buchung) der Nettobetrag auf dem Konto 8000 zu buchen ist, ebenfalls bei der Gutschriftsanzeige an den Kunden (2. Buchung) und beim Barverkauf (3. Buchung). Die Bruttobeträge gehören auf die Personenkonten bzw. auf das Kassenkonto, weil wir den vollen Betrag einnehmen. Beim Zieleinkauf (4. Buchung) sowie bei der Gutschrift des Lieferanten (5. Buchung) muß der Nettobetrag auf das Wareneinkaufskonto gebucht werden. Der Bruttobetrag steht auf dem Lieferantenkonto, weil wir die volle Rechnung bezahlen bzw. bei der Gutschrift den Betrag einschließlich Mehrwertsteuer abziehen.

Bei der Ausgabe für die KFZ-Reparatur (6. Buchung) kommt der Bruttobetrag auf das Konto 1000, denn wir haben diesen Betrag bar bezahlt; das Kostenkonto 4500 nimmt den Nettobetrag auf.

Was für „uns Buchhalter" selbstverständlich ist, muß der Datenverarbeitungsanlage und damit dem Programm erst noch gesagt werden. Denn: Für einen Computer ist nichts selbstverständlich. Wir müssen deshalb klare Anweisungen geben, welches Konto des Buchungssatzes den Nettobetrag (ohne Umsatzsteuer) aufnehmen soll, wenn der Buchungssatz einen Umsatzsteuerschlüssel enthält. Damit das nicht bei jedem einzelnen Buchungssatz zu tun ist, sind im Programm bereits entsprechende Hinweise vorgesehen. **Die Aufgabe, dem Programm zu sagen, aus welchen Konten die Umsatzsteuer zu errechnen ist, haben die Zusatzfunktionen der Konten.** Im Kapitel 2.3.2 haben wir u. a. die Zusatzfunktionen behandelt. Die Zusatzfunktionen sagen dem Programm, ob Umsatzsteuer errechnet werden darf, und wenn, ob es sich um Vorsteuer oder Mehrwertsteuer handelt.

Bevor das Programm Umsatzsteuer errechnet, prüft es die Zusatzfunktionen der Konten im Buchungssatz ab. Wir zeigen dies am ersten Beispiel dieses Kapitels, einem Zielverkauf:

(Zur Erinnerung: Die Zusatzfunktionen sind im DATEV-Kontenrahmen vor der jeweiligen Kontenklasse angegeben.)

BETRAG		GEGENKTO.						KONTO			
SOLL	**HABEN**	U									
	1.026,00	3	1	4 7	0	0		8 0	0 0		

Prüfen wir zuerst die Kontonummer. Das Konto 8000 hat die Zusatzfunktion „M" (Mehrwertsteuer). Die Zusatzfunktion „M" bedeutet, daß aus dem Konto 8000 keine Vorsteuer errechnet werden darf. Wenn ein Mehrwertsteuerschlüssel im Buchungssatz enthalten ist, so wie in unserem Beispiel, kann Mehrwertsteuer aus diesem Konto errechnet werden.

Zur Vollständigkeit prüfen wir (und auch das Programm) noch das Gegenkonto ab. Das Gegenkonto unserer Buchung ist ein Personenkonto. Alle Personenkonten haben die Zusatzfunktion KU (Keine Umsatzsteuer). Aus Personenkonten darf deshalb weder Vor- noch Mehrwertsteuer errechnet werden.

In unserem Beispiel kommt das Programm zu dem Ergebnis, daß die Mehrwertsteuer bei dem Konto 8000 zu errechnen ist. Diese Regeln können anhand der anderen Buchungen dieses Kapitels geübt werden.

Die Regeln der Zusatzfunktionen in Kurzform:

Zusatzfunktion M (Mehrwertsteuer):
Aus einem Konto mit dieser Zusatzfunktion darf Mehrwertsteuer, aber nicht Vorsteuer errechnet werden.

Zusatzfunktion V (Vorsteuer):
Aus einem Konto mit dieser Zusatzfunktion darf Vorsteuer, aber nicht Mehrwertsteuer errechnet werden.

Zusatzfunktion KU (keine Umsatzsteuer):
Aus einem Konto mit dieser Zusatzfunktion darf weder Vor- noch Mehrwertsteuer errechnet werden.

Weil das Programm immer dann, wenn ein Umsatzsteuerschlüssel im Buchungssatz enthalten ist, die Zusatzfunktionen der Konten prüft, können Fehler erkannt werden. Dies zeigen die folgenden Beispiele:

Umsatz		SU	Gegen-konto	Belegfeld 1	Belegfeld 2	Datum	Konto	Kosten-stelle 1	Kosten-stelle 2	Skonto	Text				
Soll	Haben					Tag Monat						15	20	25	30
114,00			374700	1	0	1. 10.	3000				ZIELEINKAUF				
228,00			914700	2	0	2. 10.	8000				ZIELVERKAUF				
342,00			314701	3	0	3. 10.	1200				UEBERWEISUNG VON KUNDEN				
3.012,34			301234	4	0	4. 10.	1000				KFZ-REP.				

Diese vier Buchungen sind genau zu prüfen, denn jede Buchung enthält einen Fehler und kann nicht ausgewertet werden.

Bei der ersten Buchung, einem **Zieleinkauf**, wurde versehentlich statt des Vorsteuerschlüssels 9 der Mehrwertsteuerschlüssel 3 angegeben. Wir führen nun die Programmprüfungen durch, die wir beim vorhergehenden Beispiel gelernt haben: Zunächst ist festzustellen, ob die Mehrwertsteuer aus einem der Konten dieses Buchungssatzes errechnet werden darf. Die Kontonummer 3000 kommt nicht für eine Mehrwertsteuererrechnung in Frage. Wie wir dem Kontenplan entnehmen können, hat dieses Konto die Zusatzfunktion V. Damit darf nur Vorsteuer errechnet werden, der Umsatzsteuerschlüssel 3 betrifft aber Mehrwertsteuer. Das Gegenkonto, das Personenkonto 74700, kommt für die Errechnung der Vorsteuer ebenfalls nicht in Betracht, da aus Personenkonten weder Vor- noch Mehrwertsteuer errechnet werden darf (Zusatzfunktion KU). Deshalb erkennt das Programm in diesem Buchungssatz einen Fehler und wertet die Buchung nicht aus. Sie kommt auf das Fehlerprotokoll, das wir nach der Erläuterung der vierten Buchung abbilden.

Bei der zweiten Buchung, einem **Zielverkauf**, ist als Umsatzsteuerschlüssel der Schlüssel 9 (richtig wäre 3) angegeben. Er bedeutet Vorsteuer, voller Steuersatz. Auch hier muß das Programm prüfen, ob die Vorsteuer aus einem Konto des Buchungssatzes errechnet werden darf. Das Konto 8000 hat die Zusatzfunktion „M" (Mehrwertsteuer). Aus diesem Konto kann keine Vorsteuer errechnet werden. Aus dem Personenkonto ebenfalls nicht. Aus diesem Grund ist auch diese Buchung falsch und wird abgelehnt.

Bei der dritten Buchung handelt es sich um eine **Überweisung** durch einen Kunden. Hier wurde im Buchungssatz versehentlich ein Umsatzsteuerschlüssel angegeben, der gar nicht hierher gehört. Das Programm erkennt einen Fehler, weil weder aus dem Konto 1200 (Zusatzfunktion KU) noch aus den Personenkonten (ebenfalls KU) Umsatzsteuer errechnet werden darf.

Bei der vierten Buchung sollte eine **Barzahlung** für eine KFZ-Reparatur gebucht werden. Versehentlich wurde als Gegenkonto noch einmal der Betrag eingegeben. In diesem Falle kann das Programm ebenfalls keine Auswertung durchführen. Das Programm erkennt aufgrund der Eingabe den Mehrwertsteuerschlüssel 3. Beide Konten des Buchungssatzes haben jedoch die Zusatzfunktion KU.

Nachstehend zeigen wir, was mit unseren vier fehlerhaften Buchungen geschieht. (Näheres zum Fehlerprotokoll im Kapitel 4.2.)

FEHLERPROTOKOLL	SEITE	1	DATUM	PN	BUCHUNGSTEXT	BEL.NR BF. 2	KST1 KST2 SU	KONTO GEGKO	SOLL	HABEN
126 UST.SCHL.UNBERECHTIGT			11075 11075		ZIELEINKAUF	1	3	3000 74700	11100	11100
126 UST.SCHL.UNBERECHTIGT			21075 21075		ZIELVERKAUF	2	9	8000 14700	22200	22200
126 UST.SCHL.UNBERECHTIGT			31075 31075		UEBERWEISUNG VON KUNDEN	3	3	1200 14701	33300	33300
126 UST.SCHL.UNBERECHTIGT			41075 41075		KFZ-REP.	4	3	1000 1234	301234	301234

Eine weitere Regel im Zusammenhang zwischen Umsatzsteuerschlüsseln und Zusatzfunktionen sollen die folgenden Buchungen zeigen:

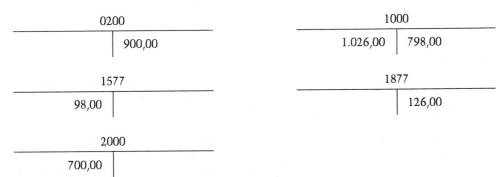

Die Buchungen auf den Konten:

```
          0200                            1000
              | 900,00         1.026,00 |  798,00


          1577                            1877
   98,00 |                               |  126,00


          2000
  700,00 |
```

Im ersten Buchungssatz liegt der Umsatzsteuerschlüssel 3 (Mehrwertsteuer, voller Steuersatz) vor. Wir prüfen nun, ob die Mehrwertsteuer aus einem der Konten des Buchungssatzes errechnet werden kann. Das Konto 1000 hat die Zusatzfunktion KU, hier ist keine Errechnung der Umsatzsteuer möglich. Das Konto 200 hat dagegen keine Zusatzfunktion. Aus diesem Grunde kann die Mehrwertsteuer hier errechnet werden. (Aus dem Konto 200 könnte auch Vorsteuer errechnet werden, z. B. beim Anlagenkauf.)

Ähnlich verhält es sich bei der zweiten Buchung. Dort hat das Konto 2000 keine Zusatzfunktion, deshalb kann aus diesem Konto Vorsteuer errechnet werden.

Wir müssen uns deshalb merken, daß aus Konten, die keine Zusatzfunktion haben, sowohl Vorsteuer als auch Mehrwertsteuer errechnet werden kann.

Übung 11

Die folgenden Buchungen sind auf T-Konten zu buchen. Dabei müssen Sie die Zusatzfunktionen der Konten beachten. Manche Buchungen sind durch Kontierungsfehler entstanden. Bei dieser Übung kommt es nur darauf an, die Regeln der Zusatzfunktionen herauszustellen. Vier Buchungen können vom Programm nicht ausgewertet werden (und sind deshalb auch nicht auf den T-Konten zu buchen).

BETRAG		GEGENKTO.							KONTO				
SOLL	HABEN	U											
114,00		3	6	7	8	9	0		2	3	4	5	
228,00		9	0	8	1	7	4		2	0	0	0	
	342,00	9	7	1	2	3	4		8	0	0	0	
570,00		3	4	5	6	7	8		8	7	6	5	
684,00		3	0	3	0	3	0		3	0	3	0	3
	912,00	3	0	4	9	0	0		1	9	0	0	
1.026,00		9	9	9	9	9	9		1	1	1	1	1
1.140,00		9	8	7	6	5	4		4	3	2		

3.4 Berichtigungsschlüssel

Die Umsatzsteuerschlüssel sind nicht die einzigen Schlüssel, die wir beim Kontieren kennen müssen. Es kommen noch die Berichtigungsschlüssel hinzu. Die Berichtigungsschlüssel haben ihren Platz noch vor den Umsatzsteuerschlüsseln, an der siebten Stelle des Gegenkontos (von rechts gezählt).

DATEV-Gegenkonto:

XXXXXXX
↳ Gruppenkennziffer
↳ Umsatzsteuerschlüssel
Berichtigungsschlüssel

1 = Stornoschlüssel (nur für Sonderfälle)   5–7 frei für individuelle Eingabe
2 = Generalumkehr allgemein   (werden in diesem Buch nicht behandelt)
3 = Generalumkehr bei aufzuteilender Vorsteuer   **8 = Generalumkehr und Funktionssperre**
4 = Funktionssperre, Aufhebung der Automatik 9 = Aufzuteilende Vorsteuer

3.4.1 Berichtigungsschlüssel 2 – Generalumkehr allgemein

Der Generalumkehrschlüssel 2 ist der wichtigste Berichtigungsschlüssel. Die Bedeutung dieses Schlüssels zeigen wir an einem Beispiel:

Zu buchen ist eine Ausgangsrechnung über DM 114,– für Kunde Mayer (Personenkonto 14700). Das Erlöskonto ist 8000: voller Steuersatz.

BETRAG		GEGENKTO.		KONTO
SOLL	HABEN	U		
114,00		3 0 8 0 0 0		1 4 7 0 0

Dazu die Erfassung auf der Primanota, Steuerschiene 300 (das Datum wurde ergänzt):

Umsatz		SU	Gegen-konto	Belegfeld 1	Belegfeld 2	Datum Tag Monat	Konto	Kosten-stelle 1	Kosten-stelle 2	Skonto	Text 15 20 25 30
Soll	Haben										
11.400,00			308000	0	0	1. 10.	14700				

Wir vergleichen den Betrag bei der Kontierung mit dem Betrag auf der Primanota. Versehentlich haben wir beim Betrag zwei Nullen zuviel eingegeben. Wir wollen diesen Fehler berichtigen. Dabei nehmen wir aber wegen der Klarheit auf unseren Konten keinen Differenzausgleich vor (DM 11286,00 im Haben, Gegenkonto 308000, Konto 14700), sondern stornieren die falsche Buchung und geben sie noch einmal richtig ein:

Umsatz		SU	Gegen-konto	Belegfeld 1	Belegfeld 2	Datum Tag Monat	Konto	Kosten-stelle 1	Kosten-stelle 2	Skonto	Text 15 20 25 30
Soll	Haben										
	11.400,00		308000	0	0	1. 10.	14700				
	114,00		308000	0	0	1. 10.	14700				

Dazu das Konto des Kunden Mayer:

14700 Mayer	
11.400,00	11.400,00
114,00	

Das Konto Mayer weist zwar den richtigen Saldo aus, aber die Jahresverkehrszahlen sind „künstlich" erhöht. Dadurch können u. U. falsche Schlüsse über den Umsatz des Kunden Mayer gezogen werden.

Wir wählen deshalb eine Berichtigungsmöglichkeit, bei der die Jahresverkehrszahlen nicht beeinflußt werden, die Generalumkehr. **Generalumkehr heißt, daß die Stornierung nicht auf der anderen Seite wie die ursprüngliche Buchung durchgeführt wird, sondern auf der gleichen Seite, aber mit einem Minuszeichen.** Das Programm erkennt eine Generalumkehr an dem Berichtigungsschlüssel 2 (Generalumkehr allgemein). In der Primanota muß der Betrag genau wie bei einer normalen Stornierung behandelt werden.

Es folgt die Primanota für die Generalumkehr der fehlerhaften Buchung und die richtige Neueingabe:

Umsatz		SU	Gegen-konto	Belegfeld 1	Belegfeld 2	Datum		Konto	Kosten-stelle 1	Kosten-stelle 2	Skonto	Text			
Soll	Haben					Tag	Monat					15	20	25	30
	11.400,00		2308000	0	0	1. 10.		14700							
114,00			308000	0	0	1. 10.		14700							

Sehen wir uns auch hier das Personenkonto Mayer sowie zur Verdeutlichung auch die übrigen Konten an. (Die ursprüngliche, fehlerhafte Buchung ist auf den Konten ebenfalls enthalten.)

1877		8000		14700	
1.400,00		10.000,00		11.400,00	
-1.400,00		-10.000,00		-11.400,00	
14,00		100,00		114,00	

Die Generalumkehr ist am Minuszeichen vor dem Betrag zu erkennen.

Der Generalumkehrschlüssel 2 heißt deshalb „Generalumkehr allgemein", weil es für einige Sonderfälle eigene Generalumkehrschlüssel gibt (es sind dies die Generalumkehrschlüssel 3 und 8, vgl. Kapitel 3.4.3 und 3.4.5).

Wenn kein Umsatzsteuerschlüssel vorliegt und ein Generalumkehrschlüssel angegeben wird, muß an die sechste Stelle des Gegenkontos eine Null geschrieben werden, z. B. bei Zahlungsvorgängen.

3.4.2 Berichtigungsschlüssel 4 – Funktionssperre (Aufhebung der Automatik)

Nehmen wir an, wir buchen den Rohstoffeinkauf auf das Konto AV 3550 (automatisches Konto, voller Steuersatz). In dem zu verbuchenden Monat sind zwei Rechnungen angefallen, eine über brutto DM 34.200,00 die andere über brutto DM 42.180,00. Als Verbindlichkeitskonto verwenden wir das Konto 1610.

BETRAG		GEGENKTO.							KONTO				
SOLL	HABEN	U											
34.200,00				1	6	1	0			3	5	5	0
42.180,00				1	6	1	0			3	5	5	0

Das automatische Einkaufskonto 3550 enthält folgende Beträge (Nettobeträge):

```
              AV 3550
  _____
    30.000,00 |
    37.000,00 |
```

Am Monatsende wollen wir den Rohstoffverbrauch auf das Konto 4000, Material- und Stoffverbrauch, umbuchen. Laut Materialentnahmeschein sind für DM 62.700,— Rohstoffe verbraucht worden. Wir dürfen nicht wie folgt buchen:

BETRAG		GEGENKTO.						KONTO				
SOLL	HABEN	U										
62.700,00				3	5	5	0		4	0	0	0

Dazu die Konten:

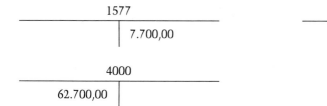

```
           1577                          AV 3550
  _____      _____
            | 7.700,00                  | 55.000,00

           4000
  _____
   62.700,00 |
```

Bei dem Konto 3550 wurden aus dem Betrag von DM 62.700,— 14% Vorsteuer errechnet, obwohl in diesem Betrag gar keine Umsatzsteuer enthalten ist. Die Ursache für diesen Fehler ist beim automatischen Konto 3550 zu suchen. Weil dieses Konto eine automatische Funktion für die Errechnung von Vorsteuer hat (AV), wird auch in diesem Falle Vorsteuer errechnet.

Da in unserem Material- und Stoffverbrauch keine Umsatzsteuer enthalten ist, wir ihn aber auf ein automatisches Konto buchen müssen, ist dem Programm aufzugeben, daß das automatische Errechnen der Umsatzsteuer unterbleiben soll.

Dazu ist der Berichtigungsschlüssel 4 im Buchungssatz anzugeben:

BETRAG		GEGENKTO.	KONTO
SOLL	**HABEN**	U | | | |	| | | |
62.700,00		4 0 0 3 5 5 0	4 0 0 0

Dieser Buchungssatz auf Konten:

AV 3550	4000
| 62.700,00	62.700,00 |

Der Berichtigungsschlüssel 4 an der siebten Stelle des Gegenkontos (die fünfte Stelle wurde mit einer Null aufgefüllt, weil 3550 ein Sachkonto ist, die sechste Stelle lautet 0, weil kein Umsatzsteuerschlüssel im Buchungssatz enthalten ist) hat bewirkt, daß die Umsatzsteuer bei dem automatischen Konto nicht errechnet wurde. (In unserem Beispiel wäre auch folgende Kontierung richtig: Konto 3550 an Gegenkonto 4004000 und Betrag in der Habenspalte.)

Wenn zwei automatische Konten im Buchungssatz enthalten sind, wird durch den Berichtigungsschlüssel 4 bei keinem Konto die Umsatzsteuer errechnet.

3.4.3 Berichtigungsschlüssel 8

Wenn wir eine Buchung mit Berichtigungsschlüssel 4 durch Generalumkehr stornieren wollen, dann ist dazu ein eigener Generalumkehrschlüssel notwendig, da die siebte Stelle des Gegenkontos bereits mit dem Schlüssel 4 belegt ist und deshalb der Schlüssel 2 nicht angegeben werden kann. Für diese Fälle ist der Berichtigungsschlüssel 8 vorgesehen.

3.4.4 Berichtigungsschlüssel 9 – Aufzuteilende Vorsteuer

In § 15 Absatz 4 und 5 UStG ist festgelegt, daß in bestimmten Fällen die Vorsteuer nicht voll abgesetzt werden kann. Nur ein Teil der Vorsteuer ist abzugsfähig, der andere nicht. Das Pro-

gramm kann die Aufteilung der Vorsteuer nicht selbst vornehmen. Der Anwender hat jedoch die Möglichkeit, die betreffenden Vorsteuerbeträge zu kennzeichnen, und zwar durch den Berichtigungsschlüssel 9, der noch vor den Vorsteuerschlüssel gesetzt werden muß. Im Falle von automatischen Vorsteuerkonten ist die sechste Stelle des Gegenkontos mit einer Null aufzufüllen.

Der Berichtigungsschlüssel 9 bewirkt, daß die Vorsteuer nicht auf die Kontengruppe 157, anrechenbare Vorsteuer, sondern auf die Kontengruppe 156, aufzuteilende Vorsteuer, gebucht wird. Das Programm berücksichtigt die aufzuteilende Vorsteuer nicht in der Umsatzsteuer-Voranmeldung. Die Kontenuntergruppe 156 ist aufzulösen, der anrechenbare Teil der Vorsteuer wird auf die Kontenuntergruppe 157 umgebucht, der nicht abzugsfähige Teil wird der Kontenklasse 4 belastet (z. B. Konto 4300).

3.4.5 Berichtigungsschlüssel 3

Wenn eine Buchung, in der der Berichtigungsschlüssel 9 enthalten ist, mit Generalumkehr storniert werden soll, dann ist mit dem Generalumkehrschlüssel 3 zu arbeiten.

3.4.6 Stornoschlüssel 1

Der Stornoschlüssel wird nur in ganz seltenen Ausnahmen gebraucht. Wenn zwei für die Errechnung der Umsatzsteuer gleichwertige Konten im Buchungssatz enthalten sind, dann ist bei Stornierungen ein besonderer Schlüssel notwendig, der Stornoschlüssel 1. Er ist an die siebte Stelle des Gegenkontos (von rechts) zu setzen. Am einfachsten ist es, in solchen Fällen immer mit Generalumkehr zu arbeiten. Den Stornoschlüssel benötigt man dann nicht.

Übung 12

1. Bitte führen Sie die folgenden Buchungen auf den T-Konten durch:

BETRAG		GEGENKTO.							KONTO			
SOLL	**HABEN**	U										
500,00				1	4 7	0 0				1 2	0 0	
	500,00	2 0		1	4 7	0 0				1 2	0 0	

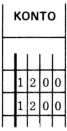

2. Die folgenden Buchungen sind mit Generalumkehr zu stornieren:

BETRAG		GEGENKTO.							KONTO				
SOLL	HABEN	U											
	85,37				4	9	0	0		1	0	0	0
	228,00			1	4	7	0	0		8	5	5	0
10.327,50		4	0	0	3	5	5	0		4	0	0	0

BETRAG		GEGENKTO.							KONTO				
SOLL	HABEN	U											

3. Versehentlich haben Sie folgende Buchung eingegeben:

BETRAG		GEGENKTO.							KONTO			
SOLL	HABEN	U										
20.100,00		2	0	1	0	0	0	0		1	2	0

Welche Buchung müssen Sie vornehmen, wenn Sie erreichen wollen, daß die Jahresverkehrs-zahlen auf den beiden Konten durch diese Fehlbuchung nicht aufgebläht werden? (Falls Sie hier nicht auf die Lösung kommen, finden Sie Hinweise im Kapitel 3.10.)

BETRAG		GEGENKTO.							KONTO				
SOLL	HABEN	U											

3.5 Vorlauf für Buchungen

Bisher haben wir in Kapitel 3 die wichtigsten Regeln der Kontierung besprochen. Nach der Kontierung sind die Daten noch zu erfassen, damit die Daten über die Telefonleitung oder mittels Datenträger zur Auswertung an das Rechenzentrum gesendet werden können.

Jede Datenerfassung muß mit einem Vorlauf beginnen. Im Kapitel 1 haben wir darauf hingewiesen, daß der Vorlauf die „Adresse" beinhaltet, unter der die Daten im Rechenzentrum gespeichert sind. Außerdem hat der Vorlauf noch die Funktion, dem Programm zu sagen, welche Art von Daten nach dem Vorlauf folgen (z. B. Stammdaten oder Bewegungsdaten). Der Vorlauf, den wir für Buchungen eingeben müssen, hat aber noch andere Funktionen.

In diesem Kapitel erläutern wir nur die Fragen, die im Kapitel 1.2.7 im Zusammenhang mit dem Vorlauf noch nicht behandelt wurden.

Für Buchungen ist ein Vollvorlauf einzugeben. Die Abrechnungsnummer ist mit dem Buchungsjahr zu kombinieren. Der Anwender muß die Abrechnungsnummern für Buchungen pro Mandant und Buchungsjahr aufsteigend vergeben. Die erste Abrechnungsnummer ist 1, die höchste 69. Dadurch soll verhindert werden, daß bei doppelter Einreichung bzw. Auslassung einer Abrechnung eine Verarbeitung der Daten stattfindet. **Das Programm prüft die aufsteigende Reihenfolge der Abrechnungsnummern. Ist die aufsteigende Reihenfolge unterbrochen, lehnt das Programm die Verarbeitung ab.** Bei neuen Vorläufen für Buchungen müssen wir immer die nächsthöhere Abrechnungsnummer verwenden.

Die Abrechnungsnummern sind pro Mandant und Jahr aufsteigend zu vergeben. Vor der Verarbeitung werden die Daten vom Programm nach Abrechnungsnummern sortiert. Falls innerhalb einer Verarbeitung zwei Abrechnungsnummern vertauscht sind (zunächst die höhere, dann die niedrigere) erfolgt die Verarbeitung trotzdem, weil das Programm die Daten in die richtige Reihenfolge bringt.

Im einzelnen können folgende Situationen zu Fehlern führen:

- Auf die Abrechnungsnummer 5/84 folgt die Abrechnungsnummer 7/84. Die Abrechnungsnummer 7/84 wird nicht verarbeitet, weil das Programm feststellt, daß die Abrechnungsnummer 6/84 fehlt.

- Die Abrechnungsnummer 5/84 wird zweimal vergeben. Das Programm lehnt die zweite Abrechnungsnummer 5/84 ab, weil aufgrund der ersten Eingabe diese Abrechnungsnummer bereits gespeichert ist. Falls anschließend die Abrechnungsnummer 6/84 eingegeben wird, erfolgt eine Verarbeitung, weil die Reihenfolge stimmt.

Um Fehler mit der Abrechnungsnummer zu vermeiden, sollte eine Liste geführt werden. Vorteilhaft ist es, dazu die Mandanten-Kontrollkarte zu verwenden.

Beachten müssen wir aber auch, daß das Programm die Abrechnungsnummern fehlerhafter Vorläufe bei der Verarbeitung nicht berücksichtigen kann. Falls ein Vorlauf ungültig ist, weil z. B. das Vorlaufdatum, das wir noch erläutern, falsch ist, wird die Abrechnungsnummer vom Programm nicht mitgezählt.

Mandanten-Kontrollkarte

Wirtschaftsjahr Beginn: _____

Ende: _____

Kontrollzahl	Berater-Nr.	Mandant
1 2 0 0	1 4 0 0	2 0 0

Name:

MUELLER _____

Persönliches Kennwort: _____

Stammdaten

MAD	eingereicht am:	15.01.84						
	zurück am:	18.01.84						
MPD	eingereicht am:	20.01.84						
	zurück am:	22.01.84						
	eingereicht am:							
	zurück am:							
	eingereicht am:							
	zurück am:							

Lfd. Abrech-nungsnr.	Lfd. Prima-nota Nr. von	bis	Datum „bis"	Datenträger erstellt am	durch	Nr.	Belege erhalten	zurück	Kontiert am	durch	Auswertung erhalten am	Geprüft am	durch	Anzahl der Buchungs-zeilen
1	1	15	31.01.	25.2.	Ru	15					3.3.			420
2	16	30	29.02.	19.3	Ru	27					22.3			380
3	31	42	31.03	20.4.	Ru	48					25.4.			335

Sollten im **Ausnahmefalle** für eine Jahresbuchführung 69 Abrechnungsnummern nicht reichen, dann kann nach der Abrechnungsnummer 69 wieder mit 1 fortgefahren werden. Wird jedoch innerhalb einer Einreichung nach der Abrechnungsnummer 69 eine weitere Abrechnungsnummer notwendig, dann ist, weil das Programm die Abrechnungsnummern sortiert, nicht die Abrechnungsnummer 1, sondern die Abrechnungsnummer 1001 zu verwenden. Innerhalb der gleichen Einreichung ist mit der Abrechnungsnummer 1002, 1003 usw. fortzufahren. Das Programm sortiert dann die Abrechnungsnummern richtig. Gespeichert werden jedoch nur die letzten beiden Ziffern der Abrechnungsnummer. Deshalb muß bei der nächsten Einreichung wieder „normal" weitergearbeitet werden. Ist zuletzt die Abrechnungsnummer 1005/84 vergeben worden, dann muß bei der nächsten Einreichung die Abrechnungsnummer 6/84 folgen.

Nach der Abrechnungsnummer ist der **Abrechnungszeitraum** anzugeben, der in die beiden Informationen **„Datum von"** und **„Datum bis"** unterteilt ist. Während das „Datum von" nur ein Hinweis für den Anwender ist, stellt das „Datum bis" die Obergrenze aller Buchführungsdaten in dieser Abrechnung dar. Wir können keine Buchungen eingeben, deren Datum über dem des Vorlaufdatums „bis" liegt. „Datum von" und „Datum bis" sind mit Tag, Monat und Jahr anzugeben. Für Tag, Monat und Jahr stehen jeweils zwei Stellen zur Verfügung. Wenn der Monat nur einstellig ist, (z. B. Januar) müssen wir eine Null ergänzen (Januar = 01). Die letzten beiden Stellen sind immer das Jahr, die nächsten beiden der Monat, davor steht der Tag.

Vorlaufdatum „von" und „bis":

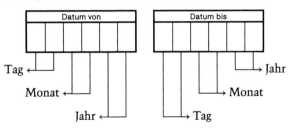

Zum Beispiel:

Datum von   Datum bis
10183   310183

Ein weiteres Beispiel soll die Bedeutung der Regeln erläutern:

Welches Datum erkennt das Programm, wenn wir statt 310183 als Datum 31183 angeben, also beim Januar die Null vergessen? Das Programm liest den 3. 11. 83.

Es wird wohl niemand als Vorlaufdatum den 45. 10. 83 oder den 31. 15. 83 angeben. Jeder sieht, daß dies „unmögliche" Daten sind. Das Programm weiß dies aber nicht von vornherein, deshalb mußten die Programmierer festlegen, daß als Tag nur die Zahlen von 1 bis 31 und als Monat nur die Zahlen von 1 bis 12 möglich sind. Das Programm prüft die Daten im Vorlauf auf diese Vorschrift ab. Um Fehleingaben zu vermeiden, vergleicht das Programm außerdem das Vorlaufdatum „bis" mit dem aktuellen Monat. Stellt es fest, daß im Datum „bis" ein Monat angesprochen wurde, der vier Monate nach dem aktuellen Monat liegt, so lehnt das Programm diesen Vorlauf ab. Bei Fehlern kann keine Verarbeitung des Vorlaufes und der anschließenden Buchungen erfolgen.

Zu diesen Regeln kommt noch, daß das Vorlaufdatum „bis" nicht unterhalb des Vorlaufdatums „von" liegen darf. (Beide Daten dürfen aber gleich sein.) Auch diese „Vorschrift" ist selbstverständlich. Beispiel: Einen Buchungszeitraum vom 1. 4. 83 bis 31. 3. 83 gibt es nicht.

Bei Normalwirtschaftsjahr (Geschäftsjahr = Kalenderjahr) muß das Jahr im Vorlaufdatum „von" und „bis" immer mit dem Abrechnungsjahr, dem Jahr, das zusammen mit der Abrechnungsnummer eingegeben wird, übereinstimmen.

Ein Sonderfall ist ein Datum im Vorlauf, das z. B. „310683" lautet. Dieses Datum ist gültig, obwohl es dieses Datum gar nicht gibt. Das Programm ändert von sich aus dieses Vorlaufdatum auf den effektiven Monatsletzten ab und es kommt zum Ausdruck der monatlichen Auswertungen, z. B. monatliche Konten usw. (s. Kapitel 2.2.2 und 2.2.11).

Der Vorlauf schließt mit der Angabe der **Primanotaseite**, die im Journal und auf den Konten ausgedruckt wird. Damit können wir jederzeit von der Grundbuchaufzeichnung zur Auswertung und von der Auswertung zur Grundbuchaufzeichnung zurückfinden. Besonders bei Abstimmarbeiten ist dies eine wichtige Hilfe. Wir können die Primanotaseite max. 2-stellig angeben. Nach der Primanotaseite 99 ist wieder mit Primanotaseite 1 zu beginnen. Die Primanotaseite wird vom Programm nicht auf die richtige Reihenfolge geprüft.

Die Primanotaseite sollte nicht nur bei jedem Vorlauf, sondern bei jedem neuen Blatt eingegeben werden.

Bei fehlerhaften Vorläufen erfolgt keine Verarbeitung. Der Grund liegt nicht zuletzt darin, den Anwender mit falschen Auswertungen zu verschonen. Erhält der Anwender vom Rechenzentrum ein Fehlerprotokoll mit dem Hinweis auf einen fehlerhaften Vorlauf zurück, sind die Daten neu einzugeben. Bei einer umfangreichen Abrechnung kann eine Berichtigung des Vorlaufs und eine nochmalige Verarbeitung durch das Rechenzentrum erfolgen.

Beispiele für Vorläufe:

Vorlauf **Januar** für Mandant 200:

PRIMA-NOTA

Übertrag	Magnet-band-Nr.	Anw.	DFV	Kontr.-Zahl	Berater	Mandant	Abr.-Nr./Jahr	Datum von	Datum bis	PN-Blatt
				1200	1400	200	1, 84	1. 01. 84	31. 01. 84	1

Februar:

PRIMA-NOTA

Übertrag	Magnet-band-Nr.	Anw.	DFV	Kontr.-Zahl	Berater	Mandant	Abr.-Nr./Jahr	Datum von	Datum bis	PN-Blatt
				1200	1400	200	2, 84	1. 02. 84	28. 02. 84	13

Februar:

Während der Datenerfassung des Monats Februar müssen wir die Datenerfassung unterbrechen. Wir müssen beim Weiterarbeiten deshalb einen neuen Vorlauf für Februar mit der nächsthöheren Abrechnungsnummer eingeben:

PRIMA-NOTA

Übertrag	Magnet-band-Nr.	Anw.	DFV	Kontr.-Zahl	Berater	Mandant	Abr.-Nr./Jahr	Datum von	Datum bis	PN-Blatt
				1200	1400	200	3, 84	1. 02. 84	28. 02. 84	25

Im **März** verwenden wir versehentlich das falsche Jahr:

PRIMA-NOTA

Übertrag	Magnet-band-Nr.	Anw.	DFV	Kontr.-Zahl	Berater	Mandant	Abr.-Nr./Jahr	Datum von	Datum bis	PN-Blatt
				1200	1400	200	4, 85	1. 03. 85	31. 03. 85	22

Wir haben den Fehler sofort bemerkt und keine (gültigen) Buchungen angegeben. Wir müssen einen neuen Vorlauf eingeben. Weil der Vorlauf ungültig ist, hat das Programm die Abrechnungsnummer 4 nicht gespeichert. Wir müssen bei unserem neuen (hoffentlich nun richtigen) Vorlauf die Abrechnungsnummer 4 noch einmal verwenden:

PRIMA-NOTA

Übertrag	Magnet-band-Nr.	Anw.	DFV	Kontr.-Zahl	Berater	Mandant	Abr.-Nr./Jahr	Datum von	Datum bis	PN-Blatt
				1200	1400	200	4, 84	1. 03. 84	31. 03. 84	35

Übung 13

1. Nachdem für den Mandanten 112 die Stammdaten gespeichert sind, wollen Sie nun als erstes die Januar-Buchführung eingeben. Wie lautet der Vorlauf dafür? (Ihre Berater-Nr. ist 5100, das Buchungsjahr 1984).

PRIMA-NOTA

Übertrag	Magnet-band-Nr.	Anw.	DFV	Kontr.-Zahl	Berater	Mandant	Abr.-Nr./Jahr	Datum von	Datum bis	PN-Blatt

2. Unter welchem Vorlauf erfassen Sie die Buchführung Februar des Mandanten 112?

PRIMA-NOTA

Übertrag	Magnet-band-Nr.	Anw.	DFV	Kontr.-Zahl	Berater	Mandant	Abr.-Nr./Jahr	Datum von	Datum bis	PN-Blatt

3. Für den Monat Februar wird ein weiterer Vorlauf notwendig, weil „mittendrin" die Arbeit unterbrochen werden mußte. Wie lautet dieser Vorlauf?

PRIMA-NOTA

Übertrag	Magnet-band-Nr.	Anw.	DFV	Kontr.-Zahl	Berater	Mandant	Abr.-Nr./Jahr	Datum von	Datum bis	PN-Blatt

3.6 Voll-, Folge- und Kurzbuchung

Wir sehen uns folgenden vereinfachten Auszug aus einem Kassenbuch an (die Bedeutung der Konto-Nummer 9800 bei der ersten Buchung in der Spalte Gegenkonto erläutern wir in Kapitel 3.7):

KASSE

DATEV

Mandanten-Nr. _200_ **Monat** FEBR. **19**___ **Kto.-Nr.** _1000_ **Blatt-Nr.** _15_

	Einnahmen	Ausgaben	Bestand	Storno	Ust. K	Gegen-Kto. Nr.	Rechn.-Nr.	Beleg-Nr.	Beleg Datum	Kosten-stelle	USt.-Satz	Text	Skonto
1			870 50			9800			1 02			VORTRAG	
2	120 20					8550			1 02		14	BARVERKAUF	
3	130 21					14311			1 02			BARZAHLG. MEIER	
4		200 00				1900			3 02			BARENTNAHME	
5													
6													
7													
8													
9													
10													
11													
12													
13													
14													
15													
16													
17													
18													
19													
20													
21													
22													
23													
24													
25													
26													

Die Buchungen auf der Primanota:

Umsatz		SU	Gegen-konto	Belegfeld 1	Belegfeld 2	Datum	Konto	Kosten-stelle 1	Kosten-stelle 2	Skonto	Text			
Soll	Haben					Tag Monat					15	20	25	30
870,50			9800	0	0	1. 02.	1000							
120,20			8550	0	0	1. 02.	1000							
130,21			14711	0	0	1. 02.	1000							
	200,00		1900	0	0	3. 02.	1000							

Die Eingabe in dieser Art ist zwar richtig, für die Praxis aber viel zu umständlich. In jedem Buchungssatz wiederholen sich bestimmte Informationen. Z. B. enthält jeder Buchungssatz in der Kontospalte die Nummer 1000; in der Datumspalte kommen ebenfalls Wiederholungen vor. **Um die Datenerfassung möglichst rationell zu gestalten, können Informationen eines Buchungssatzes, die mit dem vorhergehenden Buchungssatz übereinstimmen, weggelassen werden. Dies ist aber nur bei Konto, Belegdatum und Belegfeld 1 (bzw. Beleg-Nummer) möglich.**

Wir sehen uns noch einmal die Primanota an. Die Informationen, die bei der Datenerfassung weggelassen werden könnten, weil sie aus dem vorhergehenden Buchungssatz vom Programm entnommen werden, haben wir gekennzeichnet.

Umsatz		SU	Gegen-konto	Belegfeld 1	Belegfeld 2	Datum	Konto	Kosten-stelle 1	Kosten-stelle 2	Skonto	Text			
Soll	Haben					Tag Monat					15	20	25	30
870,50			9800	0	0	1. 02.	1000							
120,20			8550	0	0	1. 02.	1000							
130,21			14711	0	0	1. 02.	1000							
	200,00		1900	0	0	3. 02.	1000							

Die Informationen, die aus einem vorhergehenden Buchungssatz entnommen werden können, nennt man **konstante Daten**. Konstante Daten brauchen nicht in jedem Buchungssatz angegeben zu werden, sondern nur dann, wenn sie sich ändern. Alle anderen Informationen eines Buchungssatzes müssen in jedem Buchungssatz angegeben werden, auch wenn sie zufällig übereinstimmen sollten. Wenn konstante Daten im Buchungssatz fehlen, spricht man von Folge- und Kurzbuchungen, im Gegensatz zu Vollbuchungen.

So sieht die Eingabe unter Ausnutzung der Möglichkeiten von Folge- und Kurzbuchungen aus:

Umsatz		SU	Gegen-konto	Belegfeld 1	Belegfeld 2	Datum	Konto	Kosten-stelle 1	Kosten-stelle 2	Skonto	Text			
Soll	Haben					Tag Monat					15	20	25	30
870,50			9800	0	0	1. 02.	1000							
120,20			8550											
130,21			14711											
	200,00		1900	0	0	3								

Bei dieser Eingabe wurde nur noch die erste Buchung ausführlich geschrieben. Diese Buchung heißt deshalb auch **Vollbuchung**.

Das Kennzeichen einer Vollbuchung ist die Angabe der Kontonummer. Wenn ein Buchungssatz eine Kontonummer enthält, dann muß auch ein Belegdatum angegeben sein. Bei einer Vollbuchung kann das Belegdatum oder die Belegnummer nicht aus vorhergehenden Buchungen entnommen werden. D. h. **bei einer Vollbuchung sind alle konstanten Daten einzugeben.**

Beim Belegdatum besteht grundsätzlich (auch bei Vollbuchungen) die Möglichkeit, den Monat wegzulassen, wenn er gleichbleibt. Mindestens bei der ersten Vollbuchung nach einem Vorlauf müssen jedoch beim Belegdatum Tag und Monat angegeben werden.

In drei Fällen ist eine Vollbuchung zwingend vorgeschrieben:

1. Nach einem Vorlauf,
   weil bei der ersten Buchung nach dem Vorlauf konstante Daten nicht aus einer vorhergehenden Buchung entnommen werden können (vor der ersten Buchung befindet sich der Vorlauf).

2. Nach Primanotaseitenwechsel
   zur Sicherheit, damit bei fehlerhaften konstanten Daten der Fehler nicht auf die folgenden Primanotaseiten übertragen wird.

3. Nach jeder Abstimmsumme,
   weil nach Beendigung eines Buchungskreises die Eingabe neuer konstanter Daten notwendig ist.

Bevor das Programm irgendwelche Prüfungen innerhalb der Buchungen durchführt (vgl. Kapitel 3.9), ergänzt es alle nicht vollständigen Buchungen zu Vollbuchungen. Bei späteren Prüfungen kann das Programm deshalb immer von Vollbuchungen ausgehen. Das Programm verlangt, daß jede Buchung mindestens 4 Informationen enthält:

Umsatz – Gegenkonto – Belegdatum – Konto

Nach der Vollbuchung folgen in unserem Beispiel zwei Buchungen, die nur Betrag und Gegenkonto enthalten. Es handelt sich hier um die kürzesten Buchungen, die es im DATEV-Programm Finanzbuchführung gibt. Wir sprechen deshalb von **Kurzbuchungen.** Bei einer Kurzbuchung werden Belegdatum und Kontonummer (ebenso wie die Belegnummer) aus der letzten Buchung entnommen, die diese Angaben enthält.

Bei Kurzbuchungen (und auch bei Folgebuchungen) ist zu beachten, daß diese verkürzten Buchungen nicht ausgewertet werden können, wenn die aus vorhergehenden Buchungen entnommenen konstanten Daten falsch sind.

Die letzte Buchung aus unserem Beispiel ist eine **Folgebuchung.** Von einer Folgebuchung sprechen wir, wenn die Kontonummer im Buchungssatz fehlt, aber andere konstante Informationen (Belegnummer und/oder Datum) angegeben sind.

Beim Belegdatum ist darauf zu achten, daß das Programm das Belegdatum praktisch in zwei Informationen zerlegt, in Tag und Monat. Wenn der Monat gleichbleibt, genügt es, nur den Tag anzugeben. Das Programm weiß, daß es sich hier nur um den Tag handeln kann und nicht um den Monat, weil das Datum kleiner als 3 Stellen ist. Nur bei einem Datum von 3 oder 4 Stellen erkennt das Programm Tag und Monat.

Der Vorteil der Folge- und Kurzbuchungen kann nur dann ausgenutzt werden, wenn nach Buchungskreisen erfaßt wird. Auf dieses Thema sind wir bereits am Anfang des Kapitels 3 eingegangen. Wegen der Folge- und Kurzbuchungen ist es besonders wichtig, daß innerhalb des Buchungskreises die Belege nach Datum und innerhalb des Datums nach Belegnummern sortiert sind.

Jede Buchung, auch eine Kurzbuchung, kann noch Text und evtl. einen Skontobetrag (vgl. Kap. 3.8.8.1) enthalten, ohne daß sich an den Regeln dieses Kapitels etwas ändert.

Übung 14

Bitte bringen Sie die folgenden Buchungen in die Reihenfolge, die die schnellste Datenerfassung gewährleistet. Geben Sie nur die unbedingt notwendigen Daten an. Führen Sie so viel wie möglich Folge- und Kurzbuchungen durch. (Bitte achten Sie dabei nicht auf technische Besonderheiten des Datenerfassungsgerätes.)

Soll	Haben	Storno	USt.	Gegen-Kto. K	Gegen-Kto. Nr.	Belegfeld 1 Rechn.-Nr.	Belegfeld 2 Fälligkeit	Beleg-Datum	Konto K	Konto Nr.	Kostenstelle Kost 1	Kostenstelle Kost 2	Skonto	1 2 3
538 40					8550			2 01	1	1000				
	400 00				1610			2 01	1	1200				
	114 00				4510			15 01	1	1000				
	228 00		3	1	4711			20 01	1	8100				
435 20					8550			7 01	1	1000				
342 00			3	0	8100			8 01	1	1234				
888 00					14800			2 01	1	1200				
	500 00				1900			7 01	1	1000				
539 70			3	0	8100			8 01	1	4830				
	632 10		3	1	4321			8 01	1	8100				
	100 00				4100			7 01	1	1000				
470 00					11243			3 01	1	1200				

BUCHUNGSLISTE
für Terminal-Erfassung

FIRMA:

Magnetb.-Nr. | Anw.-Nr | DFV | Kontrollzahl | Berater-Nr. | Mandant | Abr.-Nr | Jahr | Datum von | Datum bis | Blatt-Nr.

3.7 Abstimmung

Bei der Datenerfassung kann ein Betrag fehlerhaft eingegeben oder ein Beleg oder eine Buchung übersehen werden. Deshalb ist eine Abstimmung notwendig, um die Vollständigkeit und Richtigkeit der erfaßten Daten sicherzustellen.

Die Buchungskreise Kasse, Bank und Postscheck werden wie folgt abgestimmt:

Man gibt als erste Buchung des Buchungskreises den Anfangsbestand ein. Dies ist notwendig, damit zum Schluß, wenn alle Einnahmen oder Ausgaben erfaßt sind, der Endbestand mit dem Kassenbuch, Bank- oder Postscheckauszug verglichen werden kann. Bei der Eingabe des Anfangsbestandes ist zu berücksichtigen, daß dieser nicht gebucht werden darf, da er im Rechenzentrum auf dem Konto bereits gespeichert ist, also nur in das Speicherwerk des Datenerfassungsgerätes eingeht. Deshalb muß eine besondere Kontonummer verwendet werden, die im Gegenkonto eingetragen wird, die Nummer 9800. Diese bewirkt, daß die Buchung nicht auf dem Konto erscheint. Im übrigen muß die erste Buchung des Buchungskreises noch mindestens Belegdatum und Konto enthalten, damit anschließende Folge- bzw. Kurzbuchungen (vgl. Kapitel 3.6) durchgeführt werden können.

Um die Abstimmkreise übersichtlich zu halten, sollten wir so oft wie möglich eine Zwischensumme zur Kontrolle abrufen, z. B. bei jeder neuen Kassenbuchseite bzw. bei jedem neuen Bankauszug. Bei einer Abweichung zum Kassenbuch oder zum Bankauszug kann der Fehler durch Vergleichen zwischen Primanota und Kassenbuch bzw. Bankauszug gefunden werden. Für die Berichtigung ist nicht der Differenzausgleich zu empfehlen, sondern die fehlerhafte Buchung sollte durch Generalumkehr storniert und anschließend der richtige Betrag neu eingegeben werden. Danach können wir durch nochmaliges Abrufen der Zwischensumme feststellen, ob jetzt die Werte stimmen.

Wenn der Buchungskreis beendet ist, bilden wir eine Zwischensumme. Stimmt die Zwischensumme mit dem Vergleichswert (Kassenbuch, Bankauszug) überein, können wir die Endsumme ziehen. Die Endsumme wird allgemein als Gruppenabschluß oder Abstimmsumme bezeichnet.

Beispiel für eine Abstimmung:

KASSE

Mandanten-Nr. _200_   **Monat** _FEBR._   **19**____   **Kto.-Nr.** _100_   **Blatt-Nr.** _15_

	Einnahmen	Ausgaben	Bestand	Storno	USt K	Gegen-Kto. Nr.	Rechn.-Nr.	Beleg-Nr.	Beleg Datum	Kosten-stelle	USt.-Satz	Text	Skonto
1	870 50		870 50			3200			1 02			VORTRAG	
2	120 20					8550			1 02		14	BARVERKAUF	
3	130 21					14711			1 02			BARZAHLG. MEIER	
4		200 00				1300			3 02			BARENTNAHME	
5	1120 91	200 00	920 91										
6													
7													
8													
9													
11													
12													
13													
14													
15													
16													
17													
18													
19													
20													
21													
22													
23													
24													

Beispiel:

Nach der Barentnahme von DM 200,– haben wir eine Zwischensumme abgerufen. Der Vergleich mit dem Kassenbuch ergibt eine Differenz von DM 0,09.

Umsatz Soll	Umsatz Haben	SU	Gegen-konto	Belegfeld 1	Belegfeld 2	Datum Tag Monat	Konto	Kosten-stelle 1	Kosten-stelle 2	Skonto	Text 15 20 25 30
870,50			9800	0	0	1. 02.	1000				
120,20			8550								
130,12			14711								
	200,00		1900	0	0	3					
Z	920,82 +										

Wir finden den Fehler, indem wir alle Buchungen auf der Primanota mit dem Kassenbuch vergleichen. Bei der Buchung über 130,12 hätte der Betrag DM 130,21 lauten müssen. Wir stornieren die Buchung mit Generalumkehr und geben sie neu ein. Es hätte auch genügt, die Differenz von DM 0,09 nachzubuchen, aber das würde nicht zur Klarheit auf den Konten beitragen.

Umsatz Soll	Umsatz Haben	SU	Gegen-konto	Belegfeld 1	Belegfeld 2	Datum Tag Monat	Konto	Kosten-stelle 1	Kosten-stelle 2	Skonto	Text 15 20 25 30
	130,12		2014711	0	0	1					
130,21			14711								
E	920,91 +										
)											

Bei der Buchung mit dem Generalumkehrschlüssel 2 mußten wir noch einmal in der Datumspalte den Tag angeben, weil aufgrund der letzten Folgebuchung als Tag der 3. gespeichert war. Unsere Korrektur soll aber unter dem 1. ausgewertet werden.

Auch die Buchungskreise, die sich nicht durch Vergleichen eines Saldos, wie bei Kasse, Bank, Postscheck, kontrollieren lassen, können abgestimmt werden. In der Praxis werden die Belege dieser Buchungskreise vor der Datenerfassung addiert. Die Summe, die sich dabei ergibt, z. B. Summe aller Ausgangsrechnungen, wird mit der Abstimmsumme bei der Datenerfassung verglichen.

Die Abstimmsumme wird nicht nur vom Anwender, sondern auch vom Programm geprüft. Jeden Betrag, den das Programm liest, addiert es in einen Speicher. Bei negativem Vorzeichen (Haben) wird subtrahiert. Bei jeder Abstimmsumme vergleicht das Programm den Inhalt des Speichers mit dieser Abstimmsumme. Bei Abweichungen wird eine Fehlernachricht (Abstimmfehler) ausgegeben. In diesem Falle sind immer die Unterlagen an DATEV zur Prüfung einzusenden.

3.7.1 Geldtransitkonten

Durch die Einteilung der zu buchenden Daten in Buchungskreise und die im Kapitel 3.7 beschriebene Abstimmung ergibt sich ein Fall, den wir mit einem Beispiel deutlich machen:

Nehmen wir an, wir haben DM 500,— am 5. 3. aus der Kasse entnommen und auf die Bank eingezahlt. Dieser Geschäftsgang berührt zwei Buchungskreise, die Kasse und die Bank. Was geschieht, wenn wir bei Kasse und Bank wie folgt buchen?

Buchungskreis Kasse:

Umsatz		SU	Gegen-konto	Belegfeld 1	Belegfeld 2	Datum	Konto	Kosten-stelle 1	Kosten-stelle 2	Skonto		Text			
Soll	Haben					Tag Monat							15	20	25	30
	500,00		1200	0	0	5. 03.	1000									

Buchungskreis Bank:

Umsatz		SU	Gegen-konto	Belegfeld 1	Belegfeld 2	Datum	Konto	Kosten-stelle 1	Kosten-stelle 2	Skonto		Text			
Soll	Haben					Tag Monat							15	20	25	30
500,00			1000	0	0	5. 03.	1200									

Damit wir sehen, wie sich diese Buchungen auswirken, stellen wir sie auf T-Konten dar:

1000		1200	
	500,00		500,00
	500,00		500,00

Wir haben den Geschäftsvorfall zweimal gebucht. Wir weisen also auf dem Kassenkonto DM 500,— zu wenig und auf dem Bankkonto DM 500,— zu viel aus. Wir können nun nicht einfach eine Buchung weglassen, weil dann beim anderen Buchungskreis der Betrag für die Abstimmung fehlt. Nehmen wir an, wir berücksichtigen die Barentnahme und Einzahlung auf der Bank nur im Buchungskreis Kasse, dann gibt es beim Buchungskreis Bank eine Abstimmdifferenz in Höhe von DM 500,—. Deshalb ist eine andere Lösung notwendig. Hinzu kommt noch, daß der Geschäftsvorfall in beiden Buchungskreisen durch einen Beleg anfällt.

Wir buchen Geschäftsvorfälle, die zwei Abstimmkreise berühren (z. B. Kasse und Bank) über ein Zwischenkonto, das Geldtransitkonto 1360. Damit können wir den Geschäftsvorfall in beiden Buchungskreisen buchen, ohne die Abstimmung zu beeinflussen.

Buchung im Buchungskreis Kasse:

Umsatz		SU	Gegen-konto	Belegfeld 1	Belegfeld 2	Datum	Konto	Kosten-stelle 1	Kosten-stelle 2	Skonto		Text			
Soll	Haben					Tag Monat							15	20	25	30
	500,00		1360	0	0	5. 03.	1000									

95

Buchungskreis Bank:

Umsatz		SU	Gegen-konto	Belegfeld 1	Belegfeld 2	Datum	Konto	Kosten-stelle 1	Kosten-stelle 2	Skonto	Text			
Soll	Haben					Tag Monat					15	20	25	30
500,00			1360	0	0	5. 03.	1200							

Durch diese beiden Buchungen ist es möglich, Kasse und Bank richtig abzustimmen. Das Geldtransitkonto 1360 gleicht sich aus:

1000			1200	
	500,00		500,00	

1360 Geldtransit	
500,00	500,00

3.8 Verschiedene Buchungen

In diesem Kapitel wiederholen wir zusammenhängend die wichtigsten Buchungsfälle und erläutern einige besondere Regeln, auf die wir bisher noch nicht eingegangen sind.

Unser Lehrbuch bringt nicht für jeden denkbaren Buchungsfall der Praxis eine Lösung im DATEV-System. Wir befassen uns nur mit Buchungen, bei denen im DATEV-System besondere Regeln zu beachten sind. Die übrigen Buchungsfälle können wie bei einem herkömmlichen Buchungsverfahren ohne besondere Programmvorschriften abgewickelt werden.

3.8.1 Ausgangsrechnungen (Warenverkauf)

Im DATEV-Finanzbuchführungsprogramm sind die Umsätze (Ausgangsrechnungen) grundsätzlich mit Umsatzsteuerschlüssel oder über automatische Konten zu buchen. Nur wenn diese Vorschrift beachtet wird, kann das Programm eine richtige Umsatzsteuer-Voranmeldung anfertigen. Weil diese Regel so wichtig ist, prüft das Programm, ob sie eingehalten wurde. Bei Buchungen auf Konten mit der Zusatzfunktion M (in der Hauptsache Klasse 8, Warenverkauf), bei denen keine Umsatzsteuer (vom Programm) berücksichtigt wurde, druckt das Programm einen Hinweis (Warenverkaufskonten ohne Umsatzsteuerschlüssel bebucht) auf dem Blatt „USt-Werte" am Ende des Journals aus (vgl. Kapitel 4.5.1).

Beispiel: Ausgangsrechnung zum vollen Steuersatz über automatisches Konto

Warenwert	DM 100,—
+ 14 % MwSt	DM 14,—
zus.	DM 114,—

Kunde Meyer, Debitorenkonto 11200

BETRAG		GEGENKTO.						KONTO				
SOLL	HABEN	U										
114,00			8	5	5	0		1	1	2	0	0

1877		8550	
	14,00		100,00

11200	
114,00	

Beispiel: Ausgangsrechnung zum ermäßigten Steuersatz über automatisches Konto

Warenwert	DM 100,−
+ 7 % MwSt	DM 7,−
	DM 107,−

Kunde Meyer, Debitorenkonto 11200

BETRAG		GEGENKTO.						KONTO				
SOLL	HABEN	U										
107,00			8	5	4	0		1	1	2	0	0

1876		8540	
	7,00		100,00

11200	
107,00	

Beispiel: Ausgangsrechnung zum vollen Steuersatz mit Umsatzsteuerschlüssel

Warenwert	DM	100,—
+ 14 % MwSt	DM	14,—
zusammen	DM	114,—

Kunde Meyer, Debitorenkonto 11200

BETRAG		GEGENKTO.						KONTO				
SOLL	HABEN	U										
	114,00	3	1	1	2	0	0	8	0	0	0	

	1877		8000	
		14,00		100,00

	11200	
	114,00	

Beispiel: Ausgangsrechnung zum ermäßigten Steuersatz mit Umsatzsteuerschlüssel

Warenwert	DM	100,—
+ 7 % MwSt	DM	7,—
	DM	107,—

Kunde Meyer, Debitorenkonto 11200

BETRAG		GEGENKTO.						KONTO				
SOLL	HABEN	U										
	107,00	2	1	1	2	0	0	8	0	0	1	

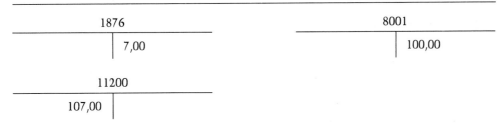

Beispiele: Umsatzsteuerfreie Umsätze

Für **umsatzsteuerfreie Umsätze** gibt es im DATEV-Kontenrahmen ebenfalls automatische Konten. Die Automatik bedeutet hier nicht, Errechnung eines Umsatzsteuerbetrages, sondern automatische Berücksichtigung der Beträge für die Umsatzsteuer-Voranmeldung. Für umsatzsteuerfreie Umsätze, bei denen Vorsteuerabzug in Anspruch genommen werden kann, sind die Konten 8501 bis 8503 vorgesehen. Für die umsatzsteuerfreien Umsätze ohne Vorsteuerabzug können die Konten 8500 und 8799 gebucht werden.

Für umsatzsteuerfreie Umsätze gibt es außerdem noch den Umsatzsteuerschlüssel 1. Wenn dieser Schlüssel in einem Buchungssatz vorkommt, in dem auch ein Konto mit der Zusatzfunktion „M" (Warenverkaufskonto) enthalten ist, dann wird der Betrag des Buchungssatzes für die Umsatzsteuer-Voranmeldung als umsatzsteuerfreier Umsatz behandelt, bei dem Vorsteuerabzug in Anspruch genommen wird. Für umsatzsteuerfreie Umsätze ohne Vorsteuerabzug können nur die automatischen Konten verwendet werden. Die Erläuterung einer besonderen Möglichkeit des DATEV-Programms FIBU, hier individuell einen Umsatzsteuerschlüssel einzurichten, würde zu weit führen.

BETRAG		GEGENKTO.							KONTO				
SOLL	**HABEN**	**U**											
132,00				8	5	0	1	(m. VSt-Abz.)	1	1	3	0	1
40,00				8	5	0	0	(o. VSt-Abz.)	1	1	3	0	2
210,00		1	0	8	0	0	0	(m. VSt-Abz.)	1	1	3	0	3

Beispiel: Aufzuteilende Ausgangsrechnung

Die folgende Ausgangsrechnung betrifft verschiedene Erlöskonten:

Ausgangsrechnung Nr. 5467 vom 10. 7. an Kunde Huber (15432)

Ware A	135,79	(Konto 8101)
Ware B	246,80	(Konto 8102)
Ware C	567,89	(Konto 8103)
	950,48	
+ 14 % MwSt	133,06	
	1.083,54	

Dazu ein Kontierungsvorschlag:

BETRAG		GEGENKTO.			KONTO
SOLL	**HABEN**	**U**			
	1.083,54	3	1 5 4 3 2		8 1 0 0
135,79			8 1 0 1		8 1 0 0
246,80			8 1 0 2		8 1 0 0
567,89			8 1 0 3		8 1 0 0

```
           1877                                          8100
              | 133,06                     135,79 | 950,48
              |                            246,80 |
              |                            567,89 |


           8101                                          8102
              | 135,79                            | 246,80


           8103                                         15432
              | 567,89                     1.083,54 |
```

Weil nur brutto gebuchte Umsätze in der Umsatzsteuer-Voranmeldung berücksichtigt werden,
müssen wir auch diese Rechnung, die sich auf mehrere Erlöskonten aufteilt, brutto eingeben.
Da uns die Bruttobeträge der einzelnen Warengattungen aber nicht zur Verfügung stehen, haben wir zunächst die gesamte Rechnung so gebucht, als würde sie nur ein einziges Erlöskonto
betreffen und dabei den Umsatzsteuerschlüssel angegeben. Bereits mit der ersten Zeile aus unserem Beispiel ist die Rechnung für die Umsatzsteuer-Voranmeldung richtig erfaßt. Das Konto

8100, das wir eingeschaltet haben, ist ein Zwischenkonto oder Verrechnungskonto. Nach dem ersten Buchungssatz müssen wir von dem Zwischenkonto 8100 die Umsätze der einzelnen Warengattungen netto auf die betreffenden Erlöskonten umbuchen. Dadurch gleicht sich das Zwischenkonto wieder aus.

(In Einzelfällen kann es vorkommen, daß durch Auf- oder Abrunden beim Errechnen der Mehrwertsteuer auf dem Zwischenkonto Pfennigdifferenzen auftreten.)

Falsch wäre (wegen der Umsatzsteuer-Voranmeldung) folgende Kontierung:

BETRAG		GEGENKTO.					KONTO			
SOLL	HABEN	U								
135.79			8	1	0	1	1	5	4	3 2
246,80			8	1	0	2				
567,89			8	1	0	3				
133,06			1	8	7	7				

3.8.2 Eröffnungsbilanzbuchungen

In diesem Abschnitt behandeln wir die Eingabe der Anfangsbestände (Saldenvorträge). Diese Art von Buchungen ist nur deswegen zu erwähnen, weil im DATEV-Finanzbuchführungsprogramm die Eröffnungsbilanzwerte nicht in die Jahresverkehrszahlen einfließen. Unter Jahresverkehrszahlen werden nur die Beträge verstanden, die im Laufe des Jahres anfielen, also nicht der vom vorhergehenden Jahr übernommene Vortrag (EB-Wert).

Wenn das Programm die Eröffnungsbilanzwerte gesondert behandeln soll, benötigt es bei den Buchungen mit den Saldenvorträgen einen Hinweis. Diesen Hinweis erhält das Programm durch die Verwendung von Konten mit bestimmten Funktionen.

Ein Kontoblatt, bei dem ein Eröffnungsbilanzwert (EB-Wert) ausgewiesen ist, wird in Kapitel 4.3 gezeigt (Abbildung 9).

Die folgende Buchung hat zu der gesonderten Speicherung des Eröffnungsbilanzwertes im Kontoblatt geführt. Bei dem Konto, bei dem der Eröffnungsbilanzwert zum ersten Male erscheint, wird er nicht in der zweiten Kopfzeile ausgewiesen, sondern in dem Feld für die Buchungen und durch eine Sternzeile von den übrigen Buchungen abgetrennt.

BETRAG		GEGENKTO.					KONTO			
SOLL	HABEN	U								
6.532,--			7	1	6	0	2	9	0 0	9

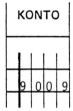

Das Konto 9009 gehört zu den Konten, die im Programm die Funktion bekommen haben, den im Buchungssatz enthaltenen Betrag als Eröffnungsbilanzwert gesondert auszuweisen. Insgesamt sind für die Eingabe von Eröffnungsbilanzwerten für Sachkonten die Konten 9000 bis 9007 vorgesehen, für Debitorenkonten das Konto 9008 und für Kreditoren das Konto 9009.

Die Konten 9008 und 9009 haben zusätzlich noch eine Sammelfunktion, weil die Saldenvorträge der Personenkonten vom Programm auf das neue Jahr automatisch vorgetragen werden können. Mit dieser Möglichkeit befassen wir uns im Kapitel 2.9. Wenn von der automatischen Saldenübernahme Gebrauch gemacht wird, dann ist die Eingabe der oben gezeigten Buchung nicht notwendig, sie wird vom Programm durchgeführt.

Bei der Verwendung der Saldenvortragskonten 9000 bis 9009 im Buchungssatz sind verschiedene Regeln zu beachten:

Da bei der Eingabe des Eröffnungsbilanzwertes keine Umsatzsteuer zu berücksichtigen ist, prüft das Programm, ob ein Umsatzsteuerschlüssel im Buchungssatz enthalten ist. Wenn ja, wird die Buchung als fehlerhaft abgelehnt.

Wenn der Eröffnungsbilanzwert auf ein automatisches Konto vorgetragen wird (z. B. der Anfangsbestand des Kontos 3550, automatisches Wareneinkaufskonto), dann wird die Automatik nicht wirksam, das heißt, das Programm arbeitet so, als würde im Buchungssatz der Berichtigungsschlüssel 4 an der siebten Stelle des Gegenkontos stehen.

3.8.3 Berlinförderungsgesetz (BFG)

Bei Rechnungen mit „Ursprungsbescheinigung Berlin" kann laut § 2 BerlinFG ein bestimmter Betrag zusätzlich zur Vorsteuer geltend gemacht werden. Die Voraussetzungen für die Kürzung sind beleg- und buchmäßig nachzuweisen.

Damit die Kürzungsbeträge nach dem Berlinförderungsgesetz in der Umsatzsteuer-Voranmeldung durch das Programm ausgewiesen werden, sind zusätzliche Regeln zu beachten. Im DATEV-Finanzbuchführungsprogramm gibt es zwei Möglichkeiten, die Kürzungsbeträge zu erfassen. Wir behandeln nur die Möglichkeit, die ohne zusätzliche Eingabe von Mandanten-Programmdaten und ohne Speicherung von individuellen Stammdaten möglich ist.

Damit das Programm die Kürzungsbeträge in die Umsatzsteuer-Voranmeldung übernehmen kann, ist neben der Buchung der Rechnung noch einmal die Bemessungsgrundlage (die in den meisten Fällen dem reinen Warenwert, dem Nettorechnungsbetrag entspricht) in einer zusätzlichen Buchung zu erfassen. Diese Buchung ist auf „statistischen Konten" vorzunehmen, da sie nur den Zweck hat, dem Programm zu sagen, daß diese Rechnung zu einem Kürzungsbetrag gemäß BerlinFG berechtigt.

Beispiel: Rechnung mit „Ursprungsbescheinigung Berlin"

Lieferant 74712, Buchung auf Konto 3000.

Warenwert	DM 10.000,—
+ 14 % MwSt	DM 1.400,—
zusammen	DM 11.400,—

BETRAG		GEGENKTO.						KONTO			
SOLL	**HABEN**	U									
11.400,00		9	7	4	7	1	2	3	0	0	0
10.000,00				2	9	9	0	2	9	0	0

1577		2900	
1.400,00		10.000,00	

2990		3000	
	10.000,00	10.000,00	

74712	
	11.400,00

Wir haben zunächst die Eingangsrechnung „ganz normal" gebucht. Anschließend haben wir die Bemessungsgrundlage für die Berlinhilfevergütung, die nach dem Gesetz unterschiedlich festgesetzt wird, eingegeben. Die Konten 2900 und 2990 gleichen sich insgesamt aus und haben somit auf unsere Buchführung keinen Einfluß. Das Programm weiß aber durch das Ansprechen des Kontos 2900, daß ein bestimmter Prozentsatz, bei dem Konto 2900 4,2 %, in der Umsatzsteuer-Voranmeldung als Berlinhilfevergütung auszuweisen ist.

Den Kürzungsbetrag können wir z. B. wie folgt buchen:

BETRAG		GEGENKTO.					KONTO			
SOLL	**HABEN**	U								
	420,00		1	5	8	6	3	0	0	0

Im DATEV-Kontenrahmen ist für den Kürzungsbetrag das Konto 1586 vorgesehen. Diese Buchung kann vom Programm aber nicht automatisch durchgeführt werden, sondern sie muß von uns eingegeben werden, weil das andere Konto noch nicht feststeht. Wir haben hier den Kürzungsbetrag dem Wareneinkaufskonto, auf das wir auch die Rechnung gebucht haben, gutgeschrieben.

Ähnlich wie die Berlinhilfevergütung sind die **Kürzungsbeträge für Bezüge aus dem Währungsgebiet der Mark der DDR** zu behandeln. Auch hier gibt es bestimmte Konten (z. B. 2911). Im übrigen gelten die gleichen Regeln wie bei dem Berlinförderungsgesetz.

3.8.4 Eingangsrechnungen (Wareneinkauf)

Der Wareneinkauf wird nach dem DATEV-Kontenrahmen im allgemeinen in die Klassen 3 und 4 gebucht. Bei Rechnungen, die Vorsteuer beinhalten, gibt es drei Möglichkeiten:

Die Rechnungen können über automatische Konten gebucht werden, es kann mit Umsatzsteuerschlüsseln gearbeitet werden oder der reine Warenwert und die Vorsteuer können jeweils direkt auf die Konten gebucht werden.

Beispiel: Eingangsrechnung zum vollen Steuersatz über automatisches Konto

Warenwert	DM 100,—
+ 14 % MwSt	DM 14,—
zusammen	DM 114,—

Lieferant Weber 79800

BETRAG		GEGENKTO.						KONTO					
SOLL	**HABEN**	U											
114,00			7	9 8	0 0				3 5	5 0			

```
              1577                                    3550
         14,00 |                              100,00 |

            79800
                | 114,00
```

Beispiel: Eingangsrechnung zum ermäßigten Steuersatz über automatisches Konto

Warenwert	DM 100,—
+ 7 % MwSt	DM 7,—
zusammen	DM 107,—

Lieferant Weber 79800

BETRAG		GEGENKTO.						KONTO					
SOLL	**HABEN**	**U**											
107,00			7	9	8	0	0		3	5	4	0	

1576		3540	
7,00		100,00	

79800	
	107,00

Beispiel: Eingangsrechnung zum vollen Steuersatz mit Umsatzsteuerschlüssel

Rechnung für Verpackungsmaterial über netto DM 100,—
+ 14 % Mehrwertsteuer   DM   14,—

zusammen   DM 114,—

Lieferant: Weber 79800

BETRAG		GEGENKTO.						KONTO					
SOLL	**HABEN**	**U**											
	114,00	9	0	4	7	1	0	7	9	8	0	0	

1577		4710	
14,00		100,00	

79800	
	114,00

105

Beispiel: Eingangsrechnung zum ermäßigten Steuersatz mit Umsatzsteuerschlüssel

Eingangsrechnung über	DM 100,—
+ 7 % MwSt	DM 7,—
zusammen	DM 107,—

Lieferant: Weber (79800)

BETRAG		GEGENKTO.						KONTO				
SOLL	**HABEN**	U										
107,00		8	7	9	8	0	0	3	0	0	0	

```
        1576                                          3000
  7,00  |                                     100,00  |

        79800
        |  107,00
```

Beispiel: Aufzuteilende Eingangsrechnung

Ware A	135,79	(Konto 3101)
Ware B	246,80	(Konto 3102)
Ware C	567,89	(Konto 3103)
	950,48	
+ 14 % MwSt	133,06	
	1.083,54	

Lieferant Weber, 79800

BETRAG		GEGENKTO.						KONTO				
SOLL	**HABEN**	U										
	135,79		3	1	0	1		7	9	8	0	0
	246,80		3	1	0	2						
	567,89		3	1	0	3						
	133,06		1	5	7	7						

Beispiel: Eingangsrechnung, Rechenfehler bei der Vorsteuer

Das Programm macht eine zusätzliche Buchung für die Umsatzsteuer überflüssig. Die Umsatzsteuer wird aus dem eingegebenen Bruttobetrag aufgrund eines Umsatzsteuerschlüssels oder eines automatischen Kontos errechnet.

Obwohl wir schon mehrere Beispiele behandelt haben, bei denen vom Programm die Umsatzsteuer errechnet wurde, wollen wir uns jetzt anhand eines Beispiels ansehen, wie das Errechnen der Umsatzsteuer im Programm vor sich geht.

Wir erhalten folgende Rechnung des Lieferanten 74712 und buchen diese auf Konto 3000 unter Verwendung des Vorsteuerschlüssels 9.

Warenwert	DM 394,71
+ 14% MwSt	DM 55,25
Rechn.-Betr.	DM 449,96

Wir kontieren:

BETRAG		GEGENKTO.	KONTO
SOLL	HABEN	U	
449,96		9 7 4 7 1 2	3 0 0 0

Das Programm arbeitet nun wie folgt:

1. Der Bruttobetrag des Kontos, aus dem die Vorsteuer zu errechnen ist (Zusatzfunktion V, Konto 3000) wird mit dem Faktor für 14% Mehrwertsteuer (0,122807) multipliziert.

2. Das Programm weist das Ergebnis (DM 55,25) als Vorsteuer aus (Konto 1577).

3. Das Programm subtrahiert das Ergebnis vom Bruttobetrag und bucht auf das Konto 3000 den Nettobetrag von DM 394,71.

Wir gehen nun genauso wie das Programm bei der folgenden Rechnung vor:

Warenwert	DM 420,52
+ 14% MwSt	DM 29,44
zusammen	DM 449,96

Lieferant 74713, zu buchen auf Konto 3000.

107

Wir kontieren:

BETRAG		GEGENKTO.		KONTO
SOLL	HABEN	U		
449,96		9	7 4 7 1 3	3 0 0 0

Wie hat das Programm diese Eingangsrechnung gebucht?

```
            1577                                        3000
   ────────────────                           ────────────────
       55,25  │                                   394,71  │


           74713
   ────────────────
          │  449,96
```

Unser Programm hat den Bruttobetrag von DM 449,96 aufgrund des Umsatzsteuerschlüssels 9 mit dem Faktor für 14 % Mehrwertsteuer multipliziert und DM 55,25 errechnet. Wenn wir die Konten und die Rechnung vergleichen, stellen wir fest, daß diese nicht übereinstimmen. Aber nicht dem Programm ist hier ein Fehler unterlaufen, sondern unserem Lieferanten, der die Rechnung erstellte und statt 7 % Mehrwertsteuer 14 % Mehrwertsteuer angab, und uns, weil wir den Fehler nicht bemerkt haben. Nachdem laut § 15 UStG nur die in Rechnung gestellte Steuer abgesetzt werden darf, würde bei Verwendung des Umsatzsteuerschlüssels 9 ein zu hoher Vorsteuerbetrag vom Programm ermittelt werden. Da der Lieferant nur DM 29,44 an das Finanzamt abgeführt hat, dürfen wir auch nur den gleichen Betrag absetzen. Deshalb ist die Rechnung in diesem Falle netto zu buchen:

BETRAG		GEGENKTO.		KONTO
SOLL	HABEN	U		
	420,52		3 00 0	7 47 1 3
	29,44		1 57 6	7 47 1 3

Solche Fehler sollte die Rechnungsprüfung „unseres Betriebes" feststellen. Es geht nur darum, „grobe" Fehler festzustellen. Durch Auf- oder Abrunden kommen immer wieder Pfennigdifferenzen vor, die nicht beanstandet werden.

Beispiel: Eingangsrechnung ohne Vorsteuer

Eigentlich bräuchten wir diese Art von Eingangsrechnungen nicht besonders zu besprechen, weil beim Buchen dieser Rechnungen für die Umsatzsteuer-Voranmeldung nichts zu beachten ist. Trotzdem empfiehlt es sich, diese Rechnungen mit einem Umsatzsteuerschlüssel zu kennzeichnen, und zwar mit dem Umsatzsteuerschlüssel 1 = umsatzsteuerfrei. Dies hat folgenden Grund:

Die Umsatzsteuerschlüssel (Vorsteuer und Mehrwertsteuer) werden auf den Sachkonten, bei denen Umsatzsteuer errechnet wird, und auf den Personenkonten ausgewiesen (vgl. Kapitel 4.3). Das Durchsehen und Prüfen der Konten (z. B. am Jahresende bei der Erstellung des Abschlusses) kann durch die Angabe des Umsatzsteuerschlüssels sehr erleichtert werden. Wenn kein Vorsteuerschlüssel auf bestimmten Konten angegeben ist, besteht die Möglichkeit, daß der Vorsteuerschlüssel vergessen wurde. Man müßte dann diese Fälle prüfen. Ist aber der Schlüssel 1 ausgedruckt, dann weiß man, daß in diesem Falle keine Vorsteuer zu berücksichtigen war und man dies bereits bei der Kontierung beachtet hatte. Beispiel für eine solche Rechnung ohne Vorsteuer ist die Rechnung eines Kleinunternehmers:

Rechnung des Schneidermeisters Wippel für einen Arbeitsanzug über brutto DM 120,−, auf Ziel, Kreditorenkonto 79999.

BETRAG		GEGENKTO.					KONTO			
SOLL	HABEN	U								
120, 00		1	7	9	9	9	9	4	9	9	0

4990		79999	
120,00			120,00

3.8.5 Gutschriften an Kunden

Gutschriften und andere Erlösschmälerungen (von Skonti, siehe Kap. 3.8.8, abgesehen) werden genauso gebucht wie die bisher gezeigten Ausgangsrechnungen, lediglich der Betrag muß auf die andere Seite und bei Bedarf ist ein anderes Konto (Erlösschmälerungen) einzusetzen. Im folgenden werden zwei Gutschriften gebucht. Die erste enthält 7 % Mehrwertsteuer und wird über das automatische Konto 8540 gebucht, die zweite enthält 14 % Mehrwertsteuer und wird mit Umsatzsteuerschlüssel kontiert.

BETRAG		GEGENKTO.							KONTO					
SOLL	HABEN	U												
	107,00			8	5	4	0		1	2	3	0	0	
	114,00	3	0	8	0	0	0		1	3	4	0	0	

Sind bei Gutschriften Umsatzsteuersätze des vorangegangenen Bemessungszeitraumes zu berücksichtigen, dann sind besondere Umsatzsteuerschlüssel oder auch automatische Konten zu verwenden. Im obigen Beispiel müßte es sich dabei um das Konto 8580 bzw. um den Umsatzsteuerschlüssel 5 handeln.

1876		1877	
7,00		14,00	

8000		8540	
100,00		100,00	

12300		13400	
	107,00		114,00

3.8.6 Gutschriften von Lieferanten

Bei Gutschriften von Lieferanten ist genauso zu verfahren, wie bei den Rechnungen, lediglich die Beträge sind auf der anderen Seite zu erfassen.

Beispiel:

Gutschrift wegen Mängelrüge von Lieferant 71234 über DM 107,00, Konto 3540; Gutschrift unseres Lieferanten für Verpackungsmaterial (14%) über DM 114,—, Konto 4710.

BETRAG		GEGENKTO.					KONTO			
SOLL	HABEN	U								
	107,00	7	1	2	3	4	3	5	4	0
114,00		90	4	7	1	0	7	1	2	3	4

```
         1576                              1577
              |  7,00                           |  14,00

         3540                              4710
              | 100,00                          | 100,00

        71234
 107,00  |
 114,00  |
```

Sind bei Gutschriften Umsatzsteuersätze des vorangegangenen Bemessungszeitraumes zu berücksichtigen, dann sind besondere Umsatzsteuerschlüssel oder auch automatische Konten zu verwenden. Im obigen Beispiel müßte es sich dabei um das Konto 3580 bzw. um den Umsatzsteuerschlüssel 7 handeln.

3.8.7 Kalkulatorische Kosten

Bei der Verbuchung von kalkulatorischen Kosten ist im DATEV-Finanzbuchführungsprogramm eine Besonderheit zu beachten, wenn von DATEV jeden Monat mit der Buchhaltung die Betriebswirtschaftliche Auswertung (siehe Kapitel 4.6) gefertigt wird. In der Kostenstatistik der Betriebswirtschaftlichen Auswertung werden sämtliche Erfolgskonten der Unternehmung zusammengefaßt. Da die kalkulatorischen Kosten in der Klasse 4 im „Soll" und in der Klasse 2 im „Haben" erscheinen, würden sich die beiden Beträge wieder aufheben. Deshalb sind die kalkulatorischen Kosten im DATEV-Programm FIBU nicht in der Klasse 2, sondern in der Klasse 0 (z. B. 0900) zu erfassen.

3.8.8 Skontobuchungen

Beim Verbuchen von Zahlungsvorgängen muß oft Skonto berücksichtigt werden. Dabei gibt es verschiedene Möglichkeiten der Kontierung. Zunächst kommt es darauf an, ob das Datenerfassungsgerät eine eigene Spalte für die Eingabe von Skonto im Buchungssatz vorsieht. Dies ist z. B. bei den Primanoten für die modernen Datenfernverarbeitungsterminals der Fall.

PRIMA-NOTA

Übertrag	Magnet-band-Nr.	Anw.	DFV	Kontr.-Zahl	Berater	Mandant	Abr.-Nr./Jahr	Datum von	Datum bis	PN-Blatt

Umsatz Soll Haben	SU	Gegen-konto	Belegfeld 1	Belegfeld 2	Datum Tag Monat	Konto	Kosten-stelle 1	Kosten-stelle 2	Skonto	Text 15 20 25 30

3.8.8.1 Berücksichtigung des Skontobetrages in der Skontospalte

Eine Skontospalte im Buchungssatz bietet den Vorteil, daß für die Eingabe des Skontos kein eigener Buchungssatz gebildet werden muß. Wir können den Zahlungsbetrag in der Umsatzspalte erfassen und den Skontobetrag in der Skontospalte. Das Programm leitet aus der Skontospalte eine zusätzliche Buchung für den Skontobetrag ab.

Für die Eingabe des Skontos in der Skontospalte gibt es eine wichtige Regel. Voraussetzung ist, daß ein Zahlungsvorgang gebucht wird. Eine Buchung wird vom Programm dann als Zahlungsvorgang erkannt, wenn im Buchungssatz im Konto ein Geldkonto (im DATEV-Kontenrahmen die Konten 1000 bis 1399) und im Gegenkonto ein Personenkonto angesprochen wird (Debitoren- oder Kreditorenkonto, Gruppenkennziffern 1 bis 9, oder die Konten 1410–1489 bzw 1610).

Das Programm bucht den Skontobetrag bei Kunden auf das Konto 2127 und bei Lieferanten auf das Konto 2627. Die beiden Konten sind jeweils automatische Konten zum vollen Mehrwertsteuer- bzw. Vorsteuersatz. Das heißt, aus beiden Konten wird der entsprechende Umsatzsteuerbetrag automatisch errechnet. Bei ermäßigtem Steuersatz ist der entsprechende Umsatzsteuerschlüssel im Gegenkonto anzugeben, er gilt in diesem Fall nur für den Skontobetrag. Trifft bei einem Skontoabzug bei einer Rechnung des Vorjahres ein anderer Umsatzsteuersatz zu, dann sind die im Kapitel 3.2.4 aufgeführten Umsatzsteuerschlüssel zu verwenden.

Beispiel: Kundenskonto

Kunde Huber (Debitorenkonto 14701) überweist per Bank, Kontoauszug vom 10. 7., DM 768,32 unter Abzug von 2 % Skonto für eine Rechnung über DM 784,00 (Umsatzsteuersatz 14 %).

Umsatz Soll Haben	SU	Gegen-konto	Belegfeld 1	Belegfeld 2	Datum Tag Monat	Konto	Kosten-stelle 1	Kosten-stelle 2	Skonto	Text 15 20 25 30
768,32		14701	0	0	10. 07.	1200			15,68	

Journal vom			bis		Abrechnung		Berater		Mandant								Blatt	
Datum			Prima-nota	Buchungstext	Beleg-Nr. Beleg-Feld 2	Kostenstelle	SU	Konto Gegenkonto	Umsatz		Umsatzsteuer		USt.-Kto.	Steuer-satz				
Tag	Mon.	Jahr							Soll	Haben	Soll	Haben						
10	07	83						1200	768 32									
10	07	83						14701		768 32								
10	07	83						2127	13 76		1 92		1877	14 00				
10	07	83						14701		15 68								

```
        1200                            1877
   768,32 |                         1,92 |


        2127                           14701
    13,76 |                              | 768,32
         |                              | 15,68
```

Beispiel: Lieferantenskonto

Wir zahlen per Bank an den Lieferanten Hubert, Kreditorenkonto 76701 am 10. 7. DM 878,08 für eine Rechnung über DM 896,— (wir haben 2% Skonto gekürzt, Umsatzsteuersatz 14%).

Umsatz		SU	Gegen-konto	Belegfeld 1	Belegfeld 2	Datum	Konto	Kosten-stelle 1	Kosten-stelle 2	Skonto	Text			
Soll	Haben					Tag Monat					15	20	25	30
	878,08		76701	0	0	10. 07.	1200			17,92				

Journal vom			bis		Abrechnung		Berater		Mandant								Blatt	
Datum			Prima-nota	Buchungstext	Beleg-Nr. Beleg-Feld 2	Kostenstelle	SU	Konto Gegenkonto	Umsatz		Umsatzsteuer		USt.-Kto.	Steuer-satz				
Tag	Mon.	Jahr							Soll	Haben	Soll	Haben						
10	07	83						1200		878 08								
10	07	83						76701	878 08									
10	07	83						2627		15 71		2 21	1577	14 00				
10	07	83						76701	17 92									

```
        1200                            1577
         | 878,08                        | 2,21


        2627                           76701
         | 15,71                   878,08 |
                                    17,92 |
```

3.8.8.2 Eingabe des Skontobetrages in der Umsatzspalte

Wenn keine Skontospalte zur Verfügung steht, dann muß der Skontobetrag in der Umsatzspalte eingegeben werden. Dabei gibt es zwei Möglichkeiten, die wir jetzt anhand der beiden Beispiele aus Kapitel 3.8.8.1 zeigen. Bei dem Kundenskonto haben wir die Zahlung brutto gebucht (voller Rechnungsbetrag). Das hat den Vorteil, daß wir den Skontobetrag, ohne wieder eine Vollbuchung einzugeben, gleich bei den jeweiligen Zahlungsbelegen berücksichtigen können. Es hat aber den Nachteil, daß auf dem Personenkonto nicht mehr zu ersehen ist, ob der Kunde mit Skonto bezahlt hat und daß die Verkehrszahlen auf dem Bankkonto nicht mit unserem Bankauszug übereinstimmen. Beim Lieferantenskonto haben wir den genauen Zahlungsbetrag gebucht und anschließend den Skontobetrag. Dieses Verfahren hat den Vorteil, daß aus dem Personenkonto zu ersehen ist, ob mit Skonto bezahlt wurde. Es hat aber den Nachteil, daß die Kontonummer wechselt und bei jedem Skontobetrag wieder eine Vollbuchung einzugeben ist. Deshalb ist hier zu empfehlen, die Belege „zweimal" zu buchen, zuerst alle Zahlungsbeträge und zum Schluß alle Skontobeträge.

Beispiel: Kundenskonto direkt gebucht

PRIMA-NOTA

Übertrag		Magnet-band-Nr.	Anw.	DFV	Kontr.-Zahl	Berater	Mandant	Abr.-Nr./Jahr	Datum von	Datum bis	PN-Blatt	Kennwort (Password)
9	0,00	004	11	VO	28376	29105	729	3, 84	1. 02. 84	15. 02. 84	1	

Umsatz		SU	Gegen-konto	Belegfeld 1	Belegfeld 2	Datum	Konto	Kosten-stelle 1	Kosten-stelle 2	Skonto		Text			
Soll	Haben					Tag Monat						15	20	25	30
	784,00		14701			10. 02.	1200								
	15,68		2127												
E	768,32														

Beispiel: Lieferantenskonto direkt gebucht

PRIMA-NOTA

Übertrag		Magnet-band-Nr.	Anw.	DFV	Kontr.-Zahl	Berater	Mandant	Abr.-Nr./Jahr	Datum von	Datum bis	PN-Blatt	Kennwort (Password)
		333	11	VO	28376	29105	729	3, 84	1. 02. 84	15. 02. 84	1	

Umsatz		SU	Gegen-konto	Belegfeld 1	Belegfeld 2	Datum	Konto	Kosten-stelle 1	Kosten-stelle 2	Skonto		Text			
Soll	Haben					Tag Monat						15	20	25	30
	878,08		76701			10. 02.	1200								
	17,92		76701			10. 02.	2627								
E	896,00														
)															

3.8.9 Summenvorträge

Die Umstellung auf das DATEV-Finanzbuchführungsprogramm kann zu jedem Zeitpunkt erfolgen. Wenn aber während eines Jahres umgestellt wird, dann müssen die Jahresverkehrszahlen der bisherigen Konten in das DATEV-System übertragen werden. Dazu bedient man sich des Summenvortragskontos 9090. Dieses Konto hat eine Programmfunktion. Beim Vortragen von Jahresverkehrszahlen für automatische Konten wird vom Programm keine Umsatzsteuer errechnet, weil dies bei den Summenvorträgen auch nicht sein darf. Außerdem dürfen bei den Eingaben von Summenvorträgen keine Umsatzsteuerschlüssel im Buchungssatz enthalten sein. Wenn gegen diese Regeln verstoßen wird, dann lehnt das Programm die Buchungen ab.

Wichtig ist es, einen „beliebten" Fehler bei der Eingabe von Summenvorträgen zu vermeiden. Man muß auf das Vorzeichen des Betrages besonders achten. Wenn das Summenvortragskonto, um Kurzbuchungen eingeben zu können, als Konto angegeben wird, dann sind alle Solljahresverkehrszahlen als „Habenbeträge" und alle Habenjahresverkehrszahlen als „Sollbeträge" zu erfassen.

3.8.10 Anzahlungen

Mit dem UStG 1980 ist die sogenannte „Mindest-Ist-Besteuerung" eingeführt worden. Die Mindest-Ist-Besteuerung besagt, daß Anzahlungen ab DM 10.000,00 (netto) auch bei Sollversteuerung sofort der Umsatzsteuer zu unterwerfen sind. Der Lieferant, der die Anzahlung erhält, muß die Mehrwertsteuer abführen, der Kunde, der die Anzahlung leistet, kann die Umsatzsteuer als Vorsteuer geltend machen. Bei Beträgen unter DM 10.000,00 kommt es darauf an, was Lieferant und Kunde hinsichtlich der Umsatzsteuer miteinander vereinbaren.

Damit aus den Anzahlungen die Steuer automatisch errechnet werden kann, sind in der Klasse 1 automatische Konten eingerichtet worden:

Bis 30. 6. 83 (6,5% bzw. 13%):

AV 1512 = Geleistete Anzahlungen mit VSt-Abzug 6,5%
AV 1513 = Geleistete Anzahlungen mit VSt-Abzug 13%
AM 1812 = Erhaltene, versteuerte Anzahlungen 6,5% USt
AM 1813 = Erhaltene, versteuerte Anzahlungen 13% USt

Ab 1. 7. 83 (7% bzw. 14%):

AV 1514 = Geleistete Anzahlungen mit VSt-Abzug 7%
AV 1515 = Geleistete Anzahlungen mit VSt-Abzug 14%
AM 1811 = Erhaltene, versteuerte Anzahlungen 7%
AM 1814 = Erhaltene, versteuerte Anzahlungen 14%

Beispiel:

Lieferant Hinz hat einen Vertrag mit Kunden Kunz geschlossen. Zunächst muß der Kunde Kunz eine Anzahlung leisten:

Anzahlung	DM 10.000,00
Plus 14% Umsatzsteuer	DM 1.400,00
zusammen	DM 11.400,00

Später stellt Lieferant Hinz die Endrechnung auf:

Endrechnung		DM 30.000,00
Plus 14% Umsatzsteuer		DM 4.200,00
		DM 34.200,00
./. Anzahlung	DM 10.000,00	
14% Umsatzsteuer	DM 1.400,00	DM 11.400,00
noch zu zahlen		DM 22.800,00

3.8.10.1 Erhaltene Anzahlungen

Zunächst die Behandlung des Beispiels von Kapitel 3.8.10 bei Lieferant Hinz:

Anzahlung:

BETRAG		GEGENKTO.		KONTO	
SOLL	HABEN	U			
11.400,00		1 8 1 4		1 2 0 0	

1200	1814	1877
11.400,00		10.000,00	1.400,00

Wenn wir die Anzahlung auf dem Debitorenkonto festhalten wollen, müßten wir wie folgt buchen:

BETRAG		GEGENKTO.		KONTO	
SOLL	HABEN	U			
11.400,00		1 4 7 1 1		1 2 0 0	
11.400,00		1 8 1 4		1 5 9 3	

116

Bei der Verbuchung der Endrechnung ist nun zunächst der Gesamtrechnungsbetrag auf ein automatisches Konto der Klasse 8 zu buchen (oder ohne Automatik, mit dem Schlüssel für den vollen Umsatzsteuersatz). Außerdem muß das Konto 1814, Erhaltene Anzahlungen, voller Steuersatz, ausgeglichen werden und das Debitorenkonto mit dem Betrag der Anzahlung erkannt werden.

Endrechnung:

BETRAG		GEGENKTO.						KONTO				
SOLL	HABEN	U										
34.200,00				8	5	5	0	1	4	7	1	1
	11.400,00			1	8	1	4	1	4	7	1	1

1814		1877		8550	
10.000,00		1.400,00	4.200,00		30.000,00

14711	
34.200,00	11.400,00

Der Vollständigkeit halber noch die Kontierung, wenn die Anzahlung vorher schon auf dem Debitorenkonto festgehalten wurde:

BETRAG		GEGENKTO.						KONTO				
SOLL	HABEN	U										
	34.200,00		1	4	7	1	1	8	5	5	0	
	11.400,00		1	8	1	4		1	5	9	3	

3.8.10.2 Geleistete Anzahlungen

Nun die Verbuchung des Beispiels in 3.8.10 beim Kunden Kunz:

Anzahlung:

BETRAG		GEGENKTO.						KONTO				
SOLL	HABEN	U										
	11.400,00				1 5	1 5				1 2	0 0	

1200		1515		1577	
11.400,00		10.000,00		1.400,00	

Wenn dieser Vorgang sofort auf dem Kontokorrentkonto des Lieferanten Hinz festgehalten werden soll, kann wie folgt gebucht werden:

BETRAG		GEGENKTO.						KONTO				
SOLL	HABEN	U										
	11.400,00	7	4 7	1	2				1 2	0	0	
	11.400,00			1 5	1	5			1 8	9	3	

Endrechnung:

BETRAG		GEGENKTO.						KONTO				
SOLL	HABEN	U										
	34.200,00			3 5	5 0			7 4	7 1	2		
11.400,00				1 5	1 5			7 4	7 1	2		

1515		1577		3550	
	10.000,00	4.200,00	1.400,00	30.000,00	

74712	
11.400,00	34.200,00

Auch hier der Vollständigkeit halber die Kontierung, wenn die Anzahlung bereits auf dem Kreditorenkonto festgehalten wurde:

BETRAG		GEGENKTO.		KONTO
SOLL	**HABEN**	U		
34.200,00		7 4 7 1 2		3 5 5 0
11.400,00		1 5 1 5		1 8 9 3

3.9 Plausibilitätsprüfungen

Den Aufbau eines Buchungssatzes haben wir in Kapitel 3.1 (Vorkontierung) kennengelernt.

Zu einem Buchungssatz gehören maximal folgende Informationen:

Betrag – Gegenkonto – Belegfeld 1 – Belegfeld 2 – Datum – Konto – Kostenstelle I – Kostenstelle II – Skonto – Text

Statt Belegfeld 1 heißt es bei einigen Datenerfassungsmethoden „Beleg-Nr.". Für die Kostenstelle I und II ist in den meisten Fällen nur eine Spalte in der Primanota vorgesehen.

Das Programm prüft die Eingabe, weil logisch falsche Buchungen nicht verarbeitet werden dürfen. Das Programm kann aber nicht alle Fehler aufdecken, sondern nur die Fehler erkennen, die sich aufgrund der Buchungsregeln herausstellen, die dem Programm vorgegeben wurden. Die Prüfungen, die das Programm durchführt, nennt man Plausibilitätsprüfungen. Bei Plausibilitätsprüfungen wird die Eingabe des Anwenders gegen eine bestimmte Unter- oder Obergrenze verglichen. Bei Abweichungen erkennt das Programm den Fehler, die Information ist nicht „plausibel".

Wir werden die einzelnen Informationen des Buchungssatzes nacheinander behandeln und dabei die verschiedenen Plausibilitätsprüfungen sowie die sonstigen Buchungsregeln erläutern.

Beachten Sie bitte bei den unten angegebenen Plausibilitätsprüfungen, daß das Programm bei diesen Prüfungen nur Vollbuchungen kennt, weil vorher Kurz- und Folgebuchungen vom Programm zu Vollbuchungen aufgefüllt werden.

Grundsätzlich gibt es vier Arten von Prüfungen, die das Programm bei den einzelnen Informationen des Buchungssatzes durchführt:

In bestimmten Fällen wird ein Feld auf **„vorhanden"** geprüft. Das Programm erkennt einen Fehler, wenn keine Information vorliegt. Ein Beispiel ist der Umsatzbetrag, der in jeder Buchung enthalten sein muß. Fehlt er, kann die Buchung nicht ausgewertet werden.

Die zweite Art der Fehlerprüfung bezieht sich auf die **maximale Länge der Information**. Auch hier wieder der Umsatzbetrag als Beispiel: Der Umsatzbetrag darf maximal 10 Stellen umfassen. Ist ein längerer Betrag eingegeben worden, wird die Buchung nicht ausgewertet.

Die dritte Art der Prüfung bezieht sich auf die **numerische Eingabe** bestimmter Informationen. Der Umsatzbetrag muß numerisch sein, d. h. es dürfen nur Zahlen vorliegen. Bei bestimmten Datenerfassungsgeräten sind hier Fehleingaben gar nicht möglich. Die Prüfung erfolgt aber aus Sicherheitsgründen bei allen Datenträgern.

Die letzte Gruppe sind **logische Prüfungen**. Ein Beispiel dafür ist das Belegdatum 3456. Dieses Belegdatum wird vom Programm durch die bisher erläuterten Prüfungen noch nicht als falsch erkannt. Es ist „vorhanden", „nicht zu lange" und „numerisch" bisher für das Programm also noch richtig. Das Datum und damit die gesamte Buchung wird aber abgelehnt, weil logische Prüfungen erfolgen, die einen 34. Tag und einen 56. Monat nicht zulassen.

Die Primanota auf der nächsten Seite zeigt, welche der vier Arten von Prüfungen bei den einzelnen Informationen des Buchungssatzes durchgeführt werden.

Der Buchstabe V steht für die Abfrage auf „vorhanden". Alle mit diesem Buchstaben gekennzeichneten Primanotaspalten müssen eingegeben werden. Konto und Datum können jedoch aus vorhergehenden Buchungen übernommen werden (vgl. Kapitel 3.6).

Der Buchstabe N steht für numerisch. Diese Informationen können nicht verarbeitet werden, wenn sie Buchstaben oder Sonderzeichen enthalten.

Die Zahl bedeutet die maximale Anzahl von Stellen, die bei der jeweiligen Information zugelassen ist. Wenn die angegebene Zahl überschritten wird, kann die Buchung nicht verarbeitet werden.

Bei den Primanotaspalten „Belegfeld 2 und Kostenstelle" haben wir keine Angaben gemacht, weil diese beiden Fehler für andere DATEV-Programme vorgesehen sind. Wenn in diesen Feldern im Rahmen der Finanzbuchführung eine Eingabe erfolgt (ganz gleich welche), dann wird die Buchung trotzdem durchgeführt.

Wenn beim Skontobetrag und beim Buchungstext ein Fehler vorliegt, dann führt das Programm die Buchung grundsätzlich trotzdem durch (deshalb die Klammern). Der Skonto wird nicht berücksichtigt.

Der Buchungstext wird abgeschnitten, wenn er zu lang ist.

Bei allen anderen Verstößen gegen die aufgezeigten Regeln kann die Buchung nicht verarbeitet werden.

Der Buchstabe L in unserer Primanota bedeutet, daß bei dieser Information noch logische Prüfungen, die wir im folgenden erläutern, durchgeführt werden.

Umsatz Soll	Umsatz Haben	SU	Gegen-konto	Belegfeld 1	Belegfeld 2	Datum Tag Monat	Konto	Kosten-stelle 1	Kosten-stelle 2	Skonto		Text 15 20 25 30
V			V			V	V					
N			N	N		N	N			(N)		
10			7	6		4	5			(6)	(30)	
			L			L	L			(L)		

Bei der Datenerfassung mit den DATEV-Erfassungssystemen oder den Datenfernverarbeitungs-terminals besteht der Vorteil, daß eine Reihe der Plausibilitätsprüfungen bereits vom Programm des Datenerfassungsgerätes durchgeführt wird. Hier wird die Intelligenz der Erfassungs-geräte ausgenutzt. Der Anwender wird auf Eingabefehler bereits vom Terminal aufmerksam gemacht. Eingaben, die gegen die vom Erfassungssystem bereits durchgeführten Plausibilitäts-prüfungen verstoßen, werden gar nicht auf dem Datenträger gespeichert. Der Anwender wird vom Programm des Erfassungsgerätes zur richtigen Eingabe aufgefordert.

Unabhängig vom verwendeten Datenerfassungsgerät führt das Rechenzentrum auf jeden Fall alle hier erwähnten Plausibilitätsprüfungen durch. Dies geschieht zum einen aus Gründen der Sicherheit, zum anderen werden nicht alle Daten mit sogenannten intelligenten Datenerfas-sungsgeräten erfaßt. Ein mechanisches Datenerfassungsgerät (z. B. Telebanda) kann von sich aus die Eingabe nicht auf bestimmte Fehler abprüfen.

3.9.1 Logische Prüfungen beim Gegenkonto

Bestimmte Kontonummern dürfen nicht angesprochen werden. Dazu gehören die Sammelkon-ten für Personenkonten (im DATEV-Kontenrahmen die Konten 1400 und 1600) sowie alle Konten, die mit dem Buchstaben R im Kontenrahmen gekennzeichnet sind. Die Sachkonten für Forderungen und Verbindlichkeiten dürfen deswegen nicht angesprochen werden, weil im DATEV-System nur die Personenkonten bebucht werden. Die Buchung auf das Sachkonto 1400 bzw. 1600 führt das Programm automatisch durch. Die mit R gekennzeichneten Konten müssen für evtl. Steuersatzänderungen sowie für sonstige zukünftige Funktionen freigehalten werden.

Wichtige logische Prüfungen werden im Zusammenhang mit dem Umsatzsteuerschlüssel vom Programm durchgeführt. Einen Teil davon haben wir im Kapitel 3.3 ausführlich besprochen. Weitere logische Prüfungen im Gegenkonto betreffen die Berichtigungsschlüssel (Kap. 3.4).

Den Zusammenhang zwischen Umsatzsteuerschlüssel und Berichtigungsschlüssel zeigt die folgende Tabelle:

7. Stelle des Gegenkontos Berichtigungsschlüssel	USt-Schlüssel, 6. Stelle des Gegenkontos	0	MWSt-Schlüssel					VSt-Schlüssel			
			1	2	3	4	5	6	7	8	9
	0		x4	x4	x4	x4	x4	x4	x4	x4	x4
Stornoschlüssel	1		x4	x4	x4	x4	x4	x4	x4	x4	x4
Generalumkehr allgemein	2	x1	x4	x4	x4	x4	x4	x4	x4	x4	x4
Generalumkehr u. aufzuteil. VSt	3	x2						x4	x4	x4	x4
Funktionssperre	4	x3									
individuell	5	x5	x5	x5	x5	x5	x5	x5	x5	x5	x5
individuell	6	x5	x5	x5	x5	x5	x5	x5	x5	x5	x5
individuell	7	x5	x5	x5	x5	x5	x5	x5	x5	x5	x5
Generalumkehr u. Funktionssperre	8	x3									
Aufzuteilende Vorsteuer	9	x2						x4	x4	x4	x4

x1: Diese Kombination ist immer gültig.

x2: Im Buchungssatz muß mindestens ein automatisches Vorsteuerkonto enthalten sein.

x3: Im Buchungssatz muß mindestens ein automatisches Konto enthalten sein.

x4: Im Buchungssatz darf kein automatisches Konto und keines der Konten 9000 bis 9009, 9070–9089 und 9090 enthalten sein.

x5: Hier gelten die gleichen Bedingungen wie bei x4. Zusätzlich muß eine entsprechende Eingabe unter der Abrechnungsnummer 86 (individuelle Umsatzsteuerschlüssel) gespeichert sein. Die individuellen Umsatzsteuerschlüssel behandeln wir nicht.

Umsatz		SU Gegenkonto	Belegfeld 1	Belegfeld 2	Datum	Konto	Kosten-stelle 1	Kosten-stelle 2	Skonto	Text			
Soll	Haben				Tag Monat					15	20	25	30
	100,00	2308000	1	0	1. 06.	1000							
	100,00	2308000	2	0	1. 06.	8550							
	100,00	4001000	3	0	1. 06.	2000							
	100,00	4201000	4	0	1. 06.	2000							

Wir erläutern nun an vier Beispielen, wie mit der Tabelle gearbeitet werden kann.

Die **erste Buchung** (Beleg-Nr. 1) ist mit dem Berichtigungsschlüssel 2 und dem Umsatzsteuerschlüssel 3 eingegeben worden. Unsere Tabelle sagt uns, ob diese Kombination gültig ist.

Wir suchen zunächst in der linken Spalte der Tabelle den Berichtigungsschlüssel 2. Anschließend gehen wir waagerecht bis zur Spalte für den Umsatzsteuerschlüssel 3. In dem entsprechenden Feld ist x4 vermerkt. Was x4 bedeutet, können wir den Hinweisen unter der Tabelle entnehmen. „Im Buchungssatz darf kein automatisches Konto und keines der Konten 9000–9009, 9070–9089 und 9090 enthalten sein". Da solche Konten nicht im Buchungssatz sind, ist die Buchung soweit richtig.

Bei der **zweiten Buchung** (Belegnummer 2) handelt es sich fast um die gleiche Buchung wie bei Belegnummer 1, lediglich als Kontonummer ist 8550 (SKR 01) angegeben. Jetzt verstößt diese

Buchung gegen die bei x4 angegebene Regel: „Im Buchungssatz darf kein automatisches Konto enthalten sein . . .". Die Buchung 02 muß deshalb vom Programm abgelehnt werden.

Bei der **dritten Buchung** (Belegnummer 3) finden wir in der Tabelle den Hinweis x3: „Im Buchungssatz muß (wegen des Berichtigungsschlüssels 4, Funktionssperre) mindestens ein automatisches Konto enthalten sein". Da dies nicht der Fall ist, wird die Buchung abgelehnt.

Die **vierte Buchung** ist falsch, die Kombination von Berichtigungsschlüssel 4 mit Umsatzsteuerschlüssel 2 ist in der Tabelle nicht vorgesehen.

Zu beachten ist, daß eine Buchung, die aufgrund der Tabelle in diesem Kapitel richtig ist, trotzdem falsch sein kann. Ein Beispiel dafür ist eine Buchung mit Umsatzsteuerschlüssel, bei der aufgrund der Zusatzfunktionen die Umsatzsteuer nicht errechnet werden darf.

3.9.2 Logische Prüfungen beim Belegdatum

Viele logische Prüfungen werden beim Belegdatum durchgeführt.

Der Tag muß kleiner gleich 31 sein. (So kompliziert drücken sich die Programmierer aus, wenn sie sagen wollen, daß als Tag nur die Zahlen von 1 bis 31 zugelassen sind.)

Der Monat muß kleiner gleich 12 sein, aber immer zweistellig angegeben werden (Januar = 01).

Der Monat darf nicht 00 lauten (wenn diese Prüfung nicht erfolgen würde, dann könnte das Programm das Datum 3100 aufgrund der bisher genannten Prüfungen nicht als falsch erkennen).

Das Datum muß kleiner oder gleich dem Vorlaufdatum „bis" sein, d. h. „zu Deutsch", es darf nicht über dem Vorlaufdatum „bis" liegen.

Wenn beim Datum nur der Tag angegeben wird, dann wird der Monat aus der vorhergehenden Buchung entnommen, mindestens aber bei der ersten Buchung nach dem Vorlauf muß der Monat angegeben werden.

Beim Belegdatum gibt es noch einige Sonderfälle, auf die wir hier nicht eingehen. Sie können die entsprechenden Prüfungen aber dem folgenden Ablaufdiagramm entnehmen.

Die Prüfungen sind im Ablaufdiagramm durch eine Raute gekennzeichnet (vgl. Kap. 1.2.8).

Bitte sehen Sie sich nun das Ablaufdiagramm an. Bei der ersten Abfrage wird geprüft, ob das Datum kleiner gleich 4 Stellen ist. Sollte das Datum größer sein, muß die Buchung abgelehnt werden. Ist das Datum kleiner gleich 4 Stellen, dann müssen weitere Prüfungen folgen, während im anderen Falle die Prüfungen abgeschlossen sind und die nächste Buchung bearbeitet wird.

Ablaufdiagramm für die Prüfungen beim Belegdatum:

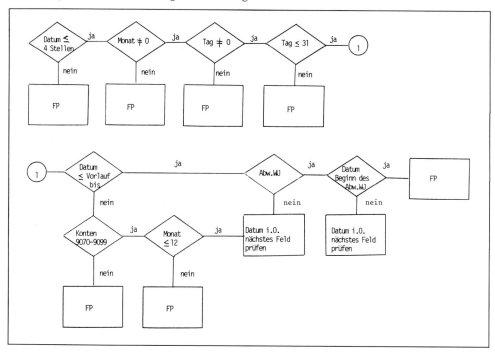

Wir erläutern das Ablaufdiagramm anhand eines Beispiels:

Zu prüfen ist das Beleg-Datum 3104. Das Vorlaufdatum lautet 300484, ein abweichendes Wirtschaftsjahr liegt nicht vor.

Erste Abfrage: Datum kleiner gleich 4 Stellen?

Hier wird geprüft, ob das Datum nicht zu lang ist. In unserem Falle ist das Datum 4-stellig. Die Antwort auf die Abfrage lautet ja, wir verzweigen nach rechts.

Zweite Abfrage: Monat ungleich 0?

Hier wird geprüft, ob das Datum einen Monat enthält. In unserem Beispiel ist der Monat ungleich 0, nämlich 04, die Antwort lautet ja, wir verzweigen nach rechts.

Dritte Abfrage: Tag ungleich 0?

Jetzt wird geprüft, ob ein Tag angegeben wurde. In unserem Beispiel ist das der Fall. Der Tag lautet 31, wir verzweigen nach rechts.

Vierte Abfrage: Tag kleiner/gleich 31?

Der Tag darf nicht größer als 31 sein. Wenn der Tag nicht kleiner/gleich 31, also größer als 31 ist, wird die Buchung abgelehnt. Sie kommt auf das Fehlerprotokoll. Unsere Buchung ist bis jetzt richtig.

(Die Prüfung auf den Monat kleiner/gleich 12 brauchen wir hier nicht durchzuführen, weil später eine Prüfung auf das Vorlaufdatum „bis" erfolgt und beim Vorlaufdatum „bis" bereits geprüft wurde, ob der Monat größer als 12 ist.)

Wir können die Abfrage mit ja beantworten und verzweigen nach rechts. Dort ist ein Anschlußpunkt, bei dem wir fortfahren.

Fünfte Abfrage: Datum kleiner/gleich Vorlaufdatum „bis"?

Jetzt prüft das Programm, ob wir uns an die Regel gehalten haben, daß das Belegdatum nicht über dem Vorlaufdatum „bis" liegen darf. In unserem Beispiel ist das Vorlaufdatum „bis" der 30. 4. 84. Der 31. 4. liegt darüber. Das Belegdatum ist also nicht kleiner/gleich dem Vorlaufdatum „bis", sondern größer. Die Antwort lautet jetzt nein. Wir verzweigen nach unten.

Dort folgt eine weitere Abfrage: Konten 9070–9089?

Die Konten 9070–9089 haben eine besondere Funktion. Wenn das Belegdatum über dem Vorlaufdatum „bis" liegt, muß erst noch geprüft werden, ob nicht eines der Konten 9070–89 im Buchungssatz enthalten ist. Da über diese Konten bei Umstellung auf das OPOS-Programm die Offenen-Posten vorgetragen werden, die aus dem Vorjahre stammen, muß zugelassen werden, daß das Belegdatum in diesen Fällen über dem Vorlaufdatum „bis" liegen darf. (Dieser Sonderfall betrifft nur das DATEV-Programm OPOS.)

Da keines dieser Konten im Buchungssatz vorkommt, wird die Buchung abgelehnt.

3.9.3 Logische Prüfungen bei der Kontospalte

Die Konten 1400 und 1600 sowie alle mit R gekennzeichneten Konten des Kontenrahmens können nicht bebucht werden. (Vergleiche Kapitel 3.9.1)

3.9.4 Logische Prüfungen bei der Skontospalte

Bei der Eingabe von Skontobeträgen ist wichtig, daß das Konto ein Geldkonto ist (Konten 1000 bis 1399 im DATEV-Kontenrahmen). Außerdem muß das Gegenkonto ein Personenkonto sein (Gruppenkennziffer 1–9 oder Konten 1410–1489 bzw. 1610). (Vergleiche dazu Kapitel 3.8.8)

3.10 Berichtigungsmöglichkeiten

Fehler sind in jedem Buchführungssystem möglich. Sie können aber auch in jedem Buchführungssystem durch Umbuchungen, Stornierungen und Neubuchungen berichtigt werden. Welche besonderen Möglichkeiten es im DATEV-Programm FIBU gibt und welche Regeln zu beachten sind, behandeln wir in diesem Kapitel:

Fehler können sowohl bei der Vorkontierung als auch beim Datenerfassen, vor allen Dingen durch Vertippen, auftreten. Für Berichtigungen gibt es verschiedene Möglichkeiten. Einige davon führen wir auf.

Am einfachsten ist es, wenn der Eingabefehler sofort bemerkt wird. Unabhängig davon, welcher Fehler gemacht wurde, kann dann in der nächsten Eingabezeile mit der Nummer 9801 im Konto oder im Gegenkonto gearbeitet werden.

Beispiel:

Betrag		Gegenkonto
Soll	Haben	
228,00		71454
	228,00	9801
228,00		17454

In unserem Beispiel werden Bankbuchungen erfaßt. Bei der ersten Zeile, einer Kurzbuchung, die die Banküberweisung eines Debitors beinhalten soll, liegt ein „Zahlendreher" in der Gegenkontospalte vor. Es sollte das Debitorenkonto 17454 eingegeben werden. Der Fehler wird sofort festgestellt. Die Eingabe von 9801 in der nächsten Zeile bewirkt, daß die vorhergehende Zeile und die Eingabezeile mit 9801 nicht verarbeitet werden. Wegen der Abstimmsumme, die nach Beendigung dieses Buchungskreises gezogen wird, ist der Betrag bei der Eingabezeile mit 9801 auf die andere Seite (hier ins Haben) zu setzen.

Im Beispiel wurde 9801 in der Gegenkontospalte angegeben. Sollte 9801 in der Kontospalte verwendet werden, dann ist zu beachten, daß das Programm alle Folge- und Kurzbuchungen zu Vollbuchungen auffüllt, bevor es die einzelnen Buchungen auf logische Richtigkeit und auf die enthaltenen Kontonummern prüft. Das heißt, wenn 9801 in der Kontospalte angegeben wird, dann muß danach unbedingt eine Vollbuchung erfolgen.

Außerdem ist bei der Arbeit mit 9801 zu beachten, daß bei bestimmten Fehlern trotz Angabe von 9801 in der nächsten Zeile eine Fehlernachricht zur Kontrolle ausgegeben wird.

Wir kommen nun zu den Fällen, in denen als Berichtigung eine „echte" Buchung erforderlich ist. Es handelt sich hier um Eingabefehler, die erst nach weiteren Buchungssätzen oder bei der Prüfung der Abstimmsumme festgestellt werden.

Die Regel hierzu lautet:

Der Betrag ist bei der Berichtigungsbuchung auf der anderen Seite einzugeben, sonst bleiben alle Angaben im Buchungssatz gleich, ausgenommen die siebte Stelle des Gegenkontos.

Für Berichtigungsbuchungen sind die Generalumkehrschlüssel vorgesehen. Ein Generalumkehrschlüssel bewirkt, daß die Berichtigung nicht auf der gegenüberliegenden Seite des Kontos, sondern auf der gleichen Seite mit Minuszeichen ausgeführt wird. Dadurch werden die Jahresverkehrszahlen nicht künstlich erhöht.

Im DATEV-Programm FIBU gibt es folgende Generalumkehrschlüssel:

2 = Generalumkehr allgemein
3 = Generalumkehr bei aufzuteilender Vorsteuer
8 = Generalumkehr bei Aufhebung einer automatischen Funktion

Wichtig ist, ob die siebte Stelle des Gegenkontos in der fehlerhaften Buchung frei ist oder ob dort bereits ein Schlüssel steht. Dementsprechend ist eine Berichtigung entweder als Generalumkehrbuchung oder wie eine „normale" Buchung einzugeben.

Am einfachsten ist die Korrektur, wenn an der siebten Stelle des Gegenkontos der fehlerhaften Buchung kein Schlüssel steht. Wir geben hier bei der Berichtigung den Berichtigungsschlüssel 2 (Generalumkehr allgemein) an.

Etwas komplizierter wird es, wenn die siebte Stelle des Gegenkontos belegt wurde.

Aus der folgenden Tabelle kann man ablesen, wie die siebte Stelle des Gegenkontos der Berichtigungsbuchung lauten muß:

7. Stelle des Gegenkontos	
der Falschbuchung	der Berichtigungsbuchung
frei	2
1	frei
2	frei
3	9
4	8
5	7
6	5
7	5
8	4
9	3

Beispiel:

Betrag		Gegenkonto	Datum	Konto
Soll	Haben			
	50.147,82	5014782	205	8000
342,00		225687	205	1200
456,00		8080512	205	3000

In diesen Beispielen liegen folgende Fehler vor:

In der ersten Buchung wurde versehentlich der Betrag noch einmal als Gegenkonto angegeben. Bei der zweiten Buchung sollte das Gegenkonto 25687 lauten. Bei der dritten Buchung stimmt ebenfalls das Gegenkonto nicht. Es sollte nur 80512 lauten.

Alle drei Buchungen können sowohl richtig als auch falsch sein. Entscheidend sind die gespeicherten Stammdaten.

Die erste Eingabe ist dann richtig, wenn ein individueller Umsatzsteuerschlüssel 50 gespeichert ist. (Wie ein solcher individueller Umsatzsteuerschlüssel eingerichtet wird, haben wir in diesem Lehrbuch nicht behandelt.) Die zweite Buchung wird ausgewertet, wenn Ist-Versteuerung vorliegt. Die dritte Buchung verarbeitet das Programm dann, wenn das Konto 3000 individuell mit einer automatischen Funktion belegt ist.

Bei der Berichtigung der Datenerfassung spielen diese Bedingungen allerdings keine Rolle. Es genügt, wenn man sich an die oben angeführte Tabelle hält und demnach folgende Berichtigungsbuchungen eingibt:

Betrag		Gegenkonto	Datum	Konto
Soll	Haben			
50.147,82		7014782	205	8000
	342,00	2225687	205	1200
	456,00	4080512	205	3000

Ohne Kenntnis der in den einzelnen Fällen gespeicherten Stammdaten sind die Fehler damit berichtigt.

Wenn bei der ersten Buchung kein individueller Umsatzsteuerschlüssel 50 gespeichert ist, dann wird sowohl die ursprüngliche Buchung als auch die Berichtigung auf dem Fehlerprotokoll ausgewiesen.

Man erkennt auf dem Fehlerprotokoll diese beiden Buchungen als zusammengehörig und kann diese Fehlernachrichten „abhaken". Wenn dagegen tatsächlich ein Umsatzsteuerschlüssel 50 individuell gespeichert ist, dann wird die ursprüngliche Buchung ausgewertet, die Berichtigung dazu ist eine Generalumkehrbuchung und hebt die Falschbuchung auf.

Sofern bei der zweiten Buchung Ist-Versteuerung vorliegt, wird die ursprüngliche Buchung ausgewertet, und die Generalumkehr ist die Korrektur dazu. Liegt keine Ist-Versteuerung vor, dann kommen beide Buchungen mit der Fehlernachricht „Umsatzsteuerschlüssel unberechtigt" auf das Fehlerprotokoll.

Wenn das Konto 3000 individuell als automatisches Konto definiert ist, dann wird die erste Buchung als Generalumkehrbuchung ohne Berücksichtigung der automatischen Funktion verarbeitet. Die zweite Buchung hebt die erste Buchung wieder auf. Ist das Konto 3000 ein Konto ohne automatische Funktion, dann werden beide Buchungen auf dem Fehlerprotokoll ausgewiesen.

3.11 Ist-Versteuerung

Die Ist-Versteuerung bildet eine Ausnahmeregelung innerhalb des Umsatzsteuergesetzes (§ 20). Bei der Ist-Versteuerung dienen nicht die vereinbarten Entgelte für die ausgeführten Umsätze (Solleinnahmen/Sollversteuerung), sondern die vereinnahmten Entgelte (Isteinnahmen/Istversteuerung) für die Umsatzsteuerberechnung als Berechnungsgrundlage. Die Ist-Versteuerung kann das Finanzamt auf Antrag gestatten. Dabei müssen vom Antragsteller bestimmte Bedingungen erfüllt sein. Die sogenannte Mindest-Ist-Besteuerung (UStG 1980) behandelten wir in Kapitel 3.8.10.

Der Unterschied zwischen Soll- und Ist-Versteuerung in der Buchführung ist folgender:

Bei der Soll-Versteuerung wird die Umsatzsteuer fällig, wenn der Umsatz getätigt wird. Im DATEV-Finanzbuchführungsprogramm kommt dies dadurch zum Ausdruck, daß bei der Buchung

des Umsatzes die Umsatzsteuer gleichzeitig errechnet und für die Umsatzsteuer-Voranmeldung berücksichtigt wird. Bei der Ist-Versteuerung dagegen wird die Umsatzsteuer erst dann fällig, wenn der Kunde die Rechnung bezahlt. Die Berücksichtigung der Umsatzsteuer für die Umsatzsteuer-Voranmeldung hängt hier nicht vom Umsatz, sondern vom Zahlungseingang ab. Dies bedarf einer besonderen Regelung im Programm.

Die bisher im Kapitel 3 besprochenen Regeln zur Umsatzsteuer betreffen die Soll-Versteuerung. Die Soll-Versteuerung ist durch bestimmte Umsatzsteuerartenschlüssel in den Mandanten-Programmdaten I, bei Kennziffer 102, gekennzeichnet. Für die Ist-Versteuerung gelten andere Umsatzsteuerartenschlüssel (vgl. Kapitel 2.2.2).

Aus den bisherigen Ausführungen zur Ist-Versteuerung ergibt sich, daß bei einem Barverkauf kein Unterschied zur Soll-Versteuerung besteht. Besonderheiten sind jedoch beim Zielverkauf und bei dem späteren Zahlungseingang zu beachten.

Bei einem Zielverkauf (der genau wie bei der Soll-Versteuerung zu kontieren ist), darf die errechnete Umsatzsteuer nicht für die Umsatzsteuer-Voranmeldung berücksichtigt werden. Sie wird deshalb auf ein anderes Konto als bei der Soll-Versteuerung gebucht. Im DATEV-Kontenrahmen ist dafür die Kontengruppe 186 (Mehrwertsteuer nicht fällig). Bei vollem Steuersatz wird das Konto 1867, bei ermäßigtem Steuersatz das Konto 1866 angesprochen. Bei den Konten der Kontengruppe 186 handelt es sich um Zwischenkonten. Beim Zahlungseingang wird von diesen Konten wieder „heruntergebucht".

Nun ist es noch notwendig, Zielverkauf und Zahlungseingang für das Programm genau zu definieren, damit das Programm weiß, wann die Kontengruppe 186 anzusprechen ist.

Ein Zielverkauf liegt (für das Programm) immer dann vor, wenn in einem Buchungssatz, aus dessen Bruttobetrag Mehrwertsteuer errechnet wird, ein Debitorenkonto (Personenkonto oder Konto 1410 bis 1489) enthalten ist.

Beispiele:

BETRAG		GEGENKTO.					KONTO			
SOLL	HABEN	U								
570,00			8	5	5	0	1	4	0	0	1
	456,00	3	1	2	3	4	5	8	0	0	0
114,00			8	5	5	0	1	4	1	0

Dazu die T-Konten:

1410		1867	
114,00			70,00
			56,00
			14,00

8000		8550	
	400,00		500,00
			100,00

12345		14001	
456,00		570,00	

Einen Zahlungseingang erkennt das Programm, wenn im Buchungssatz ein Debitorenkonto (Personenkonto oder Konto 1410 bis 1489) und ein Geldkonto (Konten 1000 bis 1399) enthalten sind sowie ein Umsatzsteuerschlüssel angegeben ist. Dies ist die einzige Ausnahme, wo ein Umsatzsteuerschlüssel in einem Buchungssatz enthalten sein darf, dessen beide Konten die Zusatzfunktion KU (keine Errechnung der Umsatzsteuer) aufweisen. Das Programm errechnet hier die Umsatzsteuer auch nicht aus einem der beiden Konten des Buchungssatzes, sondern die Umsatzsteuer wird gesondert errechnet und von dem Konto für nicht fällige Mehrwertsteuer (Kontenuntergruppe 186) auf das Konto für fällige Mehrwertsteuer (Kontenuntergruppe 187) umgebucht. Der Betrag wird in der Umsatzsteuer-Voranmeldung berücksichtigt.

Beispiele:

BETRAG		GEGENKTO.						KONTO			
SOLL	HABEN	U									
456,00		3	1	2	3	4	5	1	2	0	0
570,00		3	1	4	0	0	1	1	2	0	0

Dazu die T-Konten:

1200		1867	
456,00		56,00	
570,00		70,00	

1877			12345	
	56,00			456,00
	70,00			

14001	
	570,00

Die Bedingungen für den Zahlungseingang machen es notwendig, daß bei der Verrechnung einer Forderung bei Ist-Versteuerung nicht direkt von Verbindlichkeiten auf Forderungen umgebucht wird, sondern daß ein Zwischenkonto eingeschaltet wird. Dieses Zwischenkonto muß die Funktion eines Geldkontos haben, also beim DATEV-Kontenrahmen innerhalb der Konten 1000 bis 1399 liegen (z. B. das Konto 1390). Ohne dieses Verrechnungskonto als „Zwischengeldkonto" würde das Programm die Umsatzsteuer nicht berücksichtigen, ganz abgesehen davon, daß ein solcher Buchungssatz mit Umsatzsteuerschlüssel vom Programm abgelehnt wird.

Betrifft der Zahlungseingang eine Rechnung, bei der ein anderer Steuersatz gegolten hat, als dies im laufenden Kalenderjahr (Vorlaufdatum „bis") der Fall ist, dann sind die im Kapitel 3.2.4 aufgeführten Umsatzsteuerschlüssel zu verwenden. Wird beispielsweise im Juli 1983 eine Rechnung aus dem Juni 1983 bezahlt, bei der der volle Mehrwertsteuersatz zutrifft, dann wäre der Schlüssel 5 anzugeben.

4. Auswertungen

Die elektronische Buchführung bietet viele Vorteile. Einen Teil davon haben wir schon in den Kapiteln über die Kontierung und die Erfassung kennengelernt. Weitere entscheidende Möglichkeiten werden bei den Auswertungen sichtbar. Hier ist der Computer in Verbindung mit dem Programm dem Buchhalter durch schnelles Schreiben und Rechnen besonders überlegen.

Die nunmehr zu erörternden Auswertungen des DATEV-Finanzbuchführungs-Programms sind in drei Gruppen eingeteilt:

Die Standardauswertungen erhält **jeder Anwender.** Dazu gehören:

Das Journal (mit Fehlerprotokoll),
die Konten,
die Summen- und Saldenlisten.

Die **Zusatzauswertungen,** dazu gehören die USt-VA und die BWA mit ihren Graphiken, werden bei jeder Verarbeitung geliefert, **wenn in den Mandanten-Programmdaten der entsprechende Schlüssel gespeichert ist.**

Die **Abrufauswertungen** sind **bei Bedarf** mit einem Abrufvorlauf anzufordern. Abrufauswertungen sind Hauptabschlußübersicht, Bilanzübersicht, Bilanz mit ihren Graphiken, Umsatzsteuer-Vorauszahlung, Jahreszusammenstellung der Umsatzsteuerwerte, Umsatzsteuerverprobung und Kontenplan.

Einige der DATEV-Auswertungen können vom Anwender umgestaltet werden. Dadurch ist es möglich, betriebsindividuelle Listen aufzubauen und eine erhöhte Aussagekraft für den einzelnen Betrieb zu erzielen. Die Erläuterung der dazu notwendigen Regeln würde in diesem Buch zu weit führen.

Um Unklarheiten zu vermeiden, sind die Abbildungen in diesem Kapitel numeriert.

4.1 Journal

Zu jeder Buchführung gehört an sich nur ein Journal. Bei der EDV-Buchführung kennen wir aber zwei Journale, denn die bereits im Kapitel 3 behandelte Primanota ist ebenfalls ein Journal. Die Bedeutung der Primanota haben wir bereits im Kapitel 3 kennengelernt. Welchen Zweck hat das EDV-Journal?

Abb. 1

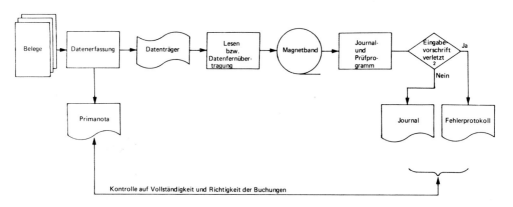

Abb. 2

Journal vom	bis	Abrechnung	Berater	Mandant	Blatt

| Datum | | | Prima-nota | Buchungstext | Beleg-Nr. Beleg-Feld 2 | Kostenstelle | SU | Konto Gegenkonto | Umsatz | | Umsatzsteuer | | USt.-Kto. | Steuer-satz |
Tag	Mon.	Jahr							Soll	Haben	Soll	Haben		
18	07	83	1	BENZIN LG–DC 25				1000		60 02				
18	07	83					9	04500	52 65		7 37		1577	14 00
19	07	83	1	REISEKOSTEN	2124			1000		165 98				
19	07	83		CELLE				4666	147 06		18 92		1570	11 40
19	07	83	1		230			1000	1 234 79					
19	07	83						11401		1 234 79				
19	07	83	1		230			2127	22 26		3 12		1877	14 00
19	07	83						11401		25 38				
19	07	83	1	BARENTNAHME				1000		2 500 00				
19	07	83						1900	2 500 00					
18	07	83	1		210			1210	2 150 39					
18	07	83						11402		2 150 39				
18	07	83	1		210			2127	38 50		5 39		1877	14 00
18	07	83						11402		43 89				
18	07	83	1		40			1210		739 18				
18	07	83						71602	739 18					
18	07	83	1		40			2627		26 50		3 71	1577	14 00
18	07	83						71602	30 21					
19	07	83	1		78			1210		452 93				
19	07	83						91620	452 93					
19	07	83	1		78			2627		8 08		1 13	1577	14 00
19	07	83						91620	9 21					
19	07	83	1	SEITENSPIEGEL	9753			1210		54 38				
19	07	83		LG–AR 880			9	04500	47 70		6 68		1577	14 00
18	07	83	1	GENERALUMKEHR	40			1210		739 18 –				
18	07	83					20	71602	739 18 –					
18	07	83	1	GENERALUMKEHR	40			2627		26 50 –		3 71 –	1577	14 00
18	07	83					20	71602	30 21 –					
18	07	83	1		40			1210		379 18				
18	07	83						71602	379 18					
18	07	83	1		40			2627		26 50		3 71	1577	14 00
18	07	83						71602	30 21					
18	07	83	1		710			3550	400 00		56 00		1577	14 00
18	07	83						71601		456 00				

									Umsatz		Umsatzsteuer			
Journal vom		bis		Abrechnung		Berater		Mandant						Blatt

Datum			Prima-nota	Buchungstext	Beleg-Nr. Beleg-Feld 2	Kostenstelle	SU	Konto Gegenkonto	Umsatz Soll	Haben	Umsatzsteuer Soll	Haben	USt.-Kto.	Steuer-satz
Tag	Mon.	Jahr												
18	07	83	1	BFG	710			2900	400 00					
18	07	83						2990		400 00				
19	07	83	1		732			3550	853 65		119 51		1577	14 00
19	07	83						71602		973 16				
19	07	83	1		732			3552	274 39		38 41		1577	14 00
19	07	83						71602		312 80				

Abb. 3

PRIMA-NOTA

Übertrag	Magnet-band-Nr.	Anw.	DFV	Kontr.-Zahl	Berater	Mandant	Abr.-Nr./Jahr	Datum von	Datum bis	PN-Blatt	Kennwort (Password)
	A20	11	EN	28626	28961	335	1683	16. 07. 83	31. 07. 83	01	

Umsatz Soll	Haben	SU Gegen-konto	Belegfeld 1	Belegfeld 2	Datum Tag Monat	Konto	Kosten-stelle 1	Kosten-stelle 2	Skonto	Text 15 20 25 30
2.398,74+		9800			18. 07.	1000				
	60,02–	904500								
	165,98–	4666	2124		19. 07.					REISEKOSTEN CELLE
1.234,79+		11401	230						25,38	
	2.500,00–	1900	0							BARENTNAHME
Z	907,53+									
G	907,53+									BENZIN LG–DC 250
13.946,34+		9800			18. 07.	1210				
2.150,39+		11402	210						43,89	
	739,18–	71602	40						30,21	
	452,93–	91620	78						9,21	
	45,38–	904500	9753		19. 07.					SEITENSPIEGEL LG–AR 880
Z	14.859,24+									
45,38+		9801								
	54,38–	904500								SEITENSPIEGEL LG–AR 880
739,18+		2071602	40		18. 07.				30,21	
	379,18–	71602							30,21	
G	15.210,24+									
456,00+		71601	710		18. 07.	3550				
400,00+		2990	710		18. 07.	2900				BFG
973,16+		71602	732		19. 07.	3550				
312,80+		71602			19. 07.	3552				
48,90+		9071602			19. 07.	3700				BEZUGSKOSTEN
570,00+		71610	442		20. 07.	3550				
	113,00–	71610	23		30. 06.					GUTSCHRIFT TRANSPORTSCHADEN
223,90+		70607	1579		20. 07.	3552				
490,88+		81610	63							
130,27+		91620	438							
319,75+		91622	79		20. 07.	3554				
271,12+		71601	125							
UEBERTRAG	4.083,78+									

Wie wir in Kapitel 1.2.8 gezeigt haben, wird bei der EDV-Buchführung der Buchungsvorgang in Datenerfassung beim Anwender und Auswertung im Rechenzentrum unterteilt. Beim Anwender ist die Buchung durch die Primanota belegt. Das Rechenzentrum bestätigt die Buchungen im EDV-Journal.

Das Journal ist deshalb als Maschinenprotokoll zu bezeichnen, das Auskunft darüber gibt, welche Zahlen vom Programm verarbeitet wurden. Damit gewährleistet das Journal eine wichtige Kontrollmöglichkeit.

Primanota und EDV-Journal sind Protokolle, die bei verschiedenen Stufen des Buchführungs-systems entstehen. **Der Zusammenhang zwischen Primanota und EDV-Journal geht aus der Abbildung 1 hervor, die zeigt, daß zwischen Datenerfassung und Auswertung technische Vor-gänge und logische Prüfungen und damit Fehlermöglichkeiten liegen.** Technische Fehler sind recht selten. Wir können sie aber in unserer Betrachtung nicht ganz unbeachtet lassen. Prak-tisch können sie auch nie vollkommen ausgeschlossen werden, wenn auch die geringe Fehler-rate durch moderne Techniken nahezu auf Null zurückging. Deshalb ist eine Kontrollmöglich-keit unerläßlich.

Das Journal mit seiner Kontrollfunktion ist notwendig, da eine Prüfung der eingegebenen Bu-chungen anhand der Konten praktisch unmöglich ist. Auch bei nicht verdichteten Konten würden erhebliche Schwierigkeiten bestehen, weil die Buchungen auf den Konten in eine an-dere Reihenfolge als bei der Datenerfassung gebracht wurden. Sie sind auf den Konten nach Datum und Belegnummer sortiert.

Deshalb wird das EDV-Journal im DATEV-Finanzbuchführungsprogramm unsortiert erstellt, d. h., die Buchungen befinden sich in der gleichen Reihenfolge wie auf der Primanota. Nur so kann das Journal der wichtigen Kontrollfunktion gerecht werden. Primanota und EDV-Journal sind leicht vergleichbar. Das zeigt das Beispiel der Primanota in Abb. 3. Dort finden Sie die Grundbuchaufzeichnung zu unserem Journal in Abb. 2.

Bei modernen Bildschirmerfassungsgeräten (z. B. DATEV-Verbundsystem) kann die Primanota auch auf Diskette gespeichert werden. Ein Ausdruck ist nur erforderlich, wenn eine Kontrolle zwischen Datenerfassung und Auswertung notwendig ist. Bei richtiger Auswertung kann die Diskette wieder überschrieben werden.

4.1.1 Mikroverfilmung

Die Abbildung 2 zeigt ein EDV-Journal. Bei DATEV wird dieses Journal nicht ausgedruckt, sondern die Anwender erhalten davon einen Mikrofilm-Abschnitt (Abbildung 4).

Abb. 4

Mikrofilmabschnitt

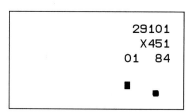

Der Mikrofilm-Abschnitt wird als **Mikrofiche** (sprich: Mikrofisch) bezeichnet. Die Mikrofi-ches entstehen durch das Trennen eines unperforierten 35 mm Rollfilms in Abschnitte zu 7,5 cm.

Nicht zuletzt löst die Mikroverfilmung ein Ablageproblem beim Anwender. Ein Mikrofilm-abschnitt kann maximal 30 Journalseiten aufnehmen. Für die Aufbewahrung der Fiches gibt es Ablagetaschen, sog. Schuppenfolien.

Die Daten auf den Mikrofiches sind um das 42fache gegenüber der Originalgröße verkleinert. Eine Journalseite ist auf dem Mikrofiche nur noch wenige Millimeter groß. Die Journale können mit einem Mikrofilm-Lesegerät vergrößert und damit wieder gelesen werden. Der Bildschirm des Mikrofilm-Lesegeräts nimmt immer eine Journalseite auf. Zum Lesen wird der Mikrofiche „auf den Kopf gestellt" und in eine aus dem Gerät herausziehbare Glasbühne eingelegt.

Die Mikrofiches können wie alle Buchführungsunterlagen aufbewahrt werden. Sie sind vor Säuren und Laugen zu schützen, aber dies gilt für Papier genauso.

Die Mikrofiches werden im Rechenzentrum nach dem sogenannten **COM-Verfahren** erstellt (COM = Computer Outpout on **M**icrofilm). Bei diesem Verfahren werden die Journale gar nicht erst ausgedruckt (und dann mit einer Kamera verfilmt), sondern **jede Journalseite wird auf einem Bildschirm angezeigt und fotografiert.** Während beim Drucken Zeile für Zeile gedruckt werden muß, wird hier Seite für Seite vom Bildschirm fotografiert (bis zu 5 Seiten pro Sekunde).

Zur Kontrolle werden auf dem Mikrofiche einige Angaben abgedruckt, die ohne Hilfsmittel lesbar sind. Dies ist wichtig für den Anwender, damit er weiß, zu welchem Mandanten der Mikrofiche gehört bzw. welche Abrechnung er beinhaltet, ohne daß der Mikrofiche in das Lesegerät eingelegt werden muß.

(Das Rechenzentrum braucht die mit dem Auge lesbaren Angaben auf dem Mikrofiche ebenfalls, und zwar beim Versand des Mikrofiches.) Im einzelnen bedeuten die Hinweise auf dem Mikrofiche (vgl. Abb. 4):

Die oberste Zahl auf der rechten Seite des Mikrofiche ist die DATEV-Mitgliedsnummer. Darunter steht die Mandantennummer, darunter das Buchungsjahr. Links vom Buchungsjahr ist die Abrechnungsnummer angegeben. Sind von einem Mandanten mehrere Abrechnungsnummern auf einem Mikrofiche, dann wird die höchste Abrechnungsnummer unter die erste Abrechnungsnummer geschrieben.

Wenn auf dem Mikrofiche ein Fehlerprotokoll oder Fehlerprotokolle enthalten sind, steht vor der Mandantennummer der Buchstabe „X".

Die schwarzen Felder auf dem Mikrofiche sind interne Steuerzeichen für das Schneidegerät, das den Mikrofilm in Abschnitte trennt.

4.1.2 Journalabschlußblatt

Das Journal schließt mit dem „Journalabschlußblatt" ab (Abb. 5), das neben der Mikroverfilmung immer zusätzlich ausgedruckt wird. Ein Journal enthält die Buchungen eines Vorlaufs (einer Abrechnung).

Im Journalabschlußblatt werden neben den Journalsummen die abgeleiteten Buchungen ausgewiesen. Abgeleitete Buchungen sind vom Programm gebildete Sammelbuchungen, zum Beispiel für die vom Programm errechnete Umsatzsteuer. Auch die Sammelbuchungen auf die Sachkonten für Debitoren und Kreditoren gehören dazu.

Als Buchungstext wird bei abgeleiteten Buchungen auf dem Konto angegeben: „laut Journalseite X".

Zum Journal gehört außerdem noch die Zusammenstellung der „Umsatzsteuerwerte", die wir im Zusammenhang mit der Umsatzsteuer-Voranmeldung erläutern.

Zum Schluß schließt sich an das Journal das Fehlerprotokoll an. Die wichtigsten Fragen zum Fehlerprotokoll behandeln wir im nächsten Kapitel. Das Blatt mit den Umsatzsteuerwerten und das Fehlerprotokoll werden, wie das Journalabschlußblatt, in jedem Fall zusätzlich zur Mikroverfilmung ausgedruckt, weil diese Blätter Angaben zur Kontrolle enthalten, die immer angesehen werden sollten.

Abb. 5

Journalabschlußblatt

```
* 28961/335 KURT KLEIN KG  J O U R N A L  VOM 16.07.83 BIS 31.07.83  ABRECHNUNG 16/83  BAND A20  2/RP  BLATT 1
```

			SOLL	HABEN	SALDO	UST-DM
SACHKONTEN						
VST	14,00%	1577	10344306	11550865		
UST FAELLIG	14,00%	1877	731197	5772		
			4678	977635		
SACHKIN.GESAMT						
DEBITOREN 1		1400	11080181	12534272		
DEBITOREN 2		1400	4180320	1975652		
DEBITOREN 3		1400	2856060			
KREDITOREN 7		1600	1303433	3157425		
KREDITOREN 8		1600	595033	920524		
KREDITOREN 9		1600		1427154		
GESAMT			20015027	20015027		

GUELTIGER FUNKTIONSPLAN NR. 01
GUELTIGER SKR 01   LFD.NR.PRO BENEGUNGSDATENVORLAUF   16

BITTE FEHLERPROTOKOLL BEACHTEN

			SOLL	HABEN	SALDO	UST-DM
UST-WERTE G	14,00%					
KENNZIFFER 85	14,00%		33414	6983096	6949682-	972955-
ZWISCHENSUMME			33414	6983096	6949682-	972955-
SUMME			33414	6983096	6949682-	972955-
* MUST.-KONTEN MIT UST BEBUCHT			33414	6983096	6949682-	
* MUST.-KONTEN OHNE UST BEBUCHT				379082	379082-	
KENNZIFFER 66 VST			731197	5772		

			SOLL	HABEN	SALDO	UST-DM
ZU UEBERTRAGEN						
KENNZIFFER 72 BERLINFG		1680				725425
KENNZIFFER 83 UST-VORAUSZ/UEBERS		735875	247530-			247530-
* UMSATZSTEUER LAUT KONTEN		1680	1680			1680
** NOCH ZU BUCHENDE KUERZUNG BERLINFG						245850-

4.2 Fehlerprotokoll

Zum Journal gehört auch ein Fehlerprotokoll. Fast jeder Anwender der EDV außer Haus dürfte es schon einmal erhalten haben. Nicht immer wird er sich darüber gefreut haben, hat doch schon der Name dieser Computer-Auswertung mit dem Wort „Fehler" etwas Negatives an sich. Auf das Fehlerprotokoll kann aber nicht verzichtet werden. Warum es so wichtig ist, daß das Programm auf Fehler – die gar nicht immer der Anwender verursacht haben muß – aufmerksam macht, zeigen wir in diesem Kapitel.

Ein Fehlerprotokoll wird vom Programm gedruckt, **wenn Eingaberegeln verletzt wurden oder technische Fehler** aufgetreten sind.

Ein Beispiel für die Verletzung von Eingabevorschriften gibt das Belegdatum ab. Im Kapitel 3.9.2 haben wir bei der Behandlung der Plausibilitätsprüfungen zum Belegdatum ein Ablaufdiagramm abgebildet. Immer wenn eine Eingabevorschrift verletzt wurde, verzweigt das Ablaufdiagramm zum Fehlerprotokoll. Im Fehlerprotokoll wird die fehlerhafte Buchung aufgeführt sowie ein Fehlerhinweis gedruckt, der auf die Fehlerursache hinweist. Abb. 6 zeigt ein Fehlerprotokoll.

Auch aus technischen Gründen können sich Fehler und damit Fehlerprotokolle ergeben (z. B. Stanz- oder Lesefehler bei Lochstreifen). Diese Fehler sind meist durch die Fehlernachrichten „. . . nicht numerisch" (das fehlerhafte Feld wird genannt) oder „Trennzeichenfehler" gekennzeichnet (das Datenerfassungsgerät hat das Trennzeichen nicht richtig gestanzt oder geschrieben oder es wurde vom Lesegerät nicht richtig erkannt – vgl. dazu Kapitel 5.1).

Fehlerprotokolle gibt es **nicht nur** für die laufende Erfassung, also **für die Buchungen, sondern auch für Stammdaten und für Vorläufe.** Fehler bei Vorläufen haben zur Folge, daß die gesamten Eingabesätze (Buchungen oder Stammdaten), die nach dem Vorlauf folgen, nicht verarbeitet werden können. Bei umfangreichen Abrechnungen ist hier eine Korrektur durch das Rechenzentrum möglich, so daß die gesamten Daten nicht nochmals erfaßt werden müssen.

Die Fehlerprotokolle für die laufende Erfassung sind vom Anwender zu bearbeiten. Das heißt, er muß das Fehlerprotokoll durchsehen, um festzustellen, ob Berichtigungsbuchungen notwendig sind. Nicht jede Buchung im Fehlerprotokoll ist neu zu erfassen. Häufig hat der Anwender bereits bei der Datenerfassung den Fehler erkannt und eine neue Eingabe vorgenommen. Wenn der ursprüngliche Fehler aber nicht mit 9801 (vergleiche Kapitel 3.10) korrigiert wurde, erscheint er trotzdem im Fehlerprotokoll.

Die Zahl der Erfassungsfehler läßt sich verringern, wenn mit einem intelligenten Datenerfassungsgerät (DATEV-Erfassungssystem oder Datenverarbeitungsterminal) gearbeitet wird. Beim DATEV-Erfassungssystem werden beispielsweise die in Kapitel 3.9.2 aufgeführten Plausibilitätsprüfungen bereits vom Programm des Datenerfassungsgerätes vorgenommen. Wird ein Datum als falsch erkannt, lehnt das Datenerfassungsgerät die Speicherung auf dem magnetischen Datenträger ab. Die Eingabe muß nochmals richtig vorgenommen werden. Die Prüfungen, die die intelligenten Datenerfassungsgeräte im einzelnen durchführen, können den Bedienungsanleitungen entnommen werden.

Das Fehlerprotokoll ist wie das Journal auf dem Mikrofiche enthalten. Um eine leichtere Bearbeitung des Fehlerprotokolls zu ermöglichen, wird es aber in jedem Falle zusätzlich gedruckt. Auf dem Journal-Abschlußblatt steht dann zur Kontrolle der Text „Bitte Fehlerproto-

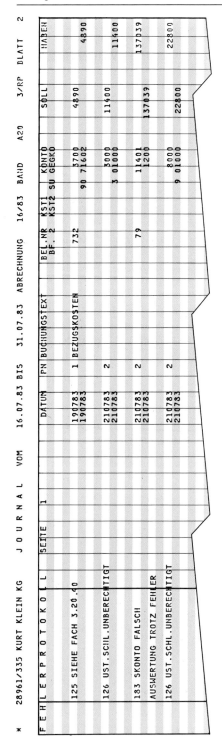

Abb. 6

Fehlerprotokoll

koll beachten" und vor der Mandantennummer auf dem Mikrofiche der Buchstabe „X". Buchungen, die im Fehlerprotokoll enthalten sind, werden grundsätzlich nicht durchgeführt. Es gibt allerdings eine Ausnahme, wenn zusätzlich zur Fehlernachricht der Vermerk „Auswertung trotz Fehler" angebracht ist. Dieser Hinweis erfolgt bei Fehlern im Belegfeld 2, Kostenstelle, Text und Skonto. Die Buchung wird dann ohne Berücksichtigung der fehlerhaften Information durchgeführt.

Jede Fehlernachricht ist mit einer Nummer versehen. DATEV bietet den Anwendern ein Fehlernachrichtenverzeichnis an, in dem nach Nummern geordnet, alle Fehlernachrichten enthalten und mit Hinweisen zur Fehlerursache und zur Berichtigung versehen sind.

Das Fehlerprotokoll gehört zur Buchführung. Deshalb ist es entsprechend aufzubewahren. Trotzdem es auf dem Mikrofiche enthalten ist, sollten die gedruckten Fehlerprotokolle mit den entsprechenden Berichtigungshinweisen des Anwenders aufbewahrt werden.

Zum Fehlerprotokoll in der Abbildung 6:
Im ersten Fehlerfall ist der Schlüssel 9 an der siebten Stelle des Gegenkontos falsch. Offensichtlich hätte dieser Schlüssel an die 6. Stelle des Gegenkontos gehört. Der Text der Fehlernachricht verweist auf die genaue Stelle der ausführlichen Fachnachricht. Durch einen Vergleich mit der Tabelle im Kapitel 3.9.1. dieses Buches können wir den Fehler aber auch feststellen.

Bei der zweiten Buchung ist der Umsatzsteuerschlüssel 3 falsch. Gebucht wird Wareneinkauf an Kasse. Hier hätte ein Vorsteuerschlüssel angegeben werden müssen. Das Programm kann den Fehler erkennen, weil das Konto 3000 die Zusatzfunktion V (nur Vorsteuererrechnung möglich) und das Konto 1000 die Zusatzfunktion KU (überhaupt keine Umsatzsteuererrechnung möglich), hat.

Die nächste Fehlernachricht enthält den Zusatz „Auswertung trotz Fehler". Die Buchung ist also ausgewertet worden, allerdings hat der in der Skontospalte angegebene Betrag zu keiner Buchung geführt. Hier wurde die Regel verletzt, daß bei Ansprechen der Skontospalte immer das Geldkonto im Soll und das Gegenkonto im Haben angesprochen werden muß.

Bei der vierten Fehlernachricht sollte ein Warenverkauf in bar gebucht werden. Statt des Umsatzsteuerschlüssels 3 wurde der Vorsteuerschlüssel 9 angegeben. Das Programm kann die Buchung nicht ausführen, weil das Konto 8000 die Zusatzfunktion M (nur Mehrwertsteuererrechnung möglich, also keine Vorsteuer) und das Konto 1000 die Zusatzfunktion KU (überhaupt keine Umsatzsteuererrechnung möglich) hat.

4.3 Konten

Auf den Konten sind die eingegebenen Buchungen systematisch geordnet. Das Programm sortiert die Buchungen zunächst nach Kontonummern. Innerhalb eines Kontos richtet sich die Reihenfolge der Buchungen nach dem Belegdatum. Bei gleichem Belegdatum wird als weiteres Sortierkriterium die Belegnummer benutzt.

Die Konten sind das Kernstück der Buchführung, das Ergebnis der eingegebenen Buchungen. Aus den Konten wird später die Bilanz- und die Gewinn- und Verlustrechnung abgeleitet. Die Konten bilden außerdem die Grundlage für fast alle Zusatzauswertungen. Das Programm fragt die Werte der Konten ab, um diese Zusatzauswertungen zu erstellen. Außerdem können die Konten auch in mikroverfilmter Form geliefert werden.

Ein Beispiel für ein Konto im DATEV-Finanzbuchführungs-Progamm:

Abb. 7 Konto

Berater	Mandant	Name des Mandanten	Konto-Bezeichnung	Konto-Nr.		Blatt-Nr.
28961	335	KURT KLEIN KG	WARENEINKAUF PUMPEN	0	3550	7

letzte Buchung	Funktion	EB-Wert	Saldo alt	Soll	Jahresverkehrszahlen alt	Haben
300683	AV		91237 14 S	93080 56		1843 42

Datum	PN	Gegenkonto	Buchungstext	Beleg-Nr.	S U	Soll	Umsatz	Haben
3006	1	71610	GUTSCHRIFT TRAN SPORTSCHADE 13%	23				100 00
407	1	71601	14%	792		5 904 30		
407	1	71602	14%	1598		5 167 39		
607	1	91620	14%	76		3 412 83		
607	1	71610	14%	17871		1 903 89		
1107	1	81614	14%	587		1 982 46		
1107	1	71602	14%	1673		4 368 55		
1807	1	71601	14%	710		400 00		
1907	1	71602	14%	732		853 65		
2007	1	71610	14%	442		500 00		
			*SUMME PER ABR.			****24493 07	******100 00	

gebucht bis	lfd. Nr.	EB-Wert	Saldo neu	Soll	Jahresverkehrszahlen neu	Haben
310783	20		115630 21 S	117573 63		1943 42

Das Konto enthält zwei Kopfzeilen, eine Fußzeile und den Teil für die Buchungen (22 Zeilen).

Nach der Kontenbezeichnung folgt die Kontonummer sowie die **Blattnummer** des Kontos. Die Blattnummer wird vom Programm aufsteigend vergeben. Bei jedem neuen Kontenblatt wird die Blattnummer um 1 erhöht. Damit läßt sich der Zusammenhang der Kontenblätter eines Kontos nicht nur anhand des Saldos bzw. des Jahresverkehrszahlen, sondern auch anhand dieser Nummern feststellen.

Im ersten Feld der zweiten Kopfzeile wird angegeben, mit welcher Abrechnung das Konto zum letzten Mal angesprochen wurde. Wenn bei dem Konto eine Funktion gespeichert ist, dann steht die Funktionsnummer bzw. die Funktions-Kurzbezeichnung daneben. Die Funktionen haben wir im Kapitel 2.3.2 beschrieben.

Nach der Funktion folgt der **Eröffnungsbilanzwert**. In diesem Feld ist nur dann ein Wert enthalten, wenn das Konto über ein Eröffnungsbilanzkonto angesprochen wurde. Die Eröffnungsbilanzkonten haben eine Funktion bekommen, die besagt, daß der in der Buchung enthaltene Betrag als Eröffnungsbilanzwert gesondert auszuweisen ist. Im DATEV-Kontenrahmen sind dies die Konten 9000 bis 9009.

Beispiel, siehe Abb. 8 und 9.

Abb. 8 Konto

Berater	Mandant	Name des Mandanten		Konto-Bezeichnung	Konto-Nr.		Blatt-Nr.
28961	335	KURT KLEIN KG		KREISSPARKASSE LBG.	0	1210	7

letzte Buchung	Funktion	EB-Wert	Saldo alt	Soll	Jahresverkehrszahlen alt	Haben
300683	10	242107 S	340425 2 S	98114 16		882818 1

Datum	PN	Gegenkonto	Buchungstext	Beleg-Nr.	SU	Soll	Umsatz	Haben
1 07	1	4110		71				12130 90
4 07	1	4200	MIETE JULI 83	71				2300 00
5 07		DIV	SAMMELBUCHG ANZ	2				15303 9
6 07		DIV	SAMMELBUCHG ANZ	2				4129 0
7 07		DIV	SAMMELBUCHG ANZ	3				9503 2
14 07		DIV	SAMMELBUCHG ANZ	2		19608 79		
14 07		DIV	SAMMELBUCHG ANZ	5				15375 84
15 07	2	71602		1041				2500 00
18 07	1	71602	GENERALUMKEHR	40 2				−739 18
18 07	1	11402		210		2150 39		
18 07		DIV	SAMMELBUCHG ANZ	2				1118 36
19 07		DIV	SAMMELBUCHG ANZ	2				5073 1
			*SUMME PER ABR.			****21759 18		****360868 4

gebucht bis	lfd. Nr.	EB-Wert	Saldo neu	Soll	Jahresverkehrszahlen neu	Haben
310783	6	242107 S	197148 6 S	119873 34		124368 65

Abb. 9 Konto

Berater	Mandant	Name des Mandanten	Konto-Bezeichnung	Konto-Nr.	Blatt-Nr.
28961	335	KURT KLEIN KG	ALCO GMBH	7 1602	5

letzte Buchung	Funktion	EB-Wert	Saldo alt	Soll Jahresverkehrszahlen alt Haben	
300683		653200 H	1103140 H	1267033	1716973

Datum	PN	Gegenkonto	Buchungstext	Beleg-Nr.	SU	Umsatz Soll	Haben
4 07		DIV	RECHNUNG	1598	3		1056187
11 07	1	3550		1673	A		498015
14 07	2	1210		1051		298033	
14 07	2	2627		1051	A	27130	
14 07	1	3554		1671	A		713090
15 07	2	1210		1041		250000	
15 07	2	2627		1041	A	19870	
18 07	1	1210		40		73918	
18 07	1	2627		40	A	3021	
18 07	1	1210	GENERALUMKEHR	402		-73918	
18 07	1	2627	GENERALUMKEHR	402	A	- 3021	
18 07	1	1210		40		37918	
18 07	1	2627		40	A	3021	
19 07		DIV	RECHNUNG	732	2		128596
			*SUMME PER ABR.			*****635972	****2395888

gebucht bis	lfd. Nr.	EB-Wert	Saldo neu	Soll Jahresverkehrszahlen neu Haben	
310783	51	653200 H	2863056 H	1903005	4112861

Das Feld „Saldo alt" enthält den Saldo der letzten Auswertung. Der Betrag ist entweder mit „S" für Soll oder „H" für Haben gekennzeichnet. Daneben stehen die bisherigen Jahresverkehrszahlen.

Wir weisen noch einmal darauf hin, daß die Buchungen nach Datum und innerhalb des Datums nach Belegnummern sortiert werden. Die Angabe der Primanotaseite macht, genau wie beim Journal, den Zusammenhang zwischen Datenerfassung und Auswertung deutlich.

In der **Spalte** „SU" werden die Berichtigungsschlüssel sowie der Umsatzsteuerschlüssel ausgewiesen. Bei den Sachkonten erscheint der Umsatzsteuerschlüssel nur dann, wenn aus dem Konto Umsatzsteuer errechnet wird. Bei Personenkonten wird der Umsatzsteuerschlüssel immer gedruckt, wenn beim anderen Konto der Buchung Umsatzsteuer angefallen ist. Bei automatischen Konten wird „A" angegeben.

Wenn Umsatzsteuer aus der betreffenden Buchungszeile ermittelt wurde, gibt das Programm den Umsatzsteuersatz im Konto an.

145

In der Fußzeile des Kontos steht zunächst das Datum „gebucht bis". Es handelt sich dabei um das Vorlaufdatum „bis" der Auswertung. Die danebenstehende Nummer dient internen Kontrollzwecken im Rechenzentrum. Danach folgen analog der zweiten Kopfzeile noch einmal der EB-Wert, der „Saldo neu" und die neuen Jahresverkehrszahlen.

Auf einige Besonderheiten müssen wir noch hinweisen:
Die **Konten können** entweder über die Mandanten-Programmdaten (Kennziffer 108) oder aber durch die individuelle Kontenbeschriftung **verdichtet werden**. Auf verdichteten Konten wird nur je eine Sammelbuchung für Soll- und Habenbeträge gedruckt. Die Anzahl der in den Sammelbuchungen enthaltenen Einzelbuchungen steht in der Spalte Belegnummer. Buchungen mit Generalumkehr werden nicht in die Verdichtung mit einbezogen und gesondert ausgewiesen. Bei verdichteten Buchungen steht in der Spalte Gegenkonto „DIV", weil es sich hier um verschiedene (diverse) Gegenkonten handelt. Vgl. dazu Abb. 8.

Auf Personenkonten wird in bestimmten Fällen **gerafft** (mehrere Eingabezeilen werden zu einer Buchungszeile auf dem Personenkonto). Bei Kreditorenkonten werden die Eingangsrechnungen mit gleichem Datum und gleicher Belegnummer zu einer Buchungszeile zusammengezogen. Bei den Debitoren geschieht das gleiche mit den Ausgangsrechnungen. Die Begründung für die Raffung liegt darin, daß es sich bei Buchungen mit gleicher Rechnungsnummer (Belegnummer Null gilt nicht als Rechnungsnummer) und gleichem Belegdatum nur um eine Rechnung handeln kann. Wenn eine Rechnung aus buchungstechnischen Gründen aufgeteilt werden muß, dann dient die Raffung zur Klarheit auf den Personenkonten, weil sie die verschiedenen Buchungen als einen Geschäftsvorfall ausweist. Geraffte Buchungen erkennt man auf dem Personenkonto daran, daß im Gegenkonto „DIV" steht. Vgl. dazu Abb. 9. Die Zahl 2 in der Spalte „SU" bedeutet, daß sich die Rechnung aus 2 Buchungen zusammensetzt.

Die Konten werden im DATEV-Finanzbuchführungsprogramm mit jeder Auswertung geliefert. Es gibt jedoch einen Sonderfall, der in den Mandanten-Programmdaten geschlüsselt werden kann. Bei mehrmaliger Einreichung für einen Mandanten im Monat ist es möglich, die Konten bis zum Monatsende zwischenzuspeichern. Man spricht dann von der **monatlichen Wartebuchhaltung.**

Außerdem kennt man im DATEV-Finanzbuchführungsprogramm noch die **jährliche Wartebuchhaltung**, die ebenfalls in den Mandanten-Programmdaten (KZ 202) geschlüsselt werden kann. Eigentlich handelt es sich dabei aber nicht um eine Wartebuchhaltung, denn die Konten werden mit jeder Auswertung geliefert. Am Jahresende besteht aber die Möglichkeit, die Konten noch einmal, und zwar zusammenhängend, drucken zu lassen. Dadurch erhält man dann z. B. statt 12 Kassenkonten mit je einer Sammelbuchung 1 Kassenkonto mit den 12 Sammelbuchungen. Das spart Ablageraum und macht das Einsortieren der Konten während des Jahres überflüssig. Wird keine laufende Ausgabe der Konten gewünscht, besteht die Möglichkeit, sich die Konten **nur auf Abruf** drucken zu lassen (ebenfalls KZ 202).

Auf Wunsch besteht auch die Möglichkeit, die **Konten** ein- bis neunfach auf Papier drucken und/oder auf Mikrofilm ausgeben zu lassen. Dazu gibt es in den Mandanten-Programmdaten die Kennziffern 327 bzw. 337, die bei Bedarf einzugeben sind.

Nach dem letzten Konto, das zur Buchführung gehört, druckt das Programm noch ein Blatt zur Abstimmung. Es handelt sich um das **Mandanten-Summenblatt**, das die bisherigen und die neuen Jahresverkehrszahlen sowie die Monatsverkehrszahlen für Sachkonten, Debitoren- und Kreditorenkonten enthält.

4.4 Summen- und Saldenliste

Mit jeder Auswertung wird eine Summen- und Saldenliste für Sachkonten, Debitoren- und Kreditorenkonten in DIN-A 4-Format erstellt.

Die Summen- und Saldenliste ist eine Aufstellung aller bebuchten Konten, die in der Buchführung vorkommen. Sie bietet eine schnelle Übersicht über den Stand der Konten. Nach den Eröffnungsbilanzwerten wird die Summe der Abrechnung (die Monatsverkehrszahlen), danach die Jahresverkehrszahlen und anschließend der Saldo ausgewiesen.

Bei der Sachkonten-Summen- und Saldenliste (vgl. Abb. 10) wird bei den Erfolgskonten eine Prozentzahl angegeben, die sich auf den Umsatz in der Klasse 8 bezieht. Die Prozentsätze, die bei den Debitoren- und Kreditorenkonten ausgerechnet werden, beziehen sich auf die Soll- bzw. Habensumme der Sammelkonten für Debitoren- und Kreditoren (beim DATEV-Kontenrahmen handelt es sich um die Konten 1400 und 1600).

Die Debitoren- und Kreditoren-Saldenlisten ersparen die Anfertigung eines Personenkontenverzeichnisses zum Jahresende, das zu den Abschlußunterlagen gehört (vgl. Abb. 11).

Abb. 10

Summen- und Saldenliste

* 28961/335 KURT KLEIN KG   SUMMEN- UND SALDENLISTE   PER 31.07.83   ABRECHNUNG BIS 16:83   5/RP   BLATT 2

KONTO	KONTOBEZEICHNUNG	LETZTE BEWEG.	EROEFFNUNGSBILANZWERTE AKTIVA	EROEFFNUNGSBILANZWERTE PASSIVA	SUMME DER ABRECHNUNGEN SOLL	SUMME DER ABRECHNUNGEN HABEN	JAHRESVERKEHRSZAHLEN SOLL	JAHRESVERKEHRSZAHLEN HABEN	SALDO PER ABRECHNUNG SOLL	SALDO PER ABRECHNUNG HABEN	PROZ.V UMSATZ
03550	WARENEINKAUF PUMPEN	7			2449307		11757363	194442	11563021		2669
03552	WARENEINKAUF ARMATUR	7			1741189		8038174	114236	7923938		1829
03554	WARENEINK. MONTAGEN	7			702855		3755822	11407	3744415		864
03556	WARENEING. 13/14%VST	7			264248		1673292		1673292		386
03996	WAREN	7	12483150			10000			12483150		2881
	SUMME KLASSE 3		12483150	000	5157799	10000	25224651	319985	37387816	000	000
04110	LOEHNE	7			1291123		10061291		10061291		2322
04120	GEHAELTER	7			370000		2812971		2812971		649
04130	GES.SOZIALE AUFWEND.	3			230000		230000		230000		053
04200	RAUMKOSTEN	7					1748842		1748842		404
04360	VERSICHERUNGEN	7			72250		640481		640481		148
04500	FAHRZEUGKOSTEN	7			95194		1236170		1236170		285
04610	WERBEKOSTEN	7			13090		343758		343758		079
04666	REISEKST.AN10,6/11,4	7			14706		14706		14706		003
04700	KOSTEN D.WARENABGABE	7			19730		152523		152523		035
04810	INSTANDHALTUNG M.B.G	7			62212		560285		560285		129
04900	VERSCHIEDENE KOSTEN	7			139071		540861		540861		125
04910	PORTO	7			12000		82371		82371		019
	SUMME KLASSE 4		000	000	2319376	000	18424259	000	18424259	000	000
08000	ERLOESE PUMPEN	5				3666947		435975		435975	101-
08550	ERLOESE ARMATUREN	7				1835939		20079847		20079847	4634-
08552	ERLOESE MONTAGEN	7				1480210		11335745		11335745	2616-
08554	SONSTIGE ERLOESE	7						9895183		9895183	2284-
08556	SONSTIGE ERLOESE	6						1584112		1584112	3366-
08700	SONSTIGE ERLOESE					379082		865808		865808	200-
08730	ERLOESE LEERGUT	4						168164		168164	039-
	SUMME KLASSE 8		000	000	000	7362178	000	44364834	000	44364834	000
09000	SALDOVORTR SACHKONTO			85402988						85402988	
09008	SALDOVORTRAG DEBITOR		5804209						5804209		
09009	SALDOVORTRAG KREDIT.			6081868						6081868	
	SUMME KLASSE 9		5804209	91484856	000	000	000	000	5804209	91484856	
	SUMME SACHKONTEN		1739923699	1739923699	21298790	21298790	160459551	160459551	233561813	233561813	

28961 /00005

Abb. 11

Summen- und Saldenliste

* 28961/335 KURT KLEIN KG — S U M M E N - U N D - S A L D E N L I S T E — PER 31.07.83 — ABRECHNUNG BIS 16/83 — 7/RP BLATT 4

KONTO	KONTOBEZEICHNUNG	LETZTE BEWEG.	EROEFFNUNGSBILANZWERTE AKTIVA	EROEFFNUNGSBILANZWERTE PASSIVA	SUMME DER ABRECHNUNGEN SOLL	SUMME DER ABRECHNUNGEN HABEN	JAHRESVERKEHRSZAHLEN SOLL	JAHRESVERKEHRSZAHLEN HABEN	SALDO PER ABRECHNUNG SOLL	SALDO PER ABRECHNUNG HABEN	PROZ.
76607	GUETZOW H.-JOACHIM	7		313022		22390	2288014	22390		22390	008
71601	ACKERMANN, PETER	7		653200		745802	1903005	3310575		1335583	1129
71602	ALCO GMBH	7		1273072	635972	2395888	2604000	4112861		2863056	1402
71607	LOEWE KG	6		431241	11300		3065452	4154048		2823125	1416
71610	KLEIN U. BECKER	7				274043		3471176		837165	1184
	SUMME GRUPPE 7		000	2670535	647272	3438123	9860471	15071250	000	7881314	
81610	BRECHTELSBAUER PAUL	7		271329		49088	2037398	2921486		1555417	996
81611	JOHANNSEN UWE	6		598022			3353735	3481969		726256	1187
81612	WILCO ARMATUREN	7		1273099		393281	844922	1394814		1822991	476
81614	NAUMANN KARL			123072		527243	2456455	3396561		1063178	1158
	SUMME GRUPPE 8		000	2265522	000	969612	8692510	11194830	000	4767842	
91620	KAUNAT PETER	7		79081	46214	402090	472079	918884		525886	313
91622	GOETZE GMBH	7		789071		1070066	650315	2145491		2284247	731
	SUMME GRUPPE 9		000	868152	46214	1472156	1122394	3064375	000	2810133	
	SUMME KREDITOREN		000	5804209	693486	5879891	19675375	29930455	000	15459289	
	SUMME SACHKONTEN		173923699	173923699	21298790	21298790	160459551	160459551	233561813	233561813	
	SUMME DEBITOREN		6081868	000	8339813	2458136	49375812	35349770	23384829	3276919	
	SUMME KREDITOREN		000	5804209	693486	5879891	19675375	29930455	000	15459289	

28961 /00007

4.5 Umsatzsteuer-Voranmeldung

Als Umsatzsteuer-Auswertung erstellt das Programm die Umsatzsteuer-Voranmeldung und ein Blatt mit den Umsatzsteuerwerten.

Am Beispiel der Umsatzsteuer-Voranmeldung (Abb. 12) werden die Vorteile einer EDV-Buchführung sehr gut deutlich. Für die Umsatzsteuer-Voranmeldung, deren Werte bei einer herkömmlichen Buchführung in einem eigenen Arbeitsgang aus den Zahlen der Buchführung ermittelt werden müssen, fällt kein zusätzlicher Arbeitsgang an. Durch Bebuchen von Konten mit Funktionen und durch Angaben von Umsatzsteuerschlüsseln in den Buchungssätzen sind dem Programm sämtliche für die Umsatzsteuer-Voranmeldung wichtigen Vorgänge bekannt. Deshalb ist es dem Programm auch möglich, die Umsatzsteuer-Voranmeldung gleichzeitig mit der Buchführung zu liefern. Das setzt sorgfältiges Kontieren voraus, denn die gesamte Problematik der Umsatzsteuer-Voranmeldung ist zu berücksichtigen. Bei einigen Finanzämtern besteht die Möglichkeit, daß der Steuerpflichtige am Datenträgeraustausch teilnehmen kann. (Die näheren Bedingungen, die dabei zu beachten sind, behandeln wir hier nicht.)

Voraussetzung für eine Umsatzsteuer-Voranmeldung „aus dem Computer" ist die Angabe eines Umsatzsteuerartenschlüssels in den Mandanten-Programmdaten I bei Kennziffer 102 (vergleiche Kapitel 2.2.2).

Zur Umsatzsteuer-Voranmeldung kann zusätzlich ein Verrechnungsscheck für das Finanzamt geschlüsselt werden (vgl. Mandanten-Programmdaten, Kennziffern 115–119).

Manchmal stellt sich die Frage, wie **Nachbuchungen** zu behandeln sind. Nehmen wir an, bei der Auswertung wurden einige Buchungen, die für die Umsatzsteuer-Voranmeldung zu berücksichtigen gewesen wären, vom Programm wegen bestimmter Eingabefehler abgelehnt. Die Buchungen sind nachzuholen. Was muß mit diesen Nachbuchungen in bezug auf die Umsatzsteuer-Voranmeldung geschehen?

Entscheidend ist, ob der Anwender die Umsatzsteuer-Voranmeldung, bei der Buchungen fehlen, manuell berichtigt, eine berichtigte Umsatzsteuer-Voranmeldung vom Programm abruft oder die Umsatzsteuer-Voranmeldung unverändert an das Finanzamt gibt und die Buchungen im nächsten Monat nachholt.

Wenn die Umsatzsteuer-Voranmeldung unverändert abgegeben wurde, sind die Nachbuchungen so einzugeben, daß dafür keine eigene Umsatzsteuer-Voranmeldung erstellt wird, also zusammen mit den Buchungen des nächsten Monats (unter einem Vorlauf).

Die Werte der Umsatzsteuer-Voranmeldung werden bei DATEV monatlich gespeichert. Dadurch kann vom Programm eine berichtigte Umsatzsteuer-Voranmeldung erstellt werden. Wenn Nachbuchungen unter dem Vorlauf des ursprünglichen Monats eingegeben werden, bedruckt das Programm eine Umsatzsteuer-Voranmeldung mit den neuen Gesamtwerten. Im dafür vorgesehenen Feld (Kennziffer 10) ist die Umsatzsteuer-Voranmeldung als berichtigte Voranmeldung gekennzeichnet.

In verschiedenen Bundesländern wird zur Bearbeitung der Umsatzsteuer-Voranmeldungen die elektronische Datenverarbeitung eingesetzt. In diesen Fällen muß die Umsatzsteuer-Voranmeldung neben der Steuernummer, die vom Programm aus den Mandanten-Programmdaten entnommen wird, noch die **maschinellen Ordnungsangaben** enthalten.

Diese maschinellen Ordnungsangaben ergänzen die Steuernummer des Steuerpflichtigen. Sie sind in Verbindung mit der Steuernummer für die Finanzverwaltung so wichtig, wie der Vorlauf mit Berater-, Mandanten-, Abrechnungs-Nummer und Abrechnungsjahr für das DATEV-Rechenzentrum. Deshalb ist es notwendig, in den Mandanten-Programmdaten die Finanzamtsnummer anzugeben. Das Programm druckt dann die maschinelle Ordnungsangabe automatisch in die Umsatzsteuer-Voranmeldung.

Wie gebucht werden muß, damit die Beträge in der Umsatzsteuer-Voranmeldung berücksichtigt werden, haben wir bereits in Kapitel 3 an Beispielen gezeigt.

Abb. 12 Vordruck USt 1 A

ＨＨ 28961 ＨＨ

	Kontrollzahl	Land	VKZ	**1983**
	28961/335	07	RP	

Steuernummer

113320005008   578307

30
Eingangsstempel oder -datum   *

Finanzamt

LUENEBURG

LUENERTORSTR. 8

2120 LUENEBURG

Umsatzsteuer-Voranmeldung 1983

Voranmeldungszeitraum

83	07	JULI

Unternehmen – Art und Anschrift

KURT KLEIN KG HEIZUNGSBAU
STOERTEROGGER STR.3

2120 LUENEBURG

Wenn **berichtigte**
Anmeldung, bitte eine "1" eintragen   **10**

I. Berechnung der Umsatzsteuer-Vorauszahlung

Zeile			volle DM		Steuer DM	Pf
	Steuerfreie Umsätze (einschl. Eigenverbrauch)					
1	**mit** Vorsteuerabzug (z. B. Umsätze nach § 4 Nr. 1 bis 6 UStG)	43				
2	**ohne** Vorsteuerabzug Umsätze nach § 4 Nr. .... UStG	48				
	Steuerpflichtige Umsätze (einschl. Eigenverbrauch) ohne Umsatzsteuer zum Steuersatz von					
3	13 v. H. (für Umsätze in der Zeit vom 1. 7. 1979 bis zum 30. 6. 1983)[1]	45				
4	6,5 v. H. (für Umsätze in der Zeit vom 1. 7. 1979 bis zum 30. 6. 1983)[1]	46				
5	14 v. H. (für Umsätze ab 1. Juli 1983)[1]	85	69.436		9.721	04
6	7 v. H. (für Umsätze ab 1. Juli 1983)[1]	86				
7	6 v. H. (für Umsätze in das Währungsgebiet der Mark der DDR)	54				
8	3 v. H. (für Umsätze in das Währungsgebiet der Mark der DDR)	55				
9	Umsätze im Rahmen eines land- und forstwirtschaftlichen Betriebes, für die eine Steuer nach § 24 Abs. 1 UStG zu entrichten ist (Sägewerkserzeugnisse, Getränke und alkoholische Flüssigkeiten)	76		80		
10	Umsätze, die anderen Steuersätzen unterliegen	35		36		
11	Summe der steuerfreien und steuerpflichtigen Umsätze		69.436		9.721	04
12	Steuer infolge Wechsels der Besteuerungsart/-form, sowie Nachsteuer auf versteuerte Anzahlungen			65		
13	Umsatzsteuer vor Abzug der Vorsteuer- und Kürzungsbeträge				9.721	04
14	**Vorsteuerbeträge** (Umsatzsteuer und Einfuhrumsatzsteuer), die nicht vom Abzug ausgeschlossen sind, ausgenommen Vorsteuerbeträge, die nach § 24 UStG pauschaliert sind			66	7.717	37
15	Kürzungsbeträge für Bezüge aus dem Währungsgebiet der Mark der DDR			67		
16		Zu übertragen			2.003	67

[1] Die zeitliche Befristung bis zum 30. 6. 1983 (Zeilen 3 und 4) und die Steuersätze von 14 v. H. bzw. 7 v. H. (Zeilen 5 und 6) gelten vorbehaltlich eines entsprechenden Beschlusses der gesetzgebenden Körperschaften.

USt 1 A   Umsatzsteuer-Voranmeldung 1983 (N)
DATEV eG Bayerisches Staatsministerium der Finanzen 25. 3. 1971 AZ: S 7344 - 10/12 - 16955

＊＊ 28961 ＊＊

Zeile			DM	Pf
17	Übertrag		2.003	67
18	Kürzungsbetrag nach § 13 BerlinFG (Nur für Berliner Unternehmer)	73		
19	Verbleibende Steuer		2.003	67
	Steuerabzugsbetrag nach § 19 Abs. 3 UStG:			
20	.... v. H. des Betrags aus Zeile 19, wenn dieser nicht negativ ist	32		
21	Kürzungsbeträge nach den §§ 1 bis 2 BerlinFG (ausgenommen § 1 Abs. 7 BerlinFG) . . .	72	16	80
22	Kürzungsbeträge wegen erhöhter Berliner Wertschöpfung nach § 1 Abs. 7 BerlinFG zu den Kürzungssätzen von 5 v. H. – 6 v. H.	71		
23	Es verbleiben		1.986	87
24	In Rechnungen unberechtigt ausgewiesene Steuerbeträge (§ 14 Abs. 2 und 3 UStG) sowie Steuerbeträge, die nach § 17 Abs. 1 Satz 2 UStG geschuldet werden.	69		
25	Steuer für den Selbstverbrauch (sog. Investitionssteuer) nach § 30 UStG 1973 . . .	77		
26	**Abzug** (Anrechnung) der festgesetzten **Sondervorauszahlung** für Dauerfristverlängerung. . . . (Nur ausfüllen in der letzten Voranmeldung des Besteuerungszeitraums, **in der Regel Dezember**)	39		
27	**Umsatzsteuer-Vorauszahlung/Überschuß**	83	1.986	80
	(ein Überschuß ist mit Minuszeichen versehen)		(kann auf 10 Pf zu Ihren Gunsten abgerundet werden)	

II. Anmeldung der Umsatzsteuer im Abzugsverfahren

28	Gesamtbetrag der Umsatzsteuer, die im Abzugsverfahren (§§ 51 bis 56 UStDV) bei Leistungen nicht im Erhebungsgebiet ansässiger Unternehmer einzubehalten und abzuführen ist	75	
			(kann auf 10 Pf zu Ihren Gunsten abgerundet werden)

Im Falle eines Überschusses wird der Betrag auf das dem Finanzamt benannte Konto überwiesen, soweit nicht eine Verrechnung mit Steuerschulden vorzunehmen ist. Falls Sie eine Verrechnung des Überschusses wünschen, bitte eine "1" eintragen. **29**
und die Verrechnungswünsche auf besonderem Blatt angeben.

Ich versichere, die Angaben in dieser Steueranmeldung wahrheitsgemäß nach bestem Wissen und Gewissen gemacht zu haben.
Datum

....

....
(Unterschrift)

Hinweis nach § 9 Abs. 2 des Bundesdatenschutzgesetzes und den entsprechenden Bestimmungen der Landes-datenschutzgesetze:
Die mit der Steueranmeldung angeforderten Daten werden auf Grund der §§ 149 ff der Abgabenordnung erhoben.

Vom Finanzamt auszufüllen

Finanzkasse : Zum Soll gestellt (Beträge aus den Zeilen 27 u. 28)

_____
Datum, Namenszeichen

1. a) Geprüft
_____
Datum, Namenszeichen
   b) In den Überwachungs-
      bogen eingetragen
_____
Datum, Namenszeichen

2. Angaben in Datenträger übernommen _____

3. Voranmeldung nach vorangegangener, nicht bekannt-gegebener Festsetzung
                         (ja = 1)   **88**

4. Angaben zum Verspätungszuschlag

                         19   für Abschnitt I

_____
Datum, Namenszeichen
                         20   für Abschnitt II

5. Abweichende Festsetzung _____
                                Datum, Namenszeichen
6. Zustimmung nach § 168 AO wird erteilt: ja/nein

                         12
_____
Datum, Namenszeichen, Unterschrift

Kontrollzahl (Schlüsseltext und Kennzahlen mit Werten) **oder** Stempelabdruck (z. B. E- und P-Stempel)

4.5.1 Umsatzsteuer-Werte

Diese Auswertung wird pro Abrechnung erstellt und enthält die USt-Werte der Buchungen, die zu einem Vorlauf gehören. Zusätzlich zu den Beträgen, die in die Umsatzsteuer-Voranmeldung übernommen werden, ermittelt das Programm hier einige Kontrollwerte (vgl. Abb. 5):

(1) Mehrwertsteuerkontrolle/Differenz:
Eine Differenz kann sich dann ergeben, wenn Konten ohne Zusatzfunktion mit Mehrwertsteuerschlüssel bebucht wurden. Solche Buchungen werden ebenfalls in der Umsatzsteuer-Voranmeldung erfaßt. Weil hier aber die Gefahr besteht, daß eine Fehlbuchung vorliegt, macht das Programm auf solche Vorgänge aufmerksam. Es vergleicht die Summe der für die Umsatzsteuer-Voranmeldung ausgewiesenen Umsätze mit der, die sich durch die Addition der auf Konten mit der Zusatzfunktion M (= Mehrwertsteuer) gebuchten Umsätze ergibt.

(2) Mehrwertsteuerkonten ohne Umsatzsteuer gebucht:
Dieser Wert enthält alle Buchungen auf Konten mit der Zusatzfunktion M (Mehrwertsteuer), bei denen keine Umsatzsteuer errechnet wurde. Vielleicht wurde hier ein Umsatzsteuerschlüssel vergessen.

(3) Noch zu buchende Kürzung DDR / Noch zu buchende Kürzung Berlinförderungsgesetz:
Diese beiden Zeilen erscheinen, wenn die Berlinhilfe-Vergütung oder die Kürzung DDR auf den Konten der Kontengruppe 29 gebucht werden (vgl. Kapitel 3.8.3).

(4) Mehrwertsteuer direkt gebucht:
Wenn die Mehrwertsteuerkonten direkt angesprochen wurden, weist das Programm in dieser Zeile darauf hin, daß diese Beträge nicht in die Umsatzsteuer-Voranmeldung eingehen.

(5) Rundungsdifferenz:
Die Mehrwertsteuer wird im DATEV-Finanzbuchführungsprogramm aus jedem einzelnen Bruttobetrag errechnet. Das Programm bucht die Summe der errechneten Umsatzsteuerbeträge je Steuersatz auf die entsprechenden Umsatzsteuersammelkonten. Beim Anfertigen der Umsatzsteuer-Voranmeldung errechnet das Programm aus der Summe des Nettoumsatzes pro Steuersatz die Umsatzsteuer in einem Rechenvorgang. Dadurch können sich Pfennigbeträge als Rundungsdifferenz ergeben, die dann in dieser Zeile ausgewiesen werden.

4.5.2 Umsatzsteuer-Vorauszahlung von 1/11

§ 18 Abs. 1 UStG bestimmt, daß die Voranmeldungen zur Umsatzsteuer binnen 10 Tagen nach Ablauf des Voranmeldungszeitraumes beim Finanzamt einzureichen sind. Die Abgabefrist wird nur durch die sogenannte Schonfristenregelung etwas aufgelockert. Der Gesetzgeber hat in der Umsatzsteuer-Durchführungsverordnung § 46 eine Regelung geschaffen, die es ermöglicht, sowohl die Frist für die Abgabe der Umsatzsteuer-Voranmeldungen als auch für die Entrichtung der Umsatzsteuer-Vorauszahlungen auf Antrag des Unternehmers um einen Monat zu verlängern. Zu den Voraussetzungen für die Gewährung der Fristverlängerung gehört u. a. die Entrichtung einer Abschlagszahlung in Höhe von 1/11 der Summe der Vorauszahlungen, die für das vorangegangene Kalenderjahr angemeldet und entrichtet wurden.

Zur Berechnung dieser Abschlagszahlung von 1/11 gibt es bei DATEV ein Zusatzprogramm, das den Vordruck für die Umsatzsteuer-Vorauszahlung von 1/11 bedruckt (vgl. Abb. 13).

Abb. 13

Vordruck USt 1 H

Antrag auf Dauerfristverlängerung/Anmeldung der Sondervorauszahlung

Steuernummer	Kontrollzahl	Land	VKZ
3320005008 820042	28961/179	07	EJ

30

| Eingangsstempel oder -datum

Finanzamt

LUENEBURG

LUENERTORSTR. 8

2120 LUENEBURG

Unternehmen – Art und Anschrift

ALCO GMBH
ADENDORFER WEG 17

2120 LUENEBURG

198 3

**Antrag
auf Dauerfristverlängerung**
(§ 46 UStDV)

**Anmeldung
der Sondervorauszahlung**
(§ 47 UStDV)

Wenn **berichtigte** Anmeldung, bitte eine „1" eintragen   **10**

I. Antrag auf Dauerfristverlängerung
(Dieser Abschnitt ist zu streichen, wenn Dauerfristverlängerung bereits gewährt worden ist.)
Ich beantrage, die Fristen für die Abgabe der Umsatzsteuer-Voranmeldungen und für die Entrichtung der Umsatzsteuer-Vorauszahlungen, sowie für die Anmeldung und für die Entrichtung der Umsatzsteuer im Abzugsverfahren um einen Monat zu verlängern.

II. Berechnung und Anmeldung der Sondervorauszahlung auf die Steuer für das Kalenderjahr 1983
(Nur auszufüllen von Unternehmern, die ihre Voranmeldungen **monatlich** abzugeben haben.)

	volle DM
1. Summe der Umsatzsteuer-Vorauszahlungen zuzüglich der Sondervorauszahlung für das Kalenderjahr 19 82	25.993
2. Davon ¹/₁₁ = **Sondervorauszahlung** 1983 **38**	2.363

Datum

(Unterschrift)

Hinweis nach § 9 Abs. 2 des Bundesdatenschutzgesetzes und den entsprechenden Bestimmungen der Landesdatenschutzgesetze:
Die mit der Steueranmeldung angeforderten Daten werden aufgrund der §§ 149 ff. der Abgabenordnung erhoben.

Vom Finanzamt auszufüllen
Finanzkasse:
a) Fristverlängerung vermerkt _____ Datum, Namenszeichen
b) Zum Soll gestellt (Betrag II Nr.2) _____ Datum, Namenszeichen
1. a) Geprüft _____ Datum, Namenszeichen
   b) In den Überwachungsbogen eingetragen _____ Datum, Namenszeichen
2. Angaben in Datenträger übernommen _____
3. Anmeldung nach vorangegangener, nicht bekanntgegebener Festsetzung (ja = 1) **88**
4. Angaben zum Verspätungszuschlag **19**
   _____ Datum, Namenszeichen
5. Abweichende Festsetzung _____ Datum, Namenszeichen
6. Zustimmung nach § 168 AO wird erteilt : ja/nein
   _____ Datum, Namenszeichen, Unterschrift

Kontrollzahl (Schlüsseltext und Kennzahlen mit Werten) **oder** Stempelabdruck (z.B. E- und P-Stempel)

USt 1 H - Antrag auf Dauerfristverlängerung
Anmeldung der Sondervorauszahlung
DATEV eG OFD Nbg. 11.10.74 AZ: S 7344-46/St 43

**   29104 / 106 / BD *

Die Umsatzsteuer-Vorauszahlung ist mit dem Abruf-Vorlauf mit der Abrechnungsnummer 108, kombiniert mit dem alten Buchungsjahr, anzufordern. Im Vorlaufdatum „von" ist das Ende des Wirtschaftsjahres einzugeben. Das Programm fragt dann alle Umsatzsteuer-Vorauszahlungen gemäß Kennzahl 83 der UStVA zur Errechnung der Vorauszahlung ab. Der Abrufvorlauf darf erst nach Verarbeitung der Dezember-Buchführung eingegeben werden.

Wenn die Vorauszahlungen von 1/11 auf das Konto 1881 gebucht wurde, setzt das Programm den Vorauszahlungsbetrag in der Dezember-Umsatzsteuer-Voranmeldung wieder ab.

4.5.3 Zusammenstellung der Umsatzsteuerjahreswerte

Als Hilfsmittel für die Umsatzsteuerverprobung und Grundlage für die Erstellung der Umsatzsteuerjahreserklärung kann eine Jahreszusammenstellung der Umsatzsteuerwerte mit der Abrechnungsnummer 128 abgerufen werden. Die Auswertung enthält für alle Kennzahlen der Umsatzsteuer-Voranmeldung die einzelnen Monatswerte sowie den Jahreswert.

4.5.4 Umsatzsteuer-Erklärung (UStE)

Zur Erstellung der Umsatzsteuer-Erklärung bietet DATEV ein eigenes Programm an. Es nutzt die umsatzsteuerlichen Werte der laufenden Buchhaltung und liefert den Druck des amtlichen Formulars USt 2 A.

4.6 Betriebswirtschaftliche Auswertung (BWA)

Ob ein Betrieb einen Gewinn oder Verlust erzielt hat, sollte man nicht erst beim Jahresabschluß bei der Bilanzerstellung, wissen. Zu diesem Zeitpunkt kann es schon zu spät sein. Die Betriebswirtschaftliche Auswertung informiert den Anwender über die **Erfolgsentwicklung des Unternehmens.**

Für die Betriebswirtschaftliche Auswertung und ihre grafischen Auswertungen sind in den Mandanten-Programmdaten bestimmte Schlüssel einzugeben (vgl. Kapitel 2.2.4).

Die DATEV-Standard-BWA ist in vier Teile gegliedert:

Kostenstatistik I, Kapitalverwendungsrechnung, Statische Liquidität und Kostenstatistik II.

Wir erläutern die DATEV-Standard-BWA (Abb. 14) anhand des DATEV-Kontenrahmens SKR 01.

Grundsätzlich ist die DATEV-Standard-BWA jedoch bei jedem Spezialkontenrahmen, der bei DATEV gespeichert ist, möglich. (Eine Handwerks-BWA kann beim SKR 20, Handwerk, und beim DATEV-Kontenrahmen, die Betriebswirtschaftlichen Analysen für den Einzelhandel beim DATEV-Kontenrahmen und beim Spezialkontenrahmen 30, Einzelhandel, geliefert werden.)

Weitere branchenspezifische Betriebswirtschaftliche Auswertungen werden für das Hotel- und Gaststättengewerbe, für Gartenbaubetriebe und für Zahnärzte angeboten. Die Betriebswirtschaftliche Auswertung für eine Buchführung wird in den Mandanten-Programmdaten VI geschlüsselt (vgl. Kapitel 2.2). So ist es beispielsweise möglich, für einen Betrieb die DATEV-Standard-BWA und eine spezielle Branchen-BWA gleichzeitig zu erhalten.

4.6.1 Kostenstatistik I

Abbildung 14 zeigt die Betriebswirtschaftliche Auswertung in der DATEV-Standardform. Der erste Teil der BWA, die Kostenstatistik I, ist eine **kurzfristige Erfolgsrechnung.** Der Erfolg (Gewinn oder Verlust) des Unternehmens wird ermittelt. Wir unterscheiden dabei zwischen der jeweiligen Buchungsperiode, meist dem Buchungsmonat, und den kumulierten (aufgelaufenen) Werten, den Jahresverkehrszahlen.

Die erste Zeile der Kostenstatistik enthält die Erlöse. In der linken Kolonne steht der Umsatz der laufenden Abrechnung (z. B. des Monats), in der rechten Spalte die Werte per Abrechnung (die Jahresverkehrszahlen).

Das Programm ermittelt die Erlöse durch Abfrage der Konten der Klasse 8. Dabei bleibt die Kontengruppe 87 (Sonstige Erlöse) außer Ansatz. Die Sonstigen Erlöse (z. B. Anlagenverkäufe) werden wie betriebsfremde oder außerordentliche Erlöse behandelt und in einer anderen Zeile der BWA berücksichtigt.

Vom Umsatz wird der Wareneinsatz abgezogen. Die Ermittlung des Wareneinsatzes muß in den Mandanten-Programmdaten (Kennziffer 105) festgelegt sein, wenn eine Betriebswirtschaftliche Auswertung vom Programm geschrieben werden soll. Das Programm sieht drei Möglichkeiten vor, die den Eintragungen bei Kennziffer 105 der Mandanten-Programmdaten VI (vergleiche Kapitel 2.2.4) entsprechen:

(1) In vielen Fällen wird der Wareneinsatz eines Betriebes nicht genau errechnet. Man geht davon aus, daß der Wareneinsatz dem Wareneinkauf entspricht, d. h. die Lagerhaltung ist unverändert. In solchen Fällen kann in den Mandanten-Programmdaten bei Kennziffer 105 der Schlüssel KG3 (Kontengruppe 3) angegeben werden. Das Programm setzt als Wareneinsatz den Wareneinkaufswert in die Betriebswirtschaftliche Auswertung ein.

(2) Die Kostenstatistik ist auf jeden Fall am aussagekräftigsten, wenn der Wareneinsatz genau errechnet wird. Dies geschieht entweder durch monatliche Inventur oder durch eine Lagerfortschreibung. Der Wareneinsatz wird vom Anwender aus der Kontenklasse 3 in die Kontengruppe 40 umgebucht (z. B. 4000 an 3000). In solchen Fällen ist bei Kennziffer 105 der Mandanten-Programmdaten VI der Schlüssel KG4 (Kontengruppe 40) anzugeben. Das Programm weist dann als Wareneinsatz die Summe der auf die Kontengruppe 4000 bis 4099 gebuchten Beträge aus.

(3) Für besondere Fälle ist vorgesehen, den Wareneinsatz in Prozent anzugeben. Der Prozentsatz entspricht der Handelsspanne und bezieht sich auf den Umsatz der Klasse 8 (ohne Kontengruppe 86, Provisionserlöse, und Kontengruppe 87, Sonstige Erlöse). Der Prozentsatz kann bei Bedarf von Monat zu Monat durch eine Änderung der Mandanten-Programmdaten neu festgelegt werden.

Umsatz minus Wareneinsatz ergibt den Rohgewinn. DATEV bezeichnet den **Rohgewinn** als Zwischensaldo 1. Man geht davon aus, daß es sich nicht immer um den genauen Rohgewinn handelt (z. B. bei KG3 oder Prozentangabe in den Mandanten-Programmdaten bei Kennziffer 105: In diesen Fällen wurde der Wareneinsatz nur grob ermittelt (vgl. nächste Seite)).

Abb. 14

Betriebswirtschaftliche Auswertung, Kostenstatistik I

* 28961/335 KURT KLEIN KG   BETRIEBSWIRTSCHAFTLICHE AUSWERTUNG ZUM 31.07.1983   -ABR.-NR. 16/83-   BWA NR. 1   8/RP BLATT 1

100 A. KOSTENSTATISTIK I	LFD. ABRECHNUNG JULI DM	% VOM UMSATZ	% VON GES.KST.	% VON LOHN	AUF-SCHLAG	PER ABRECHNUNG JAN - JUL DM	% VOM UMSATZ	% VON GES.KST.	% VON LOHN	AUF-SCHLAG
SALDO KL.8/ERLOESE	69830,96	100,00	301,07	420,38		433308,62	100,00	235,18	330,66	
MAT.STOFFE U.WAREN	51477,99	73,71	221,94	309,89	100,00	249046,66	57,47	135,17	190,05	100,00
ZWISCHENSALDO 1	18352,97	26,28	79,12	110,48	35,65	184261,96	42,52	100,01	140,61	73,98
KOSTENARTEN										
41 PERSONALKOSTEN	16611,23	23,78	71,61	100,00		131042,62	30,24	71,12	100,00	
42 RAUMKOSTEN	2300,00	3,29	9,91	13,84		17488,42	4,03	9,49	13,34	
43 ST./VERS./BEITR	722,50	1,03	3,11	4,34		6404,81	1,47	3,47	4,88	
44 BESONDERE KOST.	0,00					0,00				
45 FAHRZEUGKOSTEN	951,94	1,36	4,10	5,73		12361,70	2,85	6,70	9,43	
46 WERBE/REISEKST.	277,96	0,39	1,19	1,67		3584,64	0,82	1,94	2,73	
47 KST.WARENABGABE	197,30	0,28	0,85	1,18		1525,23	0,35	0,82	1,16	
48 INST./WERK/AFA	622,12	0,89	2,68	3,74		5602,85	1,29	3,04	4,27	
49 VERSCH. KOSTEN	1510,71	2,16	6,51	9,09		6232,32	1,43	3,38	4,75	
KOSTEN INSGESAMT	23193,76	33,21	100,00	139,62		184242,59	42,51	100,00	140,59	
ZWISCHENSALDO 2	4840,79-	6,93-				19,37	0,00			
NEUTRALER AUFWAND	1271,80	1,82				11827,84	2,72			
NEUTRALER ERTRAG	767,77	1,09				6685,89	1,54			
KONTENKLASSE 5	0,00					0,00				
KONTENKLASSE 6	0,00					0,00				
KONTENGRUPPE 87	3790,82	5,42				10339,72	2,38			
ZW.SALDO 3/VORL.ERG.	1554,00-	2,22-				5217,14	1,20			

28961 /00008

Die Kostenarten werden addiert (Kosten insgesamt) und vom Zwischensaldo 1, dem Rohgewinn, abgezogen. Dadurch ergibt sich das **Betriebsergebnis** des Unternehmens, das als Zwischensaldo 2 bezeichnet wird. Von diesem Betriebsergebnis werden, je nach Vorzeichen, der neutrale Aufwand, neutrale Ertrag, die Konstenklassen 5 und 6 und die Kontengruppe 87 (Sonstige Erlöse) addiert oder subtrahiert.

Das Ergebnis der Kostenstatistik I ist der **Zwischensaldo 3, der Reingewinn des Unternehmens,** dem häufig der erste Blick des Anwenders gilt. Der Zwischensaldo 3 ist nicht immer mit dem Reingewinn des Unternehmens identisch. Es kommt, von der genauen Ermittlung des Wareneinsatzes abgesehen, darauf an, ob die Abschreibungen und ähnliche Kosten, die (normalerweise) erst zum Jahresende in Form von Umbuchungen berücksichtigt werden, während des Jahres anteilig (monatlich) in das Ergebnis einfließen.

Zu jeder Zeile der Kostenstatistik werden bestimmte Konten abgefragt. Die folgende Aufstellung enthält die Konten, die beim DATEV-Kontenrahmen berücksichtigt werden. (Die nicht aufgeführten Zeilen der Kostenstatistik werden nicht durch Abfrage von Konten, sondern durch Rechenoperationen mit BWA-Zeilen ermittelt.)

Zeile	abgefragte Konten
Saldo Klasse 8 / Erlöskonten	8000–8699, 8800–8999
Wareneinsatz / KG3	3000–3969
oder Material- und Stoffverbrauch / KG4	4000–4099
Personalkosten	4100–4199
Raumkosten	4200–4299
Steuern / Versich. / Beiträge	4300–4399
Besondere Kosten	4400–4499
Fahrzeugkosten	4500–4599
Werbe- und Reisekosten	4600–4699
Kosten der Warenabgabe	4700–4799
Instandhaltung / Werkzeuge / AfA	4800–4899
Verschiedene Kosten	4900–4999
Neutraler Aufwand	2000–2499
Neutraler Ertrag	2500–2999
Kontenklasse 5	5000–5999
Kontenklasse 6	6000–6999
Kontengruppe 87	8700–8799

Neben jedem DM-Betrag der Kostenstatistik werden mehrere Prozentzahlen angegeben. DATEV hat versucht, die wichtigsten und interessantesten Kennzahlen zu bilden. Trotzdem sind es oft für den einen Betrieb zu viele und für den anderen Betrieb zu wenig Informationen. Eine Standard-Auswertung kann nicht auf betriebsindividuelle Wünsche eingehen. Dies ist nur bei einer individuellen Betriebswirtschaftlichen Auswertung möglich, die im DATEV-Programm FIBU ebenfalls vorgesehen ist.

Bei den Prozentzahlen ist wichtig, auf welche Basis (100 %) sie sich beziehen. Die erste Spalte neben den DM-Beträgen bildet eine Relation zum Umsatz. Hier wird angegeben, wieviel Prozent die einzelnen BWA-Zeilen von der ersten Zeile (Saldo Klasse 8/Erlöse) ausmachen. In un-

serem Beispiel (Mandanten-Programmdaten VI, Kennziffer 105 = KG4) ergibt der Wareneinsatz in diesem Monat 73,71% vom Umsatz, bei den Jahresverkehrszahlen 57,47%. Da hier eine besonders hohe Abweichung vorliegt, wäre es interessant zu klären, worauf diese Abweichung zurückzuführen ist.

Der Vergleich zwischen den Prozentzahlen der laufenden Abrechnung und den Prozentzahlen für die kumulierten Werte kann in der Kostenstatistik grundsätzlich bei allen Zeilen angestellt werden. Die Klärung größerer Differenzen bringt oft interessante Aussagen.

Es ist aber in der Praxis auch schon vorgekommen, daß dabei „nur" Buchungsfehler aufgedeckt wurden.

Die Prozentangabe neben den Personalkosten wird häufig als Personalbelastung oder Lohnbelastung bezeichnet. (Der bisherige Umsatz ist in unserem Beispiel mit 30,24% Personalkosten belastet.) Neben den Gesamtkosten wird die Umsatzbelastung oder Kostenbelastung (Verhältnis Kosten zu Umsatz) ausgewiesen.

Die letzte Prozentzahl der ersten Prozentspalte (Basis = Umsatz) ist die Umsatzgewinnrate oder Umsatzrendite (Gewinn mal 100 durch Umsatz). In unserem Beispiel 1,2%

Den Prozentzahlen der 2. Prozentspalte liegen als Basis die Gesamtkosten ohne Wareneinsatz zugrunde. In unserem Beispiel wird deutlich, daß über 70% der Gesamtkosten unseres Betriebes auf die Personalkosten entfallen. Mit Hilfe dieser Kennzahlen kann man feststellen, wie sich die einzelnen Kostengruppen, bezogen auf die Gesamtkosten, verhalten und entwickeln.

In vielen Bereichen gibt ein Bezug auf die Personalkosten (dritte Przentspalte) interessante Informationen. In unserem Beispiel bringen DM 100 Personalkosten DM 330,66 Umsatz.

Die letzte Prozentspalte weist den Rohgewinnaufschlag (nach der Formel: Zwischensaldo I mal 100 durch Wareneinsatz) aus. In unserem Beispiel 73,98%.

4.6.2 Kapitalverwendungsrechnung

Was ist eigentlich eine Kapitalverwendungsrechnung?

Die Kapitalverwendungsrechnung gibt darüber Auskunft, wie sich die einzelnen Vermögens- und Kapitalbereiche des Unternehmens im Zeitablauf ändern. Die Gliederung kann dem Auswertungsbeispiel Abbildung 15 entnommen werden.

Die Kapitalverwendungsrechnung oder Bewegungsbilanz zeigt, wie sich die Bewegungen des Jahres auf diese Gruppen per Saldo auswirken.

Per Saldo ergibt sich in dieser Kapitalverwendungsrechnung (Abb. 15) das Ergebnis von DM 5.217,14. Deshalb kann man auch sagen, daß die Kapitalverwendungsrechnung zeigt, wohin der Gewinn geflossen ist.

Während im ersten Teil der Betriebswirtschaftlichen Auswertung der **Kostenstatistik I nur Erfolgskonten der Unternehmung** berücksichtigt werden, fragt das Programm in der **Kapitalverwendungsrechnung nur Bestandskonten** ab.

Bei der Abfrage werden nur die Jahresverkehrszahlen berücksichtigt. Die Eröffnungsbilanzwerte sind für die Kapitalverwendungsrechnung ohne Bedeutung. Wie der Begriff Bewegungsbilanz schon andeutet, kommt es nur auf die Bewegungen (Veränderungen) an.

Abb. 15

Kapitalverwendungsrechnung, Statische Liquidität

```
*  28961/335 KURT KLEIN KG     BETRIEBSWIRTSCHAFTLICHE AUSWERTUNG ZUM  31.07.1983  -ABR.-NR.  16/83-  BWA NR.  1   9/RP  BLATT  2
```

200 B. KAPITALVERW.RECH.	ERH. MITTELVERWENDUNG AKTIVA/MIND. PASSIVA	ERH. MITTELHERKUNFT PASSIVA/MIND. AKTIVA
ANLAGEVERMOEGEN		
SACHANLAGEN		
GRUND/BD./GEBAEUDE	6365,58	
MASCHINEN/KFZ	471,84	
BETR./GESCH.AUSST.		
RECHTSWERTE		
FINANZANLAGEN		
BETEILIGUNGEN		
LANGFR.FORDERUNGEN		12780,90
UMLAUFVERMOEGEN		
VORRAETE		
BESTANDSVERDG.KL.3		
KASSE/BANK/POSTSCH	140260,42	32809,28
FORDERUNGEN		
VERBINDLICHKEITEN		96450,80
SO.VERM.GGST./VERB.		20059,53
WERTB./RUECKST./RAP	4719,81	
LANGFR.VERBINDLICHK.		
KAPITAL		
PRIVATEINLAGEN	15500,00	
PRIVATENTNAHMEN	15500,00	
KAPITALVERAENDERUNG		

300 C. STAT.LIQUIDITAET	IM ABRECHNUNGSZEITRAUM				IM VORIGEN ABRECHNUNGSZEITRAUM			
	MITTEL	VERBINDLK.	UEBER/UNTERDECK.	D.GRAD	MITTEL	VERBINDL.	UEBER/UNTERDECK.	D.GRAD
LIQUIDITAET 1. GRAD	85586,24	192152,35	106466,11-	0,44	105226,32	137735,16	32508,84-	0,76
LIQUIDITAET 2. GRAD	286765,34	192152,35	94612,99	1,49	247488,65	137735,16	109753,49	1,79

28961 /00009

4.6.3 Statische Liquidität

Der Teil C der Betriebswirtschaftlichen Auswertung (vgl. Abb. 15) enthält Angaben über die **Liquidität** (Zahlungsbereitschaft) des Unternehmens. Er zeigt, wie die Zahlungsfähigkeit des Unternehmens aussieht und wie sie sich entwickelt. Links wird die gegenwärtige Liquidität des Unternehmens ausgewiesen, im rechten Teil steht zur Erinnerung und zum Vergleich jeweils die Liquidität der letzten Betriebswirtschaftlichen Auswertung (des Vormonats). Grundsätzlich sind drei Liquiditätsgrade möglich. Das Programm errechnet den dritten Liquiditätsgrad jedoch nur dann, wenn der Wareneinsatz nach KG4 ermittelt wird.

Es kann sich hier nur um eine statische (auf einen bestimmten Stichtag bezogene) Liquidität handeln, weil das Programm in der Finanzbuchführung keine Fälligkeiten kennt, die zur Ermittlung der dynamischen (in die Zukunft gerichteten) Liquidität notwendig wären. Außerdem handelt es sich nicht um absolute Liquiditätsgrade, sondern um eine relativ statische Liquidität, das heißt, es wird eine Relation (ein Vergleich) zwischen den Mitteln und den Verbindlichkeiten gebildet. Mittel (Zahlungsmittel und Forderungen) und Verbindlichkeiten (Schulden) werden einander gegenübergestellt.

Bei der **Liquidität 1. Grades** werden bei den Mitteln nur Kasse, Bank, Postscheck und Besitzwechsel (Konten 1000 bis 1369 des DATEV-Kontenrahmens) einbezogen. Als kurzfristige Verbindlichkeiten werden sämtliche Habensalden der Klasse 1 (ohne Privatkonten, 1900 bis 1999) addiert. Diese Liquidität wird auch als Barliquidität bezeichnet, weil bei den Mitteln nur die Barmittel berücksichtigt werden.

Bei der **Liquidität 2. Grades** werden alle **Konten mit Sollsalden** in der Klasse 1 (ohne Privatkonten) addiert und der Summe der Habensalden der Klasse 1 (ohne Privatkonten) gegenübergestellt. Die Liquidität 2. Grades ist am aussagefähigsten, weil hier neben den Barmitteln auch sämtliche kurzfristigen Forderungen mit den kurzfristigen Verbindlichkeiten verglichen werden. Die Fälligkeiten dieser beiden Gruppen dürften sich im Regelfalle ausgleichen.

Das Programm errechnet zunächst die Differenz zwischen den Mitteln und den Schulden. Dies ergibt entweder eine Überdeckung (die Mittel sind größer als die Schulden) oder eine Unterdeckung (die Schulden sind größer als die Mittel). Eine Unterdeckung ist mit einem Minuszeichen gekennzeichnet. Interessant ist auch der Liquiditätsgrad, der sich aus der Division Mittel durch Verbindlichkeiten ergibt. Der Liquiditätsgrad von 1,00 entspricht einer genauen Deckung der Verbindlichkeiten durch Barmittel und Forderungen. Bei der 2. Liquidität ist der Deckungsgrad von 1,00 der Idealfall. Bei großen Abweichungen gilt es, ernsthaft zu überlegen, ob und wie Abhilfe geschaffen werden kann.

Bei der **Liquidität 3. Grades**, die nur bei KG4 (siehe oben) errechnet wird, werden **zusätzlich zu den Konten mit den Sollsalden der Klasse 1 noch die Bestände** berücksichtigt. Dieser Liquiditätsgrad hat nicht die gleiche Bedeutung wie die Liquidität 1. und 2. Grades, weil gerade bei den Beständen Werte enthalten sein können, die sich nur schwer oder längerfristig veräußern lassen.

4.6.4 Kostenstatistik II

Die Besonderheit dieses Teils der Betriebswirtschaftlichen Auswertung ist eine **Gegenüberstellung der Werte des laufenden Jahres mit Vergleichswerten, z. B. Vorjahres- oder Planwerten.** Für den Vorjahresvergleich werden die monatlichen Betriebswirtschaftlichen Auswertungen vom Programm gespeichert. Die Voraussetzung dafür ist der Schlüssel 1 bei Kennziffer 106 (BWA-Zeitraum) der Mandanten-Programmdaten.

Die Kostenstatistik II entspricht in ihrem Zeilenaufbau der Kostenstatistik I. Den Monatswerten des laufenden Jahres werden die entsprechenden Werte des Vorjahres gegenübergestellt. Dazu errechnet das Programm jeweils die Veränderung in DM und in Prozent (vgl. Abb. 16).

Die Vergleichswerte für die Kostenstatistik II können auch individuell eingegeben werden. Dies ist z. B. sinnvoll, wenn Vorgabewerte (Budget) überwacht werden sollen. Wie diese individuellen Vergleichswerte eingegeben werden, behandeln wir hier nicht.

Abb. 16

Kostenstatistik II

```
* 28961/335 KURT KLEIN KG    BETRIEBSWIRTSCHAFTLICHE AUSWERTUNG ZUM 31.07.1983    -ABR.-NR.  16/83-   BWA NR. 1   10/RP BLATT   1
```

	MONATSWERTE JULI	VORJAHR	VERAENDERUNG IN DM	IN %	AUFGEL. WERTE JAN - JUL	VORJAHR	VERAENDERUNG IN DI	IN %
400 D.KOSTENSTATISTIK II								
SALDO KL.8/ERLOESE	69830,96	63892,74	5938,22	9,29	433308,62	171034,82	262273,80	153,34
MAT.STOFFE U.WAREN	51477,99	38588,78	12889,21	33,40	249046,66	115797,53	133249,13	115,07
ZWISCHENSALDO 1	18352,97	25303,96	6950,99-	27,46-	184261,96	55237,29	129024,67	233,58
KOSTENARTEN								
41 PERSONALKOSTEN	16611,23	18212,90	1601,67-	8,79-	131042,62	55329,93	75712,69	136,83
42 RAUMKOSTEN	2300,00	2100,00	200,00	9,52	17488,42	6300,00	11188,42	177,59
43 ST./VERS./BEITR	722,50	820,28	97,78-	11,92-	6404,81	2627,91	3776,90	143,72
44 BESONDERE KOST.	0,00	0,00	0,00	*	0,00	0,00	0,00	*
45 FAHRZEUGKOSTEN	951,94	2915,30	1963,36-	67,34-	12361,70	7068,23	5293,47	74,89
46 WERBE/REISEKST.	277,96	256,14	21,82	8,51	3584,64	859,84	2724,80	316,89
47 KST.WARENABGABE	197,30	432,57	235,27-	54,38-	1525,23	1041,06	484,17	46,50
48 INST./WERKZ/AFA	622,12	3048,96	2426,84-	79,59-	5602,85	6850,12	1247,27-	18,20-
49 VERSCH. KOSTEN	1510,71	1290,12	220,59	17,09	6232,32	1601,06	4631,26	289,26
KOSTEN INSGESAMT	23193,76	29076,27	5882,51-	20,23-	184242,59	81678,15	102564,44	125,57
ZWISCHENSALDO 2	4840,79-	3772,31-	1068,48-	28,32-	19,37	26440,86-	26460,23	*
NEUTRALER AUFWAND	1271,80-	1290,12	18,32-	1,42-	11827,84	4258,38	7569,46	177,75
NEUTRALER ERTRAG	767,77	2912,90	2145,13-	73,64-	6685,89	8203,18	1517,29-	18,49-
KONTENKLASSE 5	0,00	0,00	0,00	*	0,00	0,00	0,00	*
KONTENKLASSE 6	0,00	0,00	0,00	*	0,00	0,00	0,00	*
KONTENGRUPPE 87	3790,82	822,43	2968,39	360,92	10339,72	2451,52	7888,20	321,76
ZW.SALDO 3/VORL.ERG.	1554,00-	1327,10-	226,90-	17,09-	5217,14	20044,54	25261,68	*

```
28961 /00010
```

4.6.5 BWA-Grafiken

Zu den vorne abgebildeten BWA's hier die dazugehörenden Standardgrafiken:

Abb. 17 Entwicklungsübersicht

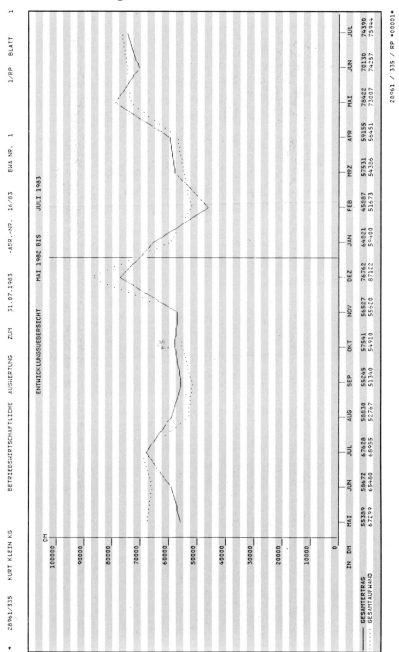

Abb. 18

Vergleich mit dem Vorjahr

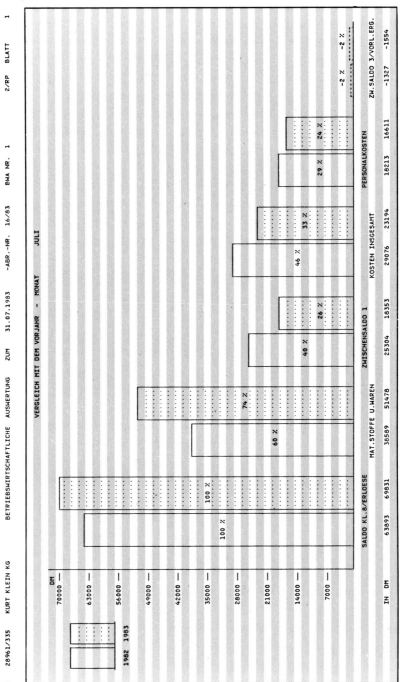

166

4.7 Abschlußauswertungen

Auch beim Jahresabschluß kann der Computer helfen. Weil beim Jahresabschluß nicht nur Denkleistungen zu vollbringen sind, sondern auch Routinearbeiten anfallen (umfangreiche Schreib-, Rechen- und Kontrollarbeiten), ist auch hier der Einsatz des Computers möglich. Die Arbeiten zum Jahresabschluß können mit Hilfe der elektronischen Datenverarbeitung rationalisiert und beschleunigt werden.

Dafür gibt es im DATEV-System vielfältige Möglichkeiten:

Abruf einer Hauptabschlußübersicht mit anschließender manueller Entwicklung der Bilanz.

Abruf einer Hauptabschlußübersicht, Eingabe der vorbereitenden Abschlußbuchungen in das DATEV-Finanzbuchführungsprogramm und Abruf der DATEV-Standard-Bilanz oder einer individuell aufgebauten Bilanz.

Entwicklung der Bilanz (off-line) mit Hilfe des DATEV-Verbund-Systems und -Programms. DATEV stellt hierzu die Jahresverkehrszahlen der Konten zur Verfügung.

Bilanzerstellung im Dialog mit dem Rechenzentrum. Im Rahmen des Bilanz-Dialog-Programms der DATEV kann der Anwender die Umbuchungen über die Telefonleitung direkt an das Rechenzentrum senden und erhält unmittelbar darauf die Abschlußauswertungen über die Telefonleitung zurück. Die Daten werden auf einem magnetischen Datenträger gespeichert und später auf Papier ausgedruckt.

Die Abrechnungsnummern für die Abrufvorläufe der Abschlußauswertungen sind der Tabelle für Abrechnungsnummern im Anhang zu entnehmen.

4.7.1 Hauptabschlußübersicht

Abb. 19 zeigt eine Hauptabschlußübersicht, die durch die EDV erstellt wurde. Der Vorteil dieser Auswertung wird sofort deutlich. Der Buchhalter muß nicht mehr mühsam die Kontonummern, die Kontenbezeichnungen, die Eröffnungsbilanzwerte, die Jahresverkehrszahlen und die Salden mit der Hand bzw. der Schreibmaschine eintragen. Er kann sich auf die Abschlußbuchungen und auf die Anfertigung der Vermögensbilanz und der Gewinn- und Verlustrechnung konzentrieren.

Die Hauptabschlußübersicht ist eine Auflistung sämtlicher bebuchter und/oder individuell beschrifteter Sachkonten, die bei einer Mandanten-Buchführung gespeichert sind. Die Leerzeilen nach jeder Kontenklasse sind für Konten freigehalten, die evtl. beim Abschluß noch eingeführt werden müssen.

Die manuell in die Hauptabschlußübersicht eingetragenen Abschlußbuchungen können nun, wie alle anderen Buchungen, erfaßt und an DATEV eingereicht werden. Dies ist die Voraussetzung für weitere Abschlußauswertungen durch den Computer.

Abb. 19

Hauptabschlußübersicht

Hauptabschluß-Übersicht per 31.12.81   Berater 28972   Mandant 200 MUSTERFALL   CHG   8500 NUERNBERG   per Abrechnung 3/81   SV   Blatt 1

Konto-Nr	Kontobezeichnung	Eröffnungs-Bilanz	Jahresverkehrszahlen Soll	Jahresverkehrszahlen Haben	Saldo per Abrechnung Soll	Saldo per Abrechnung Haben	Umbuchungen Soll	Umbuchungen Haben	Vermögens-Bilanz Aktiva	Vermögens-Bilanz Passiva	G.u.V.-Rechnung Aufwand	G.u.V.-Rechnung Ertrag
0010	GRUND UND BODEN	40027200 S	14049600		54076400							
0050	GRUND U.BODEN BEBAUT	4000000 S			4000000							
0110	FABRIKGEBAEUDE	31780000 S	64525348	1926148	96339200							
0120	BUEROGEBAEUDE	32870600 S		657400	32213200							
0150	AUSSENANLAGEN	1000000 S	599305	1559305	1439900							
0190	GEBAEUDE IN BAU		42380640	42380640								
0200	MASCH.+ANLAG.VORRICHT	31721000 S	2971690	3816190	30976500							
0240	MASCHINELLE ANLAGEN	13788600 S	10139721	3792121	20116200							
0250	TRANSPORTANLAGEN	3185500 S	4052142	868542	6369100							
0310	PKW	5530000 S	6004881	3460481	9074400							
0340	LKW	8236100 S	12876133	2342433	1872800							
0410	BETRIEBSAUSSTATTUNG	16029800 S	4435715	2251615	19213900							
0420	WERKZEUGE	3802800 S	3730088	2028684	5594200							
0440	BUEROEINRICHTUNG	860100 S	3345212	883112	3322200							
0480	GERINGW.ANLAGEGUETER	100 S	221248	221248	100							
0510	BETEILIGUNGEN	1240000 S	8000000		9240000							
0540	LIZENZEN, PATENTE	3230000 S		1520000	1710000							
0600	FESTVERZ.INSL.WERTPAP	5548000 S	6078000		11426000							
0700	LANGFRIST. VERBINDL.	55000000 H		150050000		205050000						
0710	HYPOTHEK.GRUNDSCHULD	54800000 H	9700000			45100000						
0810	KAPITAL A.MUSTERFALL	220356386 H				220356386						
0820	KAPITAL B.MUSTERFALL	192161706 H				192161706						
0920	WERTBER. FORDERUNGEN	5454600 H	5720000	6020000		11479600						
0930	STEUERRUECKSTELLUNG.	18747700 H		19725700		32753400						
0970	PASSIVE RECHN-ABGR.	247700 H				247700						
0980	DAMNUM.DISAGIO U.AE.	1925000 S	1250000	1140000	2035000							
	SUMME KLASSE 0	206774800 S / 5467773092 H	200080223	2432284223	32394650 0	7071468792						
	UEBERTRAG GESAMT	206774800 S / 5467773092 H	200080223	2432284223	32394650 0	7071468792						

168

4.7.2 Bilanzübersicht

Die **Bilanzübersicht ist die logische Entwicklung der Hauptabschlußübersicht.** Sie enthält eine Saldenbilanz, die Vermögensbilanz und die Gewinn- und Verlustrechnung. In der Bilanzübersicht sind alle bebuchten Sachkonten aufgeführt. Die Salden der Bilanzkonten werden in die Vermögensbilanz, die Salden der Erfolgskonten in die Gewinn- und Verlustrechnung übernommen. Das Ergebnis, der Gewinn oder Verlust, wird ebenfalls ausgewiesen.

4.7.3 DATEV-Standard-Bilanz (Abb. 20a und 20b)

Ein Computer kann nicht bilanzieren, ist aber unübertroffen im Rechnen (z. B. Konten zusammenaddieren) und im Schreiben. Die Denkleistung muß beim Jahresabschluß nach wie vor vom Menschen erbracht werden.

Es kommt darauf an, die vorbereitenden Abschlußbuchungen zu ermitteln. Von den aufwendigen Kontrollen einmal abgesehen, folgen im Grunde nur noch Rechen- und Schreibarbeiten, die von der Datenverarbeitungsanlage schneller und sicherer erledigt werden können.

Das EDV-Programm fertigt die Bilanz durch die Abfrage von Konten. In Programmtabellen, die auch dem Anwender zur Verfügung stehen, sind die Konten eines Kontenrahmens den verschiedenen Abschlußpositionen zugeordnet. Es gibt mehrere Vorschläge für den Standardabschluß von DATEV.

Abb. 20a   Bilanz (Aktiva und Passiva)

B I L A N Z   zum 31.12.1981

MUSTERFALL U SOHN OHG

A K T I V A

	DM	DM
ANLAGEVERMÖGEN		
A.Sachanlagen		
Grundst.m.Betriebsgeb.	1.339.923,00	
Grundst. ohne Bauten	540.768,00	
Maschinen u.masch.Anl.	573.818,00	
Betriebs-u.Gesch.Ausst.	538.846,00	
Rechtswerte	17.100,00	3.010.455,00
B.Finanzanlagen		
Beteiligungen	92.400,00	
Wertpapiere d.Anlagever	116.260,00	208.660,00
UMLAUFVERMÖGEN		
A.Vorräte		
Roh-,Hilfs-,Betr.Stoffe	614.040,00	
Unfertige Erzeugnisse	429.010,00	1.043.050,00
B.Andere Gegenstände des **Umlaufvermögens**		
Geleistete Anzahlungen	100.000,00	
Fordg.aus Lief.u.Leist.	6.061.788,35	
Wechsel	17.128,00	
Kasse,LZB-/Postsch.Guth	9.771,63	
Sonst.Vermögensgegenst.	84.461,92-	6.104.226,06
RECHNUNGSABGRENZ.POSTEN		20.350,00
Summe Aktiva		10.386.741,06

BILANZ zum 31.12.1981

Blatt 2

MUSTERFALL U SOHN OHG

28972/200/84

PASSIVA

	DM	DM
KAPITAL		
Anfangskapital	4.125.180,92	
Gewinn	3.453.702,11	
Entnahmen	2.848.200,25-	4.730.682,78
WERTBERICHTIGUNGEN		
Wertb. auf Umlaufverm.		114.796,00
RÜCKSTELLUNGEN		
Andere Rückstellungen		327.534,00
VERBINDLICHK. MIT EINER LAUFZEIT V.MIND. 4 JAHREN		
Sonst.Verbindlichkeiten		2.501.500,00
ANDERE VERBINDLICHKEITEN		
Verbindl.a.Lief.u.Leist	965.998,01	
Wechselverbindlichkeit.	25.000,00	
Verbindl.geg.Kreditinst	1.053.392,04	
Erhaltene Anzahlungen	200.000,00	
Sonst.Verbindlichkeiten	9.902,57	
Umsatzsteuerverbindlk.	455.458,66	2.709.751,28
RECHNUNGSABGRENZ.POSTEN		2.477,00
Summe Passiva		10.386.741,06

171

Abb. 20b   Gewinn- und Verlustrechnung

GEWINN- UND VERLUSTRECHNUNG vom 01.01.1981 bis 31.12.1981   Blatt   3

MUSTERFALL U SOHN OHG   28972/200/SV

	DM	%	DM	%
Umsatzerlöse	15.642.576,80	99,62		
Eigenverbrauch	58.495,57	0,37	15.701.072,37	100,00
GESAMTLEISTUNG			15.701.072,37	100,00
Material-, Wareneinsatz			6.587.697,31	41,95
R O H E R T R A G			9.113.375,06	58,04
sonst.Zinsen u.ähnl.Ertr.	17.094,10	0,10		
Erträge aus Anlagenabg.	12.849,56	0,08		
sonstige Erträge	113.400,10	0,72		
außerordentliche Erträge	12.000,43	0,07	155.344,19	0,98
GESAMTERTRÄGE			9.268.719,25	59,03
Personalkosten				
Löhne und Gehälter	1.982.480,83	12,62		
soziale Abgaben	295.300,10	1,88		
Aufw.f.Altersv./Unterst	32.801,30	0,20	2.310.582,23	14,71
Abschr.u.Wertb.a.Sachanl.			212.878,83	1,35
Verl.Umlaufv./Pauschal-W.			60.200,00	0,38
Zinsen und ähnl.Aufwend.			324.121,75	2,06
Steuern				
vom Eink.,Ertr.u.Verm.	728.562,50	4,64		
sonstige Steuern	12.400,80	0,07	740.963,30	4,71
sonstige Aufwendungen				
Raumkosten	773.871,06	4,92		
Versicherung.,Beiträge	130.600,80	0,83		
Fahrzeugkosten	200.200,22	1,27		
Werbe- und Reisekosten	101.061,91	0,64		
Kosten der Warenabgabe	620.803,06	3,95		
Reparaturen u.Instandh.	148.142,08	0,94		
sonstige Kosten	191.591,90	1,22	2.166.271,03	13,79
GESAMTAUFWAND			5.815.017,14	37,03
Gewinn			3.453.702,11	21,99

4.7.4 Anlage zur Bilanz

In der Anlage zur Bilanz werden die einzelnen Bilanzpositionen, die verdichtete Werte darstellen, erläutert. Die Anlage zur Bilanz zeigt, wie sich die Bilanzwerte zusammensetzen. Ein Beispiel (Auszug) finden Sie in Abb. 21 und 22.

Abb. 21 Anlage zur Bilanz

```
ANLAGE   zur   Bilanz zum 31.12.1981                        Blatt    4

MUSTERFALL U SOHN OHG                                 28972/200/SV

AKTIVA

Konto  Bezeichnung                   DM                  DM

       Grundst.m.Betriebsgeb.
0050     GRUND U.BODEN BEBAUT       40.000,00
0110     FABRIKGEBAEUDE            963.392,00
0120     BUEROGEBAEUDE            322.132,00
0150     AUSSENANLAGEN             14.399,00         1.339.923,00

       Grundst. ohne Bauten
0010     GRUND UND BODEN                               540.768,00

       Maschinen u.masch.Anl.
0200     MASCH,ANLAG,VORRICHT      308.765,00
0240     MASCHINELLE ANLAGEN       201.362,00
0250     TRANSPORTANLAGEN           63.691,00           573.818,00

       Betriebs-u.Gesch.Ausst.
0310     PKW                        80.744,00
0340     LKW                       187.698,00
0410     BETRIEBSAUSSTATTUNG       182.139,00
0420     WERKZEUGE                  55.042,00
0440     BUEROEINRICHTUNG           33.222,00
0480     GERINGW.ANLAGEGUETER            1,00           538.846,00

       Rechtswerte
0540     LIZENZEN, PATENTE                               17.100,00

       Beteiligungen
0510     BETEILIGUNGEN                                   92.400,00

       Wertpapiere d.Anlagever
0660     FESTVERZINSL.WERTPAP                           116.260,00

       Roh-,Hilfs-,Betr.Stoffe
3980     ROHSTOFFE                 517.650,00
3985     HILFS- U BETRIEBSST        96.390,00           614.040,00

       unfertige Erzeugnisse
3990     FERTIGERZEUGNISSE                              429.010,00

       geleistete Anzahlungen
1513     GEL.ANZ.M.VSTABZ.13%                          100.000,00

       Fordg.aus Lief.u.Leist.
1400     FORDERUNGEN            6.035.908,35
1490     ZWEIFELHAFTE FORDER.      25.880,00         6.061.788,35

       Wechsel
1310     BESITZWECHSEL                                  17.128,00

Übertrag auf Blatt    5                            10.441.081,35
```

Abb. 22 Anlage zur Gewinn- und Verlustrechnung

```
ANLAGE   zur   G.u.V.   vom 01.01.1981 bis 31.12.1981          Blatt    8

MUSTERFALL U SOHN OHG                                    28972/200/SV


Konto   Bezeichnung                    DM                    DM

        Umsatzerlöse
2129      GEW.SKONTI 13% MWST      416.812,87-
8040      ERLOESE 6,5 %          1.268.159,43
8500      ERL.UST-FREI P.4/7FF      12.400,00
8501      ERL.UST-FREI P.4/1-6     166.201,10
8590      ERLOESE 13% UST       14.594.664,54
8890      FORDERUNGSVERLUSTE        17.964,60        15.642.576,80

        Eigenverbrauch
8900      EIGENVERBRAUCH                                58.495,57

        Material-, Wareneinsatz
2629      ERH.SKONTI 13% VST        46.382,84
3050      WARENEINGANG 13 %      6.634.080,15-         6.587.697,31-

        sonst.Zinsen u.ähnl.Ertr.
2610      ZINSERTRAEGE             16.692,80
2630      DISKONTERTRAEGE            401,30            17.094,10

        Erträge aus Anlagenabg.
8710      ERL.ANLAGENVERKAEUFE                         12.849,56

        sonstige Erträge
2700      GRUNDSTUECKSERTRAEGE                        113.400,10

        außerordentliche Erträge
2530      ZUSCHR. GEGENST. AV                          12.000,43

        Löhne und Gehälter
4110      LOEHNE                1.872.350,43-
4120      GEHAELTER                60.500,40-
4170      VERMOEGENSW.LEISTUNG      9.200,00-
4190      AUSHILFSLOEHNE           40.430,00-         1.982.480,83-

        soziale Abgaben
4130      GES.SOZIALE AUFWEND.                        295.300,10-

        Aufw.f.Altersv./Unterst
4140      FREIW.SOZ.AUFWENDUNG     30.400,80-
4150      KRANKENGELDZUSCHUSS       2.400,50-          32.801,30-

        Abschr.u.Wertb.a.Sachanl.
4860      ABSCHREIBG. ANLAGEV.    210.666,35-
4870      ABSCHREIBG. AUF GWG       2.212,48-         212.878,83-

        Verl.Umlaufv./Pauschal-W.
4880      ABSCHREIBG. UMLAUFV.                         60.200,00-

Übertrag auf Blatt    9                              6.685.058,19
```

4.7.5 Bilanzkennziffern (Bilanzanalyse)

Die Bilanz liefert dem Unternehmer wichtige Hinweise über sein Unternehmen. **Die Aussage-kraft der Bilanz wird durch Bilanzkennziffern aber noch wesentlich erweitert.** Im DATEV-Programm FIBU werden beim Standardabschluß 18 Kennzahlen zum Vermögensaufbau, zur Kapitalstruktur, zur Liquidität, zur Rentabilität und zur Produktivität ermittelt. Abbildung 23 enthält Beispiele für Bilanzkennziffern.

Abb. 23

```
BILANZANALYSE   zum 31.12.1981                       Blatt  11

MUSTERFALL U SOHN OHG                              28972/200/SV

                          DM                 DM          Wert

A.KENNZAHLEN ZUR VERMÖ-
  GENS-U.KAPITALSTRUKTUR

    Anlagevermögen x 100             3.219.115,00
    Gesamtvermögen                  10.271.945,06
    ANLAGENINTENSITÄT IN %                           31,33

    Eigenkapital x 100               4.730.682,78
    Gesamtkapital                   10.271.945,06
    EIGENKAPITALANTEIL IN %                          46,05

    Fremdkapital x 100               5.541.262,28
    Eigenkapital                     4.730.682,78
    VERSCHULDUNGSGRAD IN %                          117,13


B.KENNZAHLEN ZUR FINANZ-
  U. LIQUIDITÄTSSTRUKTUR

    Eigenkapital x 100               4.730.682,78
    Anlagevermögen                   3.219.115,00
    ANLAGENDECKUNG I IN %                           146,95

    Eigenkap.+1fr.Fremdk.            7.559.716,78
    Anlagevermögen                   3.219.115,00
    ANLAGENDECKUNG II IN %                          234,83

    Fremdkapital                     5.541.262,28
    -flüssige Mittel                    26.899,63
    =NETTOVERSCHULDUNG               5.514.362,65

    Geldwerte+ kfr.Fordg.            6.004.226,06
    kurzfr.Verbindlichk.             2.709.751,28
    LIQUIDITÄT 2. GRADES                            221,57
```

4.7.6 Individuelle Bilanzschreibung

Die Standard-Bilanzschreibung ist im Rechenzentrum vorprogrammiert. Im Programm ist angegeben, welche Konten für den Standardabschluß abgefragt werden. Außerdem sind im Programm die Formeln für die Bilanzkennziffern enthalten. Falls von diesem Schema abgewichen werden soll, kann mit dem **individuellen Bilanzprogramm** gearbeitet werden, auf das wir hier in diesem Lehrbuch nicht eingehen. Das individuelle Bilanzprogramm ermöglicht aber nicht nur andere Kontenabfragen, auch die Bilanzpositionen selbst und deren Beschriftung können individuell festgelegt werden.

4.7.7 Bilanzvergleich

Ein Vergleich der Abschlußzahlen mehrerer Wirtschaftsperioden macht die Entwicklung eines Unternehmens sichtbar. Der Berater kann Tendenzen erkennen und dem Mandanten entsprechende Hinweise geben.

Abb. 24 zeigt einen Teil eines Bilanzvergleichs, der im Rahmen des DATEV-Programms FIBU abgerufen werden kann. Die Originalauswertung hat das Format DIN A 4 und enthält die gleichen Positionen wie Bilanz und Gewinn- und Verlustrechnung. Neben den aktuellen Werten druckt das Programm die Vergleichswerte des Vorjahres und rechnet die Differenz in DM und Prozent aus. Die Prozentangaben neben den DM-Werten des aktuellen und des Vorjahres beziehen sich auf die Bilanz-Summen bzw. auf den Gewinn der jeweiligen Jahre.

In die Gegenüberstellung werden auch Bilanzkennziffern mit einbezogen, wie beispielsweise die Eigenkapitalrentabilität, Aussagen zur Investitionstätigkeit und der Cash-Flow.

In den Vergleich können bis zu 5 Jahre einbezogen werden.

Abb. 24

Mehrjahresbilanzvergleich über 2 Jahre

JOHANN MAIER BLUMENSTR. 8 1000 BERLIN 37

BILANZVERGLEICH über 2 Jahre

28848/120/OD Blatt 1

	Stand 31.12.81		Stand 31.12.82			Veränderung geg.
	DM	% Bil.s.	DM	% Bil.s.	Index	Vorjahr in DM
	(Index = 100)					
AKTIVA						
ANLAGEVERMÖGEN						
A.Sachanlagen						
Grundst.m.Betriebsgeb.	136.375	58,8	134.159	58,0	98,3	2.216-
Maschinen u.masch.Anl.	21.033	9,0	14.037	6,0	66,7	6.996-
Betriebs-u.Gesch.Ausst.	27.693	11,9	31.953	13,8	115,3	4.260-
*	185.101	79,8	180.149	77,9	97,3	4.952-
B.Finanzanlagen						
Wertpapiere d.Anlagever	1.000	0,4	1.000	0,4	100,0	0
UMLAUFVERMÖGEN						
A.Vorräte						
Roh-,Hilfs-,Betr.Stoffe	22.683	9,7	21.631	9,3	95,3	1.052-
Waren	11.426	4,9	11.993	5,1	104,9	567
*	34.109	14,7	33.624	14,5	98,5	485-
B.Andere Gegenstände des Umlaufvermögens						
Fordg.aus Lief.u.Leist.	0	0,0	426	0,1	0,0	426
Kasse.LZB-/Postsch.Guth	9.660	4,1	13.655	5,9	141,3	3.995
Sonst.Vermögensgegenst.	1.468	0,6	1.649	0,7	112,3	181
*	11.128	4,8	15.730	6,8	141,3	4.602
RECHNUNGSABGRENZ.POSTEN	468	0,2	593	0,2	126,7	125
Summe Aktiva	231.806	100,0	231.096	100,0	99,6	710-

4.7.8 Bilanz-Dialog

Das Bilanz-Dialog-Programm der DATEV bietet die Möglichkeit, den Jahresabschluß ohne arbeitstechnische Unterbrechungen in der Kanzlei abzuwickeln. Voraussetzung ist die Teilnahme an der Datenfernverarbeitung.

Die für den Abschluß benötigten Kontenbestände stehen im Rechenzentrum zum Direktzugriff zur Verfügung. Eine der möglichen Ablaufvarianten bei Anwendung des Bilanz-Dialog-Programms sieht wie folgt aus:

Der Anwender ruft von DATEV Abschlußunterlagen ab, z. B. eine Hauptabschlußübersicht oder eine Bilanz mit Gewinn- und Verlustrechnung und Kennziffern. Aufgrund dieser Unterlagen stellt er seine Umbuchungen und Abschlußbuchungen zusammen und erfaßt diese auf Magnetbandkassette. Anschließend werden die Abschlußbuchungen über die Telefonleitung an das Rechenzentrum übertragen. Noch während dieser Telefonverbindung sendet das Rechenzentrum die neuen Abschlußauswertungen auf Kassette zurück. Der Anwender kann sich dann die neuen Auswertungen an seinem Terminal ausdrucken lassen. Jetzt wären dann wieder erneute Umbuchungen möglich.

Neben den Abschlußauswertungen wird für die Umbuchungen ein Journal ausgegeben sowie eine Umbuchungsliste erstellt, die die Veränderungen anzeigt, die durch die Umbuchungen auf den einzelnen Konten hervorgerufen werden.

4.8 Kontenplan

Die Anwender des DATEV-Programms FIBU haben die Möglichkeit, sich für Ihre Mandanten einen Kontenplan ausdrucken zu lassen. Dieser Kontenplan enthält dann alle Konten der Buchführung, die bebucht bzw. individuell beschriftet sind. **Aus den Beschriftungen des DATEV-Kontenrahmens** (und des Kanzleikontenrahmens) **werden nur die bebuchten Konten übernommen.** Zusätzlich werden alle Konten angegeben, die individuell beschriftet sind, ganz gleich, ob sie bebucht sind oder nicht. Ein Kontenplan kann mit der Abrechnungsnummer 109, kombiniert mit dem Buchungsjahr, abgerufen werden. Im Vorlaufdatum „von" ist die Anzahl anzugeben. Zusätzlich kann die Sortierung bei den Personenkonten gesteuert werden, entweder nach Kontonummern oder alphabetisch.

5. Datenerfassung mit verschiedenen Datenerfassungsgeräten

Der Datenträger ist ein Ergebnis der Datenerfassung und enthält die erfaßten Daten in verschlüsselter (codierter) Form. Die Daten, die darauf aufgezeichnet sind, werden meist über die Telefonleitung an das Rechenzentrum übermittelt. Wenn keine Datenfernverarbeitung möglich ist, wird der **Datenträger** an das **Rechenzentrum** zur Auswertung gesandt, damit die Daten im Rechenzentrum maschinell gelesen werden können.

Beim DATEV-Programm FIBU können alle gebräuchlichen Datenerfassungsgeräte, die allgemein für die EDV außer Haus in Frage kommen, **eingesetzt werden.** Einige Beispiele:

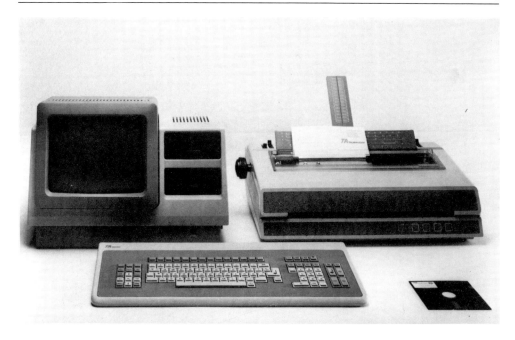

Die Unterschiede bei den verschiedenen Datenerfassungsmethoden ergeben sich aus den technischen Konstruktionen der Maschinen und aus der Art der verwendeten Datenträger.

Bei der Datenerfassung selbst kommt es neben der Kenntnis der Berichtigungsmethoden (Korrekturschlüssel, Stornierungen) vor allen Dingen darauf an, die Maschine richtig bedienen zu können. Dazu ist jedoch entweder Informationsmaterial des Maschinenherstellers notwendig, oder die von DATEV zur Verfügung gestellten Broschüren für die Datenerfassung sind heranzuziehen. Wir beschreiben die verschiedenen Gerätearten kurz. Auf die Maschinenbedienung gehen wir nicht ein.

Für die praktische Arbeit am Datenerfassungsgerät ist eine gründliche Einarbeitung unerläßlich. Hier gilt der Grundsatz: Übung macht den Meister.

5.1 DATEV-Verbundsystem, DATEV-Erfassungssysteme

In beiden Fällen handelt es sich um von Herstellern nach DATEV-Vorgabe entwickelte Geräte. Die modernen Erfassungssysteme haben als Datenträger eine Diskette, die älteren eine Magnetbandkassette. Datenfernübertragung ist in allen Fällen Standard. Es gibt aber auch die Möglichkeit, die Datenträger auch mit der Post zum Lesen an DATEV zu schicken.

Dem Anwender steht es im Rahmen des DATEV-Verbundssystems (DVS) bei den Verbundpro-grammen Jahresabschluß und Kanzleiorganisation frei, die Daten im DATEV-Rechenzentrum oder in seiner Kanzlei verarbeiten zu lassen. Die Vorteile der Zusammenarbeit mit einem er-fahrenen Großrechenzentrum können kombiniert werden mit den Vorteilen, die ein Personal-computer (PC) in der Steuerkanzlei mit seiner Eigenverarbeitung in bestimmten Fällen bieten kann. Die Verbundprogramme treten nicht in Konkurrenz zu den Rechenzentrumsprogram-men, sondern sie sind in diese integriert und bieten eine Erweiterung. Isolation und Informa-tionsdefizite, die sonst typisch sind für die Eigenverarbeitung, werden dadurch vermieden. Die einheitliche Ausrichtung der Programme nach den bekannten DATEV-Anwendungsregeln ge-währleistet eine unkomplizierte Einarbeitung.

Alle Geräte arbeiten elektronisch, sind also kleine Computer. Dies ermöglicht umfangreiche Erfassungsprogramme, die Fehler vermeiden helfen. Viele Plausibilitätsprüfungen, die bei me-chanischen Datenerfassungsgeräten nur das Programm im Rechenzentrum durchführen kann, werden vorweggenommen. Der Anwender wird dadurch auf Unstimmigkeiten aufmerksam ge-macht, und zahlreiche Fehlernachrichten können vermieden werden.

Die Magnetbandkassette, auf der die erfaßten Daten aufgezeichnet werden, besteht aus einer Kunststoffolie, die mit einem magnetisierbaren Material beschichtet ist. Im Prinzip arbeitet die Magnetbandkassette ähnlich wie die Musikkassette.

Eine Diskette ist eine kleine Scheibe, die prinzipiell mit einer Schallplatte verglichen werden kann.

Für die Datenfernverarbeitung, also für die Übertragung der Daten über die Telefonleitung zum Rechenzentrum, ist ein Modem notwendig. Der Modem hat die Funktion, die Gleich-stromimpulse, die von den Daten auf der Magnetbandkassette ausgelöst werden, in Wechsel-strom umzusetzen, damit die Daten über die Wählleitung, die nur die Übertragung von Wech-selstrom zuläßt, gesendet werden können. Die Veränderung der Stromfrequenz, die durch den Modem ausgelöst wird, bezeichnet man als Modulation. Am anderen Ende der Wählleitung (im Rechenzentrum) müssen die Daten für die Datenverarbeitung wieder demoduliert werden. Das Wort „Modem" ist eine Abkürzung für Modulator/Demodulator.

Das Arbeiten mit magnetischen Datenträgern erfordert eine **straffe Organisation beim Anwen-der,** der hier eine „Nebenstelle des Rechenzentrums" unterhält. Jeder Datenträger muß eine Nummer bekommen. Der Fachausdruck dafür ist „Initialisierung". Wenn die Daten auf dem Datenträger nicht mehr gebraucht werden, kann der Anwender den Datenträger wieder neu mit Daten beschreiben. Aus Sicherheitsgründen sollte jedoch jeder Datenträger erst nach ei-nem Monat überschrieben werden.

Mit den Datenträgern kann nicht nur das Finanzbuchführungsprogramm abgewickelt werden, sondern es gibt Erfassungsprogramme auch für die anderen DATEV-Anwendungen. Aus die-sem Grunde ergeben sich noch einige Besonderheiten. Zu Beginn der Datenerfassung muß der Anwender das Datenerfassungsprogramm in das Terminal einlesen. Bevor er dann jedoch die üblichen Daten des Vorlaufs eingibt, gibt er zur Kontrolle die Datenträgernummer an. An-schließend erfolgt die Programmwahl. Innerhalb des Erfassungsprogramms für die Finanzbuch-führung gibt es drei Programmvarianten, die den drei Vorlaufarten entsprechen. Bei der Pro-grammwahl wird festgelegt, ob Stammdaten, Bewegungsdaten oder Abrufvorläufe eingegeben werden sollen. Das Datenfernverarbeitungskennzeichen hat eine Bedeutung für die Rücküber-tragung von Auswertungsdaten (vom Rechenzentrum zum Anwender).

Zur Sicherheit muß der Anwender u. a. vor jeder Datenübertragung sein persönliches Kennwort eingeben, das vom Programm der Datenverarbeitungsanlage im Rechenzentrum geprüft wird.

Im Rahmen der Datenfernverarbeitung stehen dem Anwender drei Möglichkeiten offen:

Der Datenabruf,
die Datenrückübertragung und
die Dialog-Anwendungen.

Der Datenabruf betrifft die Übertragung von Daten vom Anwender zum Rechenzentrum. Das Rechenzentrum hat dafür bestimmte Übertragungszeiten festgelegt. Der Anwender kann sich nach seinem individuellen Datenanfall und den Verarbeitungsläufen im Rechenzentrum richten. Von besonderer Bedeutung ist dabei das von DATEV aufgebaute Netzwerk, das auch am Tag eine kostengünstige Übertragung in das Rechenzentrum ermöglicht. Zum Beispiel wählt der Anwender in Hamburg nicht die Nummer des DATEV-Rechenzentrums in Nürnberg, sondern die Telefonnummer der in Hamburg installierten Datensammeleinrichtung. (Vgl. dazu auch Kapitel 6.)

Die Datenrückübertragung betrifft den Weg vom Rechenzentrum zurück zum Anwender. Dabei kann gewählt werden, von welchen Auswertungen die Daten über die Telefonleitung gesandt und auf einem magnetischen Datenträger im Terminal gespeichert werden sollen. Dies wird in den Mandanten-Programmdaten III, die wir in diesem Buch nicht ausführlich behandelt haben, festgelegt. Es empfiehlt sich jedoch, die enormen Druckgeschwindigkeiten der Schnelldrucker im Rechenzentrum auszunutzen, und nur zeitkritische Auswertungen über die Telefonleitung zurücksenden zu lassen.

Zu den Dialog-Anwendungen gehören die Steuerrechtsdatenbank der DATEV (die in diesem Buch nicht behandelt werden kann) und das Bilanz-Dialog-Programm. Während des Dialogs kann der Anwender mit seinem „kleinen Terminal" praktisch über den angeschlossenen Großrechner im Rechenzentrum verfügen. (Vgl. Kap. 4.7.8.)

5.2 Lochstreifen

Die Lochstreifen enthalten, wie der Begriff schon andeutet, die Daten in gelochter Form. **Jeder Buchstabe, jede Ziffer und die Sonderzeichen werden in einer Reihe von Lochungen quer zur Streifenrichtung dargestellt.** Es gibt verschiedene Verschlüsselungen. Die Art der Verschlüsselung bezeichnet man in der „Fachsprache" als „Code". Bei der Datenverarbeitung außer Haus werden meist Lochstreifen mit bis zu maximal sechs oder acht Löchern pro Reihe eingesetzt. Aufgrund dieser maximalen Anzahl von Lochungen spricht man auch von 6- und 8-Kanal-Lochstreifen.

Beim fotoelektrischen Lesen im Rechenzentrum wird der Lochstreifen mit sehr hoher Geschwindigkeit durch den Lesekopf des Lesegerätes geführt. Im Lesekopf sind Fotozellen angebracht. Durch die Löcher des Lochstreifens fällt ein Lichtstrahl, der in Verbindung mit den Fotozellen einen elektrischen Impuls auslöst. Dieser wird auf einem Magnetband gespeichert. Die Daten des Lochstreifens werden auf das Magnetband geschrieben. Bei diesem Verfahren werden bis zu 2000 Zeichen in der Sekunde vom Lochstreifen auf das Magnetband übertragen. Nach dem Lesevorgang haben die Lochstreifen ihre Funktion als Datenträger erfüllt. Sie werden bei DATEV noch ca. 6 Wochen aufbewahrt, damit man bei evtl. Rückfragen auf die Datenträger zurückgreifen kann. Rückfragen gibt es, wenn aufgrund der technischen Verfahren, beim Erstellen des Lochstreifens oder beim Lesen des Lochstreifens, Fehler entstanden sind.

5.3 Klarschrift

Im Gegensatz zu den Lochungen eines Lochstreifens (Lochschrift) werden Handschriften oder Druckschriften als Klarschrift bezeichnet. In der Datenverarbeitung versteht man unter Klarschrift aber nur eine bestimmte maschinenlesbare (genormte) Schrift.

Als Datenträger dienen beim Klarschriftverfahren entweder Klarschriftstreifen oder Klarschriftbelege. In beiden Fällen wird zum Lesen dieser Datenträger im Rechenzentrum ein Klarschriftleser eingesetzt. Klarschriftstreifen dürfen bei DATEV nur numerische Zeichen und Sonderzeichen enthalten. Klarschriftbelege können mit alphanumerischen Zeichen beschrieben werden.

Beim Lesen tasten optische Leser die genormte Schrift ab. Die einzelnen Zeichen werden mittels Reflexionsverfahren im Hell-Dunkel-Unterschied erkannt und auf einem Magnetband gespeichert.

Dieses Verfahren ist nicht weit verbreitet. Bei DATEV kommt es praktisch nicht mehr vor. Wir verzichten deshalb auf Beispiele.

5.4 Eingabebeispiele

Am Beispiel der Datenerfassung mit einem modernen Terminal (Magnetbandkassette oder Diskette) zeigen wir in diesem Kapitel die Eingabe von:

Mandanten-Adreßdaten
Mandanten-Programmdaten
Kontenbeschriftungen
Kassenbuchungen
Abruf einer HÜ

Mandanten-Adreßdaten

Vorlage für die Datenerfassung

Kontrollzahl	Berater-Nr.	Mandant	Abr.-Nr.	Jahr
5 0 0 0	5 1 0 0	1 0 0	9 9 0 1	8 4

Ersteingabe/Änderung

101	1	1 = Ersteingabe 2 = Änderung

gültig ab Buchungsjahr

102		nur bei Änderung

Name   (15 Stellen)

103	M U S T E R F A L L

Name   (25 Stellen)

104	M U S T E R F A L L G M B H U . C O K G

Postleitzahl

105	8 5 0 0

Ort   (20 Stellen)

106	N U E R N B E R G

Straße   (20 Stellen)

107	P A U M G A R T N E S T R . 6

Länderschlüssel

108	0 2	01 = Baden-Württemberg 02 = Bayern 03 = Berlin 04 = Bremen	05 = Hamburg 06 = Hessen 07 = Niedersachsen 08 = Nordrhein-Westfalen	09 = Rheinland-Pfalz 10 = Saarland 11 = Schleswig-Holstein 30 = Nordbaden 31 = Bremerhaven

Art des Unternehmens   (25 Stellen)

109	

Branchenschlüssel

110	9 1 2 3 4 5

Gesellschaftsform

111	1 0	1 = Einzelfirma 2 = OHG 3 = KG 4 = GmbH 5 = AG	6 = KG a. A. 7 = Bergrechtliche Gewerkschaft 8 = Genossenschaft 9 = BGB-Gesellschaft 10 = GmbH & Co. KG

Vollhaftende Gesellschafter

112	

Nationalitätskennzeichen/Auslands-Postleitzahl

113	

Anzahl Protokolle

114	2

Kennwort Datenträgeraustausch

115	H U G O

4

Mandanten-Programmdaten
Vorlage für die Datenerfassung

FIBU

Magnetb.-Nr.	Anw.-Nr.	DFV	Kontrollzahl	Berater-Nr.	Mandant	Abr.-Nr.	Jahr
A 2 0	1 3	E G	5 0 0 0	5 1 0 0	1 0 0	7 1	8 4

I. MINDESTANGABEN

bei jeder Eingabe

Ersteingabe/Änderung
101 | 1
1 = Ersteingabe
2 = Änderung

erstmalig

UStA-Schlüssel
102 | 0

A = keine Umsatzsteuerrechnung   G = Soll-Verst. + UStVA monatlich
B = Soll-Versteuerung + UStVA   H = Ist-Verst. + UStVA monatlich
C = Soll-Versteuerung ohne UStVA   K = Soll-Verst. + UStVA vierteljährlich
D = Ist-Versteuerung + UStVA   L = Ist-Verst. + UStVA vierteljährlich
E = Ist-Versteuerung ohne UStVA

Spezialkontenrahmen (SKR)
103 | 0 1
01 = DATEV-Kontenrahmen SKR 01
02 = DATEV-Kontenrahmen SKR 02 mit Konten für aktienr. Abschluß
Weitere Kontenrahmen siehe Fachnachricht FIBU

bei abweichendem Wirtschaftsjahr

Beginn abweichendes Wirtschaftsjahr
110 |
nur eingeben, wenn
Wirtschaftsjahr nicht
mit dem Kalenderjahr übereinstimmt
→ Tag (01)
→ Monat
(immer 2stellig)

II. UMSATZBESTEUERUNG

Finanzamtsangaben

Finanzamts-Nr.
112 | 9 2 4 0
lt. amtlichem Verzeichnis
siehe im Anhang Fachnachricht FIBU

Steuernummer
113 | 1 2 3 1 2 3 4
Eingabe mit Sonderzeichen möglich

Steuerabzugsbetrag Kleinunternehmer (UStVA Kennzahl 32)
114 |
0 = nein/Aufhebung
Prozentsatz 01 bis 80 möglich siehe Tabelle Fachnachricht FIBU

Verrechnungsscheck zur Umsatzsteuer-Voranmeldung

Scheck zur Umsatzsteuer-Voranmeldung
115 |
0 = nein/Aufhebung
1 = ja

Bankleitzahl
116 |

Konto-Nummer
117 |

Scheck mit Ausstellungsort und Name
118 |
0 = nein/Aufhebung
1 = Ausdruck Ausstellungsort und Name des Ausstellers auf Scheck

Kassenfinanzamts-Nr.
119 |
Anschrift auf dem UStVA-Verrechnungsscheck, wenn Veranlagungs-
finanzamt und Kassenfinanzamt nicht identisch

Datenträgeraustausch mit der Finanzverwaltung

UStVA-Fristverlängerung beim Datenträgeraustausch
130 |
0 = nein/Aufhebung
1 = ja

UStVA-Datenträgeraustausch
131 | 1 H U G O
→ Kennwort zum Datenträgeraustausch wie Kennziffer 115 der MAD
→ 0 = nein/Aufhebung
1 = Einverständnis zur Datenübermittlung an die Finanzverwaltung

3   − 1 −

185

III. KONTENRAHMEN/KONTENAUSGABE

Kontenbeschriftung

Kanzlei-Kontenbeschriftung für Kanzlei-Kontenrahmen
`107` `[ ]`
0 = nein/Aufhebung
1 = ja (Eingabe mit Abr.-Nr. 98 JJ)

Übernahme Debitoren-/Kreditoren-Beschriftung nach OPOS
`240` `[ ]`
0 = nein/Aufhebung
1 = ja

Kontenfunktionen

Eingabe individueller Funktionen
`204` `[0|1]`
0 = nein/Aufhebung
1 = ja
→ Kanzlei-Funktion
→ Individuelle Funktion

Kontenausgabe

Verdichtung von Buchungszeilen auf Konten
`108` `[1|0|0]`
0 = nein/Aufhebung
1 = Verdichtung monatlich bzw. pro Einreichung
2 = Verdichtung tageweise
→ Geldkonten
→ Wareneinkauf
→ Warenverkauf

Kontenausgabe monatlich (Wartebuchhaltung monatlich)
`201` `[1]`
0 = nein/Aufhebung
1 = ja (monatliche automatische Ausgabe)

Kontenausgabe durch Abruf
`202` `[1|1|1]`
0 = nein (Füllnull)
1 = **zusätzlich** durch Abruf (Wartebuchhaltung jährlich)
2 = **nur** durch Abruf
→ Sachkonten
→ Debitoren
→ Kreditoren

Ausgabe von Konten auf Papier
`327` `[2|1|1]`
0 = nein/Aufhebung
1 = einfach → autom. Schlüsselung
2 = zweifach bis
9 = neunfach
→ Sachkonten
→ Debitoren
→ Kreditoren

Ausgabe von Konten auf Mikrofilm
`337` `[1|1|1]`
0 = nein/Aufhebung
1 = einfach
2 = zweifach bis
9 = neunfach
→ Sachkonten
→ Debitoren
→ Kreditoren

IV. GRUNDAUSWERTUNGEN

Journal

Rückübertragung Journal
`304` `[ | ]`
0 = nein/Aufhebung
1 = ja
→ Fehlerprotokoll
→ Umsatzsteuerwerte

Summen- und Saldenliste

Inhalt Summen- und Saldenliste
`111` `[ | | ]`
0 = Ausdruck aller bebuchten Konten
1 = Unterdrückung der ausgegl. und nicht bewegten Konten
2 = Ausdruck aller bebuchten und/oder ind. beschrifteten Konten
→ Sachkonten
→ Debitoren
→ Kreditoren

Rückübertragung Summen- und Saldenliste
`316` `[ | | ]`
0 = nein/Aufhebung
1 = ja
→ Sachkonten
→ Debitoren
→ Kreditoren

Anzahl der Auswertungen auf Summen- und Saldenlistenpapier
`326` `[2]`
1 = einfach (nur Original) → automatische Schlüsselung
2 = zweifach (Original + Duplikat)

V. BUCHUNGSVEREINFACHUNG

Wiederkehrende Buchungen
`203` `[ ]`
0 = nein/Aufhebung
1 = Wiederk. Buchungen ohne Ergänzung der Beleg-Nr. beim Abruf
2 = Wiederk. Buchungen mit Ergänzung der Beleg-Nr. beim Abruf

– 2 –

186

VI. BETRIEBSWIRTSCHAFTLICHE AUSWERTUNGEN (BWA)

Standard-BWA
Individuelle BWA
Kanzlei-BWA

BWA-Form
01 = DATEV-BWA
02 = KER nach G. u.V. in
    Staffelform/4/3-Rechnung
03 = IfH-BWA
20 = Handwerks-BWA
30 = BAE
70 = Hotel- u. Gaststätten-BWA
90 = Gartenbau-BWA
99 = Löschen

Wareneinsatz
KG 2 = Wareneinkauf
KG 3 = Wareneinkauf
KG 4 = Umbuchung
KG 6 = Umbuchung
KG 7 = Umbuchung
%-Satz
(z. B. 62,5 % = 625)
BWA = individuelle BWA
KAN = Kanzlei-BWA

BWA-Zeitraum
0 = je Einreichung
1 = monatlich mit automatischer
    Speicherung einschließlich
    Vergleichs-BWA
2 = monatlich ohne
    automatische Speicherung
9 = Löschen Speicher

	BWA-Form		Wareneinsatz		BWA-Zeitraum	
BWA-Nr. 01	104	01	105	KG 4	106	1
BWA-Nr. 02	210		211		212	
BWA-Nr. 03	213		214		215	
BWA-Nr. 04	216		217		218	
BWA-Nr. 05	219		220		221	
BWA-Nr. 06	222		223		224	
BWA-Nr. 07	225		226		227	
BWA-Nr. 08	228		229		230	
BWA-Nr. 09	231		232		233	
BWA-Nr. 10	234		235		236	

BWA-Chefübersichten

Chefübersichten

328	0 1 1 1 1 1	328	0 2	328	0 3
328		328		328	

BWA-Nummer
01 – 10

→ Jahresübersicht
→ Entwicklungsübersicht
→ Vergleichsanalyse Vorjahr
→ Vergleichsanalyse Vorgabe

0 = nein/Aufhebung
1 = Werte in TSD
2 = Werte ab
    DM 100,00 in TSD

BWA-Graphiken

Standardgraphiken

330	0 1 1 1	330	0 2	330	0 3
330		330		330	

BWA-Nummer
01 – 10

→ Entwicklungsübersicht
→ Vergleich mon. und kum.

0 = nein/Aufhebung
1 = monatlich
2 = vierteljährlich

Individuelle Graphiken

331	0 1	331	0 2	331	0 3
331		331		331	

BWA-Nummer
01 – 10

→ Liniendiagramm
→ Balkendiagramm

0 = nein/Aufhebung
1 = monatlich
2 = vierteljährlich

Rückübertragung

Rückübertragung BWA

305	

mit Ausnahme der
BWA-Graphiken

0 = nein/Aufhebung
1 = ja

Datenübermittlung

BWA-Datenübermittlung BMW AG

140	

→ Kennwort zum Datenträgeraustausch wie Kennziffer 115 der MAD
→ 0 = nein/Aufhebung
    1 = Einverständnis zur Datenübermittlung an die BMW AG

BWA-Datenübermittlung IfH

141	

→ Kennwort zum Datenträgeraustausch wie Kennziffer 115 der MAD
→ 0 = nein/Aufhebung
    1 = Einverständnis zur Datenübermittlung an das IfH

– 3 –

VII. JAHRESABSCHLUSS

Auswertungen

Individuelle Bilanz

| 205 | ☐☐ |

0 = nein/Aufhebung
1 = ja

→ Kanzlei-Bilanz
→ Individuelle Bilanz

Gewinnermittlung nach § 4/3 EStG

| 207 | ☐☐☐ |

siehe Fachnachricht Gewinnermittlung nach § 4/3 EStG
(Art.-Nr. 11074)

→ Individuell
→ Kanzlei
→ Standard

Anlagenspiegel

| 208 | ☐☐☐ |

siehe Fachnachricht
Anlagenspiegel
(Art.-Nr. 10119)

→ Individuell
→ Kanzlei
→ Standard

Mehrjahresbilanzvergleich

| 209 | 1 |

1 = zusätzliche Speicherung ab 4. Buchungsjahr
9 = Löschung

Bilanzgestaltung

Schriftart Bilanz

| 250 | 2 |

1 = Schriftart Gotik → automatische Schlüsselung
2 = Schriftart Text

Deckblatt Bilanz

| 251 | 5 |

1 = Deckblatt Nr. 1 bis → automatische Schlüsselung
5 = Deckblatt Nr. 5

Rückübertragung

Rückübertragung Hauptabschlußübersicht

| 301 | ☐ |

0 = nein/Aufhebung
1 = ja

Rückübertragung Bilanzübersicht

| 302 | ☐ |

0 = nein/Aufhebung
1 = ja

Rückübertragung Bilanz

| 303 | ☐ |

0 = nein/Aufhebung
1 = ja

Rückübertragung Gewinnermittlung nach § 4/3 EStG

| 311 | ☐ |

0 = nein/Aufhebung
1 = ja

Rückübertragung HÜ-Werte für MBK-Bilanz

| 312 | ☐ |

0 = nein/Aufhebung
1 = ja

Rückübertragung Mehrjahresbilanzvergleich

| 313 | ☐ |

0 = nein/Aufhebung
1 = ja

Rückübertragung Anlagenspiegel

| 314 | ☐ |

0 = nein/Aufhebung
1 = ja

Kontenbeschriftungen

Vorlage für die Datenerfassung

FIBU

Kontrollzahl	Berater-Nr.	Mandant	Abr.-Nr	Jahr	bei Kanzleikontenrahmen lautet die Abr.-Nr. 98
5000	5100	100	99	84	

Konto-Nr	Bezeichnung (20 Stellen)	Korr./Verd.
311	PKW N-AM 246	
1200	SPARKASSE NBG.	
2627	ERH. SKONTI 14% MWST	1
11212	MEIER KARL	
73421	MUELLER FRANZ	

KASSE

Mandanten-Nr. _100_ **Monat** _JUNI_ **19** _84_ **Kto.-Nr.** _1000_ **Blatt-Nr.** _1_

	Einnahmen	Ausgaben	Bestand	Storno	USt. K	Gegen-Kto. Nr.	Rechn.-Nr.	Beleg-Nr.	Beleg Datum	Kosten-stelle	USt.-Satz	Text	Skonto
1	473 79		473 79			9800			206				
2		5020				904500	1				14%		
3		600				904500	2				14%		
4	100000					1360	3			3			
5		1795				804940	4				7%	Fachzeitschrift	
6		6000				604920	5			5		Briefmarken	
7		2200				804990	6						
8		75000				1900	7						
9	147379	90615	56764										

Kontenbeschriftungen

Vorlage für die Datenerfassung

PRIMA-NOTA

Übertrag	Magnet-band-Nr.	Anw.	DFV	Kontr.-Zahl	Berater	Mandant	Abr.-Nr./Jahr	Datum von	Datum bis	PN-Blatt	Kennwort (Password)
	A20	13	EG	5000	5100	100	990184			OO	

Umsatz Soll	Haben	SU	Gegen-konto	Belegfeld 1	Belegfeld 2	Datum Tag Monat	Konto	Kosten-stelle 1	Kosten-stelle 2	Skonto	Text 15 20 25 30
										101	1
										103	Musterfall
										104	Musterfall GMBH U. CO KG
										105	8500
										106	NUERNBERG
										107	Paumgartnerstr. 6
										108	02
										110	912345
										111	10
										114	2
										115	HUGO
		ME*									

PRIMA-NOTA

Übertrag	Magnet-band-Nr.	Anw.	DFV	Kontr.-Zahl	Berater	Mandant	Abr.-Nr./Jahr	Datum von	Datum bis	PN-Blatt	Kennwort (Password)
	A20	13	EG	5000	5100	100	7184			00	

Umsatz Soll	Haben	SU	Gegen-konto	Belegfeld 1	Belegfeld 2	Datum Tag Monat	Konto	Kosten-stelle 1	Kosten-stelle 2	Skonto	Text 15 20 25 30
										101	1
										102	B
										103	01
										112	9240
										113	1231234
										131	1HUGO
										204	1
										108	100
										201	1
										202	111
										327	211
										337	111
										326	2
										104	01
										105	KG4
										106	1
										328	011111
										330	0111
										209	1
										250	2
										251	5
		ME*									

PRIMA-NOTA

Übertrag	Magnet-band-Nr.	Anw.	DFV	Kontr.-Zahl	Berater	Mandant	Abr.-Nr./Jahr	Datum von	Datum bis	PN-Blatt	Kennwort (Password)
	A20	13	EG	5000	5100	100	9984			00	

Umsatz		SU	Gegen-konto	Belegfeld 1	Belegfeld 2	Datum	Konto	Kosten-stelle 1	Kosten-stelle 2	Skonto	Text			
Soll	Haben					Tag Monat						15	20	25	30
									1	311	PKW N–AM 246			
										1200	SPARKASSE NBG.			
										2627	ERH. SKONTI 14% MWST			
										11212	MEIER KARL			
										73421	MUELLER FRANZ			
		ME	*											

PRIMA-NOTA

Übertrag	Magnet-band-Nr.	Anw.	DFV	Kontr.-Zahl	Berater	Mandant	Abr.-Nr./Jahr	Datum von	Datum bis	PN-Blatt	Kennwort (Password)
	A20	11	EG	5000	5100	100	684	1. 06. 84	30. 06. 84	01	

Umsatz		SU	Gegen-konto	Belegfeld 1	Belegfeld 2	Datum	Konto	Kosten-stelle 1	Kosten-stelle 2	Skonto	Text			
Soll	Haben					Tag Monat						15	20	25	30
	473,79 +		9800			2. 06.	1000							
	50,20 –		904500	1							14%			
	6,00 –		904500	2							14%			
1.000,00 +			1360	3		3. 06.								
	17,95 –		804940	4							7% FACHZEITSCHRIFT			
	60,00 –		604920	5		5. 06.					BRIEFMARKEN			
	22,00 –		804990	6										
	750,00 –		1900	7										
E	567,64 +													

PRIMA-NOTA

Übertrag	Magnet-band-Nr.	Anw.	DFV	Kontr.-Zahl	Berater	Mandant	Abr.-Nr./Jahr	Datum von	Datum bis	PN-Blatt	Kennwort (Password)
	A20	12	EG	5000	5100	100	10484	1			

Umsatz		SU	Gegen-konto	Belegfeld 1	Belegfeld 2	Datum	Konto	Kosten-stelle 1	Kosten-stelle 2	Skonto	Text			
Soll	Haben					Tag Monat						15	20	25	30

6. Organisation und Technik im Rechenzentrum

Für den Anwender ist es wichtig, daß er vom Rechenzentrum die eingereichten Daten ordnungsgemäß ausgewertet zurückerhält. Was im Rechenzentrum vom Eingang der Datenträger bis zum Versand der Auswertungen geschieht, ist für den Anwender nur von informatorischem Interesse. Schließlich ist es ein Vorteil des DATEV-Systems, daß sich der Anwender nicht um technische Dinge zu kümmern braucht. Wir gehen deshalb auf den Arbeitsablauf im Rechenzentrum nur kurz ein.

Im Rechenzentrum finden täglich zwei Verarbeitungsläufe des Finanzbuchführungsprogramms statt. Die Daten für diese beiden Programmläufe gehen entweder über das Telefonnetz, also über die Datenfernübertragung, oder auf dem Postweg ein.

Während die Daten, die mittels Datenfernübertragung an DATEV gesandt werden, sofort zur Verarbeitung bereitgestellt werden können, müssen die körperlichen Datenträger, wie z. B. die Lochstreifen oder die Magnetbandkassetten, erst gelesen werden. Der Fachmann sagt auch konvertieren zu diesem Vorgang, denn die Daten werden mit Hilfe eines Lesegerätes auf ein großes Magnetband übertragen. Dieses Magnetband wird dann zur Datenverarbeitungsanlage gebracht und steht dann für die Verarbeitung zur Verfügung.

Bei der Datenverarbeitung kennt man verschiedene Verfahren, zwei davon sind die Real-Time-Verarbeitung (Echtzeit oder Sofortverarbeitung) und die Stapelverarbeitung.

Von **Real-Time-Verarbeitung** spricht man, **wenn die Daten von einem Terminal an die Datenverarbeitungsanlage gesendet und dort sofort (unmittelbar) verarbeitet werden.** Das Ergebnis der Datenverarbeitung wird dann zum Terminal zurückübertragen, ohne daß die Datenübertragungsleitung zwischen dem Terminal des Anwenders und dem Rechenzentrum unterbrochen wird. Ein Beispiel für die Real-Time-Verarbeitung ist die Anwendung der DATEV-Steuerrechtsdatenbank.

Das DATEV-Mitglied formuliert und sendet seine Anfragen zum Steuerrecht über das Terminal, wobei das Terminal direkt mit dem DATEV-Computer verbunden ist. Die Antwort erfolgt sofort. Sie wird von der Datenverarbeitungsanlage über die Wählleitung an das Terminal gesendet und dort am Bildschirm angezeigt oder gedruckt. Bei Bedarf erfolgt nun (ohne daß die Wählleitung unterbrochen wird) eine neue, genauere Anfrage an das Datenbanksystem, die ebenfalls wieder sofort beantwortet wird. Wegen des gegenseitigen Datenaustausches spricht man auch vom „Dialogverkehr". Bei ein- und ausgabeintensiven Programmen, wie z. B. dem DATEV-Finanzbuchführungsprogramm, bietet sich die Real-Time-Verarbeitung wegen der zu langen Leitungsbelegung nicht an.

Beim DATEV-Finanzbuchführungsprogramm kommt deshalb die **Stapelverarbeitung** (Batch-Processing) zur Anwendung. Dabei werden die an das Rechenzentrum über die Datenübertragungsleitung gesendeten Daten nicht sofort verarbeitet, sondern zunächst „gestapelt" (gemeint ist damit zwischengespeichert). Die Datenverarbeitung und die Rücksendung des Ergebnisses (der Auswertungen) erfolgen später, also nicht unmittelbar nach der Übermittlung der Daten des Anwenders. Im Gegensatz zum Real-Time-Verfahren wird nach dem Übertragen der Daten vom Terminal des Anwenders zur EDV-Anlage die Telefonverbindung abgebrochen.

Für die sehr zeitkritische Bilanzerstellung stehen neben einem Batch-Programm auch ein Dialogprogramm und ein Verbundprogramm zur Verfügung. Mit Hilfe des letzteren Programms kann die Bilanz, aufbauend auf Daten, die vom Rechenzentrum an das Verbundsystem (Terminal) zurückgesandt wurden, ohne Verbindung zum Rechenzentrum entwickelt werden.

Die technischen Voraussetzungen, die der Anwender schaffen muß, um an der Datenfernverarbeitung teilzunehmen, haben wir im Kapitel 5 besprochen. Im Rechenzentrum der DATEV finden wir ähnliche Vorrichtungen wie beim Anwender. **Vor der eigentlichen Datenverarbeitungsanlage ist eine Datenfernverarbeitungssteuereinheit angeschlossen mit der Aufgabe, das Leitungsnetz zu kontrollieren und zu steuern.** Zwischen Datenfernverarbeitungssteuereinheit und Telefon ist ein Modem geschaltet.

Die Datensammeleinrichtungen, die DATEV in vielen Städten der Bundesrepublik installiert hat, machen die Datenfernübertragung zu jeder Tageszeit wirtschaftlich. Der Anwender braucht nicht mehr die Telefonnummer des Rechenzentrums in Nürnberg anzurufen, sondern die Telefonnummer der Datensammeleinrichtung. Von der Datensammeleinrichtung ist dann eine sogenannte Standleitung zum Rechenzentrum geschaltet. Als Datensammeleinrichtung finden sogenannte Konzentratoren oder Multiplexer Verwendung. Auf die technischen Unterschiede zwischen beiden Geräten gehen wir hier nicht ein. Im wesentlichen werden die Daten der Anwender von den Datensammeleinrichtungen mit großer Geschwindigkeit gebündelt zum Rechenzentrum übertragen.

Die folgende Abbildung zeigt die technischen Einrichtungen für die Abwicklung der Datenfernverarbeitung in einer Skizze. Die gegebenenfalls zwischengeschaltete Datensammeleinrichtung ist dabei nicht berücksichtigt. (AAE = Automatische-Antwort-Einheit, die für einen automatischen Nachtabruf vom Rechenzentrum zum Terminal des Anwenders gebraucht wird.)

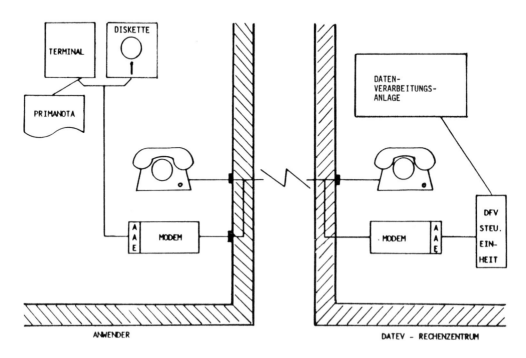

Die Verarbeitung aller Buchführungsdaten beginnt mit einem **Sortierprogramm**. Die Abrechnungsnummern werden in die richtige Reihenfolge gebracht, z. B. werden die Stammdaten vor die Bewegungsdaten sortiert. Dies ist notwendig, weil die Stammdaten bei den Bewegungsdaten bereits berücksichtigt werden müssen.

Die vom Sortierprogramm herausgesuchten Stammdaten werden von einem Stammdatenprüfprogramm verarbeitet, das auch die Speicherung der Stammdaten auf Magnetplatten veranlaßt. Die Bewegungsdaten, die in die richtige Reihenfolge sortiert wurden, gelangen zu einem Journal- und Prüfprogramm. Vom Journal- und Prüfprogramm werden verschiedene Plausibilitätsprüfungen, auf die wir ausführlich eingegangen sind, durchgeführt. Das Journal- und Prüfprogramm verhindert, daß fehlerhafte Daten auf den Konten verbucht werden. Die vom Journal- und Prüfprogramm als richtig erkannten Buchungen werden anschließend vom eigentlichen Verbuchungsprogramm bearbeitet. Dabei sortiert das Programm die Buchungen so, daß sie auf den Konten nacheinander durchgeführt werden können, also nach Kontonummer, Datum und Belegnummer.

Beim Journal- und Prüfprogramm werden die Daten für die Ausgabe des Journals auf Mikrofilm erzeugt. Das Sortierungs- und Verbuchungsprogramm beschreibt die Ausgabedateien für den Kontendruck, für die Summen- und Saldenliste einschließlich der Betriebswirtschaftlichen Auswertungen und für die Umsatzsteuervoranmeldung.

Beim Druck werden die meisten Unterlagen bereits automatisch nach Mitgliedsnummern, also nach Anwendern getrennt. Soweit unterschiedliche Listen anfallen, werden diese in der Versandabteilung zu Auswertungseinheiten zusammengeführt. Eine wichtige Funktion der Versandabteilung ist außerdem die Kontrolle, ob alle Unterlagen vollständig sind. Anschließend werden die Auswertungen verpackt und an das Mitglied gesandt. Der Durchlauf der Daten vom Eingang im Rechenzentrum bis zum Versand beträgt beim Programm Finanzbuchführung einen Tag oder zwei Tage.

Anhang

1. Tabelle für Abrechnungsnummern

Finanzbuchführung

Eingabe	Abr.-Nr. 1)	Datum von	Datum bis	Vor-lauf-art 2)	Anw.-Nr. 3)	Nach dem Vorlauf folgen: Buchungssätze/ Stammsätze
I. Stammdaten Mandanten-Programm-daten	71JJ	–	–	K	13	Stammsätze
Individuelle Umsatzsteuerschlüssel	86JJ	–	–	K	13	Stammsätze
Individuelle Zusatzfunktionen	87JJ	–	–	K	13	Stammsätze
Passivfunktionen, Allgemeine Funktionen	88JJ	–	–	K	13	Stammsätze
Aktivfunktionen	89JJ	–	–	K	13	Stammsätze
Kanzlei-Konten-beschriftung	98JJ	–	–	K	13	Stammsätze
Individuelle Kontenbeschriftung	99JJ	–	–	K	13	Stammsätze
II. Laufende Erfassung Abr.-Nrn. für die Erfassung der Buchungssätze sind pro Mandant und Wirtschaftsjahr auf-steigend und lückenlos zu vergeben.	1JJ bis 69JJ	Beginn des Buchungszeitraumes T T M M J J	Ende des Buchungszeitraumes T T M M J J	V	11	Buchungssätze
Ist die Abr.-Nr. 69JJ erreicht, weiter in einer Einreichung mit 1001JJ, 1002JJ usw.	1001JJ bis 1069JJ	wie Abr.-Nrn. 1JJ–69JJ	wie Abr.-Nrn. 1JJ–69JJ	V	11	Buchungssätze
Eingabe wieder-kehrender Buchungen	85JJ	Tag der Abspeiche-rung der Buchungen ☐☐ 1–31	Tag der Abspeiche-rung der Buchungen ☐☐ 1–31	V	11	Buchungssätze
III. Abrufe Übernahme von Daten aus LOHN, SBI und BILOG	70JJ	–		K	13	(Stammsätze)
Funktionsplan durch Abruf	90JJ	☐ 1 = alle individuellen Funktionen 2 = alle SKR-Funktionen		A	12	–
Kontenzuordnungsliste nach SKR 01 und SKR 02	91JJ	☐ Anzahl 1–9 BWA-Wareneinsatz für Vergleichs-BWA (Form 01): Umspeicherung in Zeile 406 = 1		A	12	–
Verarbeitung wiederkehrender Buchungen	95JJ	T T M M J J unter dem Abruftag müssen wiederkehrende Buchungen mit der Abr.-Nr. 85JJ gespeichert sein		A	12	–

Finanzbuchführung

Eingabe	Abr.-Nr. 1)	Datum von	Datum bis	Vor-lauf-art 2)	Anw.-Nr. 3)	Nach dem Vorlauf folgen: Buchungssätze/ Stammsätze
Mandantenliste Nach Finanzämtern sortiert	101JJ	`0` = komplette Liste (einfach) oder: ⊢Anzahl 1–9 1 = Blattwechsel je FA FA-Nummer 0 = kein Blattwechsel		A	12	–
Kontenabruf bei Warte-buchhaltung (KZ 202) WB-jährlich, Konten nur auf Abruf – Daten bleiben gespeichert – nur Jahresverkehrs-zahlen bleiben gespeichert – Speicher wird gelöscht	105JJ 106JJ 107JJ	Kontenauswahl 1 = Sachkonten Anzahl auf Papier 1–9 2 = Debitorenkonten 3 = Sach- u. Debitorenkonten 4 = Kreditorenkonten Anzahl auf Mikrofiche 1–9 5 = Sach- u. Kreditorenkonten 6 = Debitoren- und Kreditorenkonten 7 = alle Konten		A	12	–
Antrag auf Dauerfrist-verlängerung; Anmeldung der Sondervorauszahlung	4) 108JJ	Ende des Wirtschaftsjahres `3 1 1 2 J J`		A	12	–
Kontenplan	109JJ	⊢ Anzahl 1–9 Kontenauswahl: 0 = alle Kon-ten sonst wie Abr.-Nr. 105JJ alphab. Sortierung der Personen-konten = 1 alle SKR-Beschriftungen = 1		A	12	–
Jahreszusammen-stellung der USt-Werte	128JJ	⊢ Anzahl 1–9 Rückübertragung = 1		A	12	–
Umsatzsteuer Verprobung (UStVP)	135JJ	–		K	13	–
Übernahme Personen-kontenbeschriftung nach OPOS	195JJ	`0` = alle Beschriftungen oder **Schlüssel** „**1**" für jeweilige Gruppenkennziffer `9 8 7 6 5 4 3 2 1`		A	12	–
IV. Jahresübernahme Übernahme von Kanzlei-stammdaten (Mand.-Nr. = 0)	5) 81JJ	⊢ 1 = Übernahme aller Stammdaten 9 = keine Übernahme		A	12	–
Übernahme der Man-dantenstammdaten für FIBU, OPOS, KOST	5) 81JJ	`0` = Übernahme aller Stammdaten oder: Auswahl bestimmter Daten mit fünfstelligem Schlüssel (siehe FN-FIBU)		A	12	–

Finanzbuchführung

Eingabe	Abr.-Nr. 1)	Datum von	Datum bis	Vor- lauf- art 2)	Anw.- Nr. 3)	Nach dem Vorlauf folgen: Buchungssätze/ Stammsätze
Übernahme Salden der Personenkonten	5) 94JJ	**Schlüssel „1"** für die zu über- nehmende Kontengruppe (sonst „0") Kontengruppen: 9 8 7 6 5 4 3 2 1 Übernahme aller Salden = neunmal „1"		A	12	–
Übernahme Salden der Sachkonten	5) 96JJ	Kontenbereich Konto „von" Konto „bis" (immer vierstellig) Nur Konten übernehmen, die zur Bildung von Bilanzpositionen herangezogen werden		A	12	–

1) Die Abrechnungsnummern sind mit dem Buchungsjahr zu kombinieren.
2) K = Kurzvorlauf, A = Abrufvorlauf, V = Vollvorlauf
3) Die Anwendungsnummer muß bei der Terminalerfassung angegeben werden.
4) Vorangegangenes Wirtschaftsjahr
5) Jahr, in das die Daten übernommen werden sollen

2. Kleines EDV-Lexikon

Auswertung

Mit Auswertung bezeichnet man das Ergebnis der Datenverarbeitung oder das eigentliche Verarbeiten der Daten.

COM

COM ist die Abkürzung für Computer-Output-on-Mikrofilm. Man versteht darunter eine bestimmte Mikrofilmtechnik. Beim COM-Verfahren erfolgt die Verfilmung „vom Magnetband weg". In der COM-Anlage wird eine ganze auszugebende Seite auf einem Bildschirm aufgezeigt. Dieser wird mit einer Kamera fotografiert und auf einem → Mikrofilm gespeichert. Wenn der Film entwickelt ist, kann er mit einem → Mikrofilmlesegerät gelesen werden.

Computer

Siehe → Datenverarbeitungsanlage, elektronische.

Daten

In der EDV versteht man unter dem Begriff „Daten" Informationen, die der → Datenverarbeitungsanlage in codierter (maschinenlesbarer) Form mitgeteilt werden. Die Daten werden in Eingabedaten und Ausgabedaten unterteilt.

Datenerfassung

Bei der Datenerfassung werden die zu verarbeitenden → Daten auf den → Datenträger gebracht, der die Grundlage für die Datenverarbeitung bildet.

Datenerfassungsgerät

Das Datenerfassungsgerät ist eine Maschine, mit deren Hilfe die → Datenerfassung erfolgt. Mit dem Datenerfassungsgerät wird der → Datenträger und die Primanota erstellt.

Es gibt mechanische und intelligente Datenerfassungsgeräte. Bei den intelligenten Datenerfassungsgeräten handelt es sich um kleine Computer. Dadurch besteht die Möglichkeit, komfortablere Erfassungsprogramme einzusetzen, die den Anwender auf Fehler aufmerksam machen.

Datenfernverarbeitung

Bei der Datenfernverarbeitung sind Geräte zur Dateneingabe und -ausgabe (→ Terminals), die sich an einem anderen Ort befinden, wie die eigentliche → Datenverarbeitungsanlage, mit der Datenverarbeitungsanlage durch eine Datenübertragungsleitung verbunden. Als Datenübertragungsleitung kann zum Beispiel das Fernsprechnetz benutzt werden.

Datensammeleinrichtung

Eine Datensammeleinrichtung hat die Aufgabe, Daten zu bündeln und mit stark erhöhter Geschwindigkeit weiter zu übertragen. Datensammeleinrichtungen werden von DATEV im Rahmen der Datenfernverarbeitung eingesetzt, um für den Anwender die Telefonkosten zu reduzieren. Der Anwender ruft die Datensammeleinrichtung an, z. B. zum Ortstarif, die Kosten für die Standleitung zwischen Datensammeleinrichtung und Rechenzentrum trägt DATEV. Als Datensammeleinrichtung werden Multiplexer und Konzentratoren eingesetzt. Den Konzentrator ist das technisch höherwertige Gerät.

Datenträger

Unter dem Begriff „Datenträger" versteht man in der elektronischen Datenverarbeitung einen → Speicher, der die → Daten in einer codierten Form enthält. Daten, die von der elektronischen → Datenverarbeitungsanlage verarbeitet werden sollen, müssen zunächst einmal auf einen Datenträger gebracht werden. Die wichtigsten Datenträger sind:

- → Lochkarte
- → Lochstreifen
- → Klarschriftstreifen
- → Klarschriftbelege
- → Magnetband
- → Magnetbandkassette
- → Magnetplatte
- → Diskette

Beim DATEV-System kommen in erster Linie Magnetbandkassette, Diskette und Lochstreifen, aber auch Klarschriftstreifen und Klarschriftbeleg sowie vereinzelt Magnetbänder zum Einsatz.

Datenverarbeitungsanlage, elektronische

Man versteht darunter eine elektronisch arbeitende Anlage zur Verarbeitung von → Daten. Mit einer Datenverarbeitungsanlage wird ein Datenverarbeitungssystem technisch realisiert. Alle Maschinen, die zur Datenverarbeitungsanlage gehören, werden unter dem Begriff → „Hardware" zusammengefaßt. Die wichtigsten Teile der Datenverarbeitungsanlage sind:

Zentraleinheit (mit Steuerwerk, Kernspeicher, auch Arbeits- oder Hauptspeicher genannt, Rechenwerk)

Magnetbandeinheiten
Magnetplatteneinheiten

Lochkarten-Lesegeräte

→ Drucker (Schnelldrucker)

Die nach der Zentraleinheit aufgeführten Geräte werden auch unter dem Begriff „Peripherie" zusammengefaßt.

DATEV-Erfassungssystem (DES)

DATEV-Erfassungssysteme sind von DATEV in Zusammenarbeit mit den Herstellern entwikkelte intelligente Datenerfassungsgeräte. Die Maschinen sind speziell für DATEV-Anwendungen geschaffen und können sowohl off-line (Versand des Datenträgers Magnetbandkassette durch die Post) als auch on-line (für Datenfernübertragung) eingesetzt werden.

DATEV-Verbund-System (DVS)

Das DVS ist ein moderner Personal-Computer, der sowohl für die Datenerfassung für das Programm FIBU als auch für eigene Verarbeitungen geeignet ist. Die Verbundsysteme treten nicht in Konkurrenz zu den Rechenzentrumsprogrammen, sondern sind in diese integriert. Sie erweitern dadurch das Programmangebot.

Diskette

In der Fachsprache spricht man auch von Floppy oder Floppy-Disk. Eine Diskette ist ein magnetischer Datenträger, der einen direkten Zugriff auf die gespeicherten Daten erlaubt. Bei DATEV wird die Diskette als Zwischenspeicher eingesetzt. Die erfaßten Daten bleiben auf der Diskette gespeichert und werden später über Telefonleitung zum Rechenzentrum übertragen.

Drucker (Schnelldrucker)

Die auf Papier auszugebenden → Daten werden durch Schnelldrucker auf Endlospapier gedruckt. Als Schnelldrucker kommen Zeilendrucker und Seitendrucker zum Einsatz. Die Seitendrucker werden auch Laserdrucker genannt und arbeiten mit einem Verfahren, das man am ehesten mit dem Fotokopieren vergleichen kann. Sie sind ca. vier- bis fünfmal schneller als die Zeilendrucker, die immerhin 60.000 Zeilen in der Stunde schaffen.

Floppy

Siehe → Diskette.

Hardware

Siehe → Datenverarbeitungsanlage, elektronische.

Klarschriftbeleg

Im Gegensatz zu dem → Klarschriftstreifen handelt es sich hier um einzelne Blätter, auf die → Daten in Klarschrift geschrieben werden. Dabei wird eine stilisierte Schrift verwendet (OCR-A).

Klarschriftstreifen

Der Klarschriftstreifen ist ein Papierstreifen, der die → Daten in einer stilisierten Schrift enthält, die im Gegensatz zum Lochstreifencode auch ohne besondere Fachkenntnisse (deshalb die Bezeichnung Klarschrift) gelesen werden kann. Bei der Datenverarbeitung außer Haus werden meist die Schriftarten OCR-A und 1428 benutzt.

Konzentrator

Siehe → Datensammeleinrichtung.

Laserdrucker

Siehe → Drucker.

Lesegerät

Bei der EDV außer Haus versteht man unter Lesegeräten die Maschinen, mit deren Hilfe die vom Anwender erfaßten Daten gelesen werden. Dazu gehören Lochstreifenlesegeräte und Klarschriftlesegeräte. Die Lesegeräte setzen die Informationen des Datenträgers in den für die → Datenverarbeitungsanlage notwendigen Code um und geben sie auf → Magnetband aus.

Lochstreifen

Lochstreifen sind aus Papier oder Kunststoff. Sie enthalten die Daten in gelochter Form nach einem bestimmten Code (verschlüsselt). Bei der Verarbeitung im Rechenzentrum werden meist 6-Kanal- oder 8-Kanal-Lochstreifen eingesetzt. Diese Bezeichnungen kommen von der maximalen Anzahl von Lochungen nebeneinander.

Magnetband

Zusammen mit der → Magnetplatte ist das Magnetband der wichtigste → externe Speicher in der elektronischen Datenverarbeitung. Auf dem Magnetband werden die → Daten in magnetisierter Form in Daten-Blöcken gespeichert. Das Magnetband ist ein Datenträger mit seriellem Zugriff. Das heißt, die Daten können nur in der Reihenfolge gelesen werden, in der sie auf dem Magnetband gespeichert sind. Im Prinzip läßt sich das Magnetband mit einem Tonband vergleichen.

Magnetbandkassette

Die Magnetbandkassette ist ein → externer Speicher, der (bei DATEV) bei der → Datenfernverarbeitung eingesetzt wird. Die Daten werden auf der Magnetbandkassette zwischengespeichert und später ins Rechenzentrum übertragen.

Magnetplatte

Im Gegensatz zum → Magnetband spricht man hier von einem Direkt-Zugriffs-Speicher. Im Prinzip kann man die Magnetplatte mit einer Schallplatte vergleichen. In der elektronischen Datenverarbeitung sind meist mehrere Platten zu einem Stapel zusammengefaßt. Dieser Plattenstapel rotiert in einer sehr hohen Geschwindigkeit um die eigene Achse. Auf jede magnetisch beschichtete Platte greift ein Abfühlarm zu. Auf diese Weise kann zu jeder beliebigen Information auf der Platte sehr schnell zugegriffen werden. Bei Personalcomputern (PC) mit angeschlossener Magnetplatte spricht der Fachmann von einem „Winchesterlaufwerk" bzw. Drive.

Microcomputer → Personalcomputer (PC)

Mikrofiche

Unter Mikrofiche versteht man einen Mikrofilmabschnitt. Mikrofiches erhält man, indem man den → Mikrofilm in einzelne Abschnitte schneidet.

Mikrofilm

Darunter versteht man einen Film, der Informationen in verkleinertem Maßstab enthält.

Mikrofilmlesegerät

Mit ihm können → Mikrofilm und Mikrofiche gelesen werden. Die auf dem Film oder Fiche sich befindenden Informationen werden lesbar auf einem Bildschirm angezeigt.

Mikroverfilmung

Allgemein versteht man unter Mikroverfilmung die Verkleinerung von Informationen. Man unterscheidet im wesentlichen die Aktenverfilmung (Verfilmung von Belegen) und das → COM-Verfahren.

Modem

Bei der → Datenfernverarbeitung über Fernsprechleitung sind Modems erforderlich. Über die Fernsprechleitung kann nur Wechselstrom übertragen werden, das Terminal arbeitet mit Gleichstrom. Die zu übertragenden Daten sind deshalb zu modulieren. Die im Terminal übliche Speicherungsform ist für die Datenfernübertragung nicht geeignet. Bevor die Daten dann von der Datenverarbeitungsanlage verarbeitet werden, sind sie wieder zu demodulieren.

Modem ist die Abkürzung für Modulation/Demodulation.

Multiplexer

Siehe → Datensammeleinrichtung.

Off-line

Im Gegensatz zu → On-line versteht man unter Off-line alle Arbeitsvorgänge, die nicht in direkter Verbindung mit der → Zentraleinheit geschehen. Im DATEV-Rechenzentrum werden z. B. die Daten der Lochstreifen Off-line auf Magnetband übertragen. Auch das Ausdrucken erfolgt bei DATEV Off-line, die Magnetbänder mit den zu druckenden Daten werden an externe Stationen zum Ausdrucken gegeben, die mit der Zentraleinheit nicht zusammenhängen.

On-line

Unter On-line versteht man alle Arbeitsvorgänge in der elektronischen Datenverarbeitung, die direkt von der → Zentraleinheit erledigt werden.

Operator

Dies ist die Bezeichnung für den Fachmann, der die → Datenverarbeitungsanlage bedient.

Peripherie

Zusätzliche Geräte zur → Zentraleinheit, die diese ergänzen (z. B. Drucker = peripheres Gerät).

Personal Computer (PC)

Weitere Bezeichnungen sind: Microcomputer, (Schreib-) Tischcomputer, Arbeitsplatzrechner. Früher besorgte man sich privat für Computerspiele einen Tischrechner. Er gehörte einem persönlich (englisch: personal), und so entstand der Name „Personal Computer", abgekürzt „PC". Weltweit entwickelte sich der bildschirmorientierte Minirechner über die für ihn eigens geschaffenen Standardbetriebssysteme. Damit sind die PC's für Standardanwendungsprogramme nutzbar geworden. Danach wurden die Microcomputer kompatibel und an das Rechenzentrum anschließbar. Spätestens von diesem Zeitpunkt an hat der Microrechner seinen ‚Spielzeugcharakter' abgelegt und ist als Arbeitsplatzcomputer generell anerkannt. Das Beispiel für einen voll in die Rechenzentrums-Dienstleistungen integrierten Microcomputer kann das DATEV-Verbundsystem (DVS) genannt werden, bei dem die Datenfernübertragungsfähigkeit zur Standardausrüstung gehört. Beispiele für DATEV-Verbundsoftware sind: Kanzleiorganisation: Auftrags- und Leistungserfassung VB (AL VB), Honorarabrechnung (HONORAR VB), Kanzleiorganisation (DATOS), Kanzleikorrespondenz (DAKOR). Weitere Anwendungen sind: Bilanzerstellung (BIBER VB und BILANZ VB) usw. Zur Grundausstattung des DATEV-Verbundsystems (Grundkonfiguration der Olivetti PC DVS) gehört: ein Hauptspeicher (256 KB), zwei 5¼ Zoll Diskettenlaufwerke, ein graphikfähiger 12 Zoll Bildschirm und eine abgesetzte alphanumerische Tastatur mit 10er Block. Das MS-DOS Betriebssystem ist vielfältig konfigurierbar und weitgehend kompatibel zum IBM PC-XT.

206

Plausibilitätsprüfungen

Plausibilitätsprüfungen werden von den verschiedenen → Programmen vorgenommen. Man versteht darunter das Vergleichen einer zu verarbeitenden Information mit bestimmten Ober- und/oder Untergrenzen bzw. konstanten Werten, um so Fehler auszuschließen.

Programm

Ohne Programm kann die → Datenverarbeitungsanlage nicht „arbeiten". Das Programm gibt der Datenverarbeitungsanlage Anweisungen, was zu tun ist. Es setzt sich in der Hauptsache aus lauter Befehlen zusammen. Die Gesamtheit der Programme bezeichnet man als → „Software".

Real-Time-Verfahren (Echtzeitverarbeitung)

Darunter versteht man bei der → Datenfernverarbeitung die sofortige Verarbeitung von Daten. Das Gegenteil davon ist die → Stapelverarbeitung (Batch-Verarbeitung).

Rechenzentrum

Im Rechenzentrum wird die elektronische Datenverarbeitung abgewickelt. Zum Rechenzentrum gehören entsprechende Räumlichkeiten, die eigentliche → Datenverarbeitungsanlage, meist ein Archiv sowie die dazugehörigen Mitarbeiter.

Seitendrucker

Siehe → Drucker.

Software

Darunter versteht man die → Programme für die elektronische → Datenverarbeitungsanlage.

Speicher

Unter Speicher versteht man in der EDV alles, womit Daten festgehalten und wieder abgegeben werden können. Eine Reihe von (externen) Speichern haben wir bereits unter dem Begriff → „Datenträger" genannt. Zu erwähnen ist noch der Arbeits- oder Hauptspeicher der → Zentraleinheit. Mit diesem internen Speicher arbeitet die → Datenverarbeitungsanlage besonders schnell.

Stapelverarbeitung

Bei der Datenverarbeitung außer Haus kommt häufig das Prinzip der Stapelverarbeitung zur Anwendung. Darunter versteht man, daß die zu verarbeitenden → Daten erst einmal gesammelt und dann „als Stapel" in die → Datenverarbeitungsanlage gegeben werden. Der englische Ausdruck dafür ist „Batch-Processing".

Terminal

Ein Terminal ist eine von der → Datenverarbeitungsanlage entfernte Station, die zur Daten-
ein- oder -ausgabe oder zu beidem benutzt wird. Terminals werden für die → Datenfernverarbeitung benötigt.

Zentraleinheit

Kernstück der → Datenverarbeitungsanlage, elektronische.

3. Übungsformulare

zu Übung 1

Mandanten-Adreßdaten
Vorlage für die Datenerfassung

Kontrollzahl	Berater-Nr.	Mandant	Abr.-Nr	Jahr
			9 9 0 1	

Ersteingabe/Änderung

101		1 = Ersteingabe 2 = Änderung

gültig ab Buchungsjahr

102		nur bei Änderung

Name   (15 Stellen)

103	

Name   (25 Stellen)

104	

Postleitzahl

105	

Ort   (20 Stellen)

106	

Straße   (20 Stellen)

107	

Länderschlüssel

108		01 = Baden-Württemberg 02 = Bayern 03 = Berlin 04 = Bremen	05 = Hamburg 06 = Hessen 07 = Niedersachsen 08 = Nordrhein-Westfalen	09 = Rheinland-Pfalz 10 = Saarland 11 = Schleswig-Holstein 30 = Nordbaden 31 = Bremerhaven

Art des Unternehmens   (25 Stellen)

109	

Branchenschlüssel

110	

Gesellschaftsform

111		1 = Einzelfirma 2 = OHG 3 = KG 4 = GmbH 5 = AG	6 = KG a. A. 7 = Bergrechtliche Gewerkschaft 8 = Genossenschaft 9 = BGB-Gesellschaft 10 = GmbH & Co. KG

Vollhaftende Gesellschafter

112	

Nationalitätskennzeichen/Auslands-Postleitzahl

113	

Anzahl Protokolle

114	

Kennwort Datenträgeraustausch

115	

4

zu Übung 1

Mandanten-Programmdaten

Vorlage für die Datenerfassung

 FIBU

Magnetb.-Nr.	Anw.-Nr.	DFV	Kontrollzahl	Berater-Nr.	Mandant	Abr.-Nr.	Jahr
	1 3					7 1	

I. MINDESTANGABEN

bei jeder Eingabe

Ersteingabe/Änderung

`101` ☐ 1 = Ersteingabe
2 = Änderung

erstmalig

UStA-Schlüssel

`102` ☐

A = keine Umsatzsteuerrechnung   G = Soll-Verst. + UStVA monatlich
B = Soll-Versteuerung + UStVA   H = Ist-Verst. + UStVA monatlich
C = Soll-Versteuerung ohne UStVA K = Soll-Verst. + UStVA vierteljährlich
D = Ist-Versteuerung + UStVA   L = Ist-Verst. + UStVA vierteljährlich
E = Ist-Versteuerung ohne UStVA

Spezialkontenrahmen (SKR)

`103` ☐☐

01 = DATEV-Kontenrahmen SKR 01
02 = DATEV-Kontenrahmen SKR 02 mit Konten für aktienr. Abschluß
Weitere Kontenrahmen siehe Fachnachricht FIBU

bei abweichendem Wirtschaftsjahr

Beginn abweichendes Wirtschaftsjahr

`110` ☐☐☐☐

nur eingeben, wenn
Wirtschaftsjahr nicht
mit dem Kalenderjahr übereinstimmt
→ Tag (01)
→ Monat
(immer 2stellig)

II. UMSATZBESTEUERUNG

Finanzamtsangaben

Finanzamts-Nr.

`112` ☐☐☐☐ lt. amtlichem Verzeichnis
siehe im Anhang Fachnachricht FIBU

Steuernummer

`113` ☐☐☐☐☐☐☐☐☐☐☐☐ Eingabe mit Sonderzeichen möglich

Steuerabzugsbetrag Kleinunternehmer (UStVA Kennzahl 32)

`114` ☐☐ 0 = nein/Aufhebung
Prozentsatz 01 bis 80 möglich siehe Tabelle Fachnachricht FIBU

Verrechnungsscheck zur Umsatzsteuer-Voranmeldung

Scheck zur Umsatzsteuer-Voranmeldung

`115` ☐ 0 = nein/Aufhebung
1 = ja

Bankleitzahl

`116` ☐☐☐☐☐☐☐☐

Konto-Nummer

`117` ☐☐☐☐☐☐☐☐☐☐

Scheck mit Ausstellungsort und Name

`118` ☐ 0 = nein/Aufhebung
1 = Ausdruck Ausstellungsort und Name des Ausstellers auf Scheck

Kassenfinanzamts-Nr.

`119` ☐☐☐☐ Anschrift auf dem UStVA-Verrechnungsscheck, wenn Veranlagungs-
finanzamt und Kassenfinanzamt nicht identisch

Datenträgeraustausch mit der Finanzverwaltung

UStVA-Fristverlängerung beim Datenträgeraustausch

`130` ☐ 0 = nein/Aufhebung
1 = ja

UStVA-Datenträgeraustausch

`131` ☐☐☐☐☐

→ Kennwort zum Datenträgeraustausch wie Kennziffer 115 der MAD

→ 0 = nein/Aufhebung
1 = Einverständnis zur Datenübermittlung an die Finanzverwaltung

zu Übung 1

III. KONTENRAHMEN/KONTENAUSGABE

Kontenbeschriftung

Kanzlei-Kontenbeschriftung für Kanzlei-Kontenrahmen
`107` `☐`
0 = nein/Aufhebung
1 = ja (Eingabe mit Abr.-Nr. 98 JJ)

Übernahme Debitoren-/Kreditoren-Beschriftung nach OPOS
`240` `☐`
0 = nein/Aufhebung
1 = ja

Kontenfunktionen

Eingabe individueller Funktionen
`204` `☐☐`
0 = nein/Aufhebung
1 = ja
→ Kanzlei-Funktion
→ Individuelle Funktion

Kontenausgabe

Verdichtung von Buchungszeilen auf Konten
`108` `☐☐☐`
0 = nein/Aufhebung
1 = Verdichtung monatlich bzw. pro Einreichung
2 = Verdichtung tageweise
→ Geldkonten
→ Wareneinkauf
→ Warenverkauf

Kontenausgabe monatlich (Wartebuchhaltung monatlich)
`201` `☐`
0 = nein/Aufhebung
1 = ja (monatliche automatische Ausgabe)

Kontenausgabe durch Abruf
`202` `☐☐☐`
0 = nein (Füllnull)
1 = **zusätzlich** durch Abruf (Wartebuchhaltung jährlich)
2 = **nur** durch Abruf
→ Sachkonten
→ Debitoren
→ Kreditoren

Ausgabe von Konten auf Papier
`327` `☐☐☐`
0 = nein/Aufhebung
1 = einfach → autom. Schlüsselung
2 = zweifach bis
9 = neunfach
→ Sachkonten
→ Debitoren
→ Kreditoren

Ausgabe von Konten auf Mikrofilm
`337` `☐☐☐`
0 = nein/Aufhebung
1 = einfach
2 = zweifach bis
9 = neunfach
→ Sachkonten
→ Debitoren
→ Kreditoren

IV. GRUNDAUSWERTUNGEN

Journal

Rückübertragung Journal
`304` `☐☐`
0 = nein/Aufhebung
1 = ja
→ Fehlerprotokoll
→ Umsatzsteuerwerte

Summen- und Saldenliste

Inhalt Summen- und Saldenliste
`111` `☐☐☐`
0 = Ausdruck aller bebuchten Konten
1 = Unterdrückung der ausgegl. und nicht bewegten Konten
2 = Ausdruck aller bebuchten und/oder ind. beschrifteten Konten
→ Sachkonten
→ Debitoren
→ Kreditoren

Rückübertragung Summen- und Saldenliste
`316` `☐☐☐`
0 = nein/Aufhebung
1 = ja
→ Sachkonten
→ Debitoren
→ Kreditoren

Anzahl der Auswertungen auf Summen- und Saldenlistenpapier
`326` `☐`
1 = einfach (nur Original) → automatische Schlüsselung
2 = zweifach (Original + Duplikat)

V. BUCHUNGSVEREINFACHUNG

Wiederkehrende Buchungen
`203` `☐`
0 = nein/Aufhebung
1 = Wiederk. Buchungen ohne Ergänzung der Beleg-Nr. beim Abruf
2 = Wiederk. Buchungen mit Ergänzung der Beleg-Nr. beim Abruf

211

zu Übung 1

VI. BETRIEBSWIRTSCHAFTLICHE AUSWERTUNGEN (BWA)

Standard-BWA
Individuelle BWA
Kanzlei-BWA

BWA-Form
01 = DATEV-BWA
02 = KER nach G. u.V. in
    Staffelform/4/3-Rechnung
03 = IfH-BWA
20 = Handwerks-BWA
30 = BAE
70 = Hotel- u. Gaststätten-BWA
90 = Gartenbau-BWA
99 = Löschen

Wareneinsatz
KG 2 = Wareneinkauf
KG 3 = Wareneinkauf
KG 4 = Umbuchung
KG 6 = Umbuchung
KG 7 = Umbuchung
%-Satz
(z. B. 62,5 % = 625)
BWA = individuelle BWA
KAN = Kanzlei-BWA

BWA-Zeitraum
0 = je Einreichung
1 = monatlich mit automatischer
    Speicherung einschließlich
    Vergleichs-BWA
2 = monatlich ohne
    automatische Speicherung
9 = Löschen Speicher

BWA-Nr.	BWA-Form	Wareneinsatz	BWA-Zeitraum
01	104	105	106
02	210	211	212
03	213	214	215
04	216	217	218
05	219	220	221
06	222	223	224
07	225	226	227
08	228	229	230
09	231	232	233
10	234	235	236

BWA-Chefübersichten

Chefübersichten

328 | 0 1   328 | 0 2   328 | 0 3
328   328   328

→ Jahresübersicht   0 = nein/Aufhebung
→ Entwicklungsübersicht   1 = Werte in TSD
BWA-Nummer → Vergleichsanalyse Vorjahr   2 = Werte ab
01 – 10 → Vergleichsanalyse Vorgabe   DM 100,00 in TSD

BWA-Graphiken

Standardgraphiken

330 | 0 1   330 | 0 2   330 | 0 3
330   330   330

→ Entwicklungsübersicht   0 = nein/Aufhebung
BWA-Nummer → Vergleich mon. und kum.   1 = monatlich
01 – 10   2 = vierteljährlich

Individuelle Graphiken

331 | 0 1   331 | 0 2   331 | 0 3
331   331   331

→ Liniendiagramm   0 = nein/Aufhebung
BWA-Nummer → Balkendiagramm   1 = monatlich
01 – 10   2 = vierteljährlich

Rückübertragung

Rückübertragung BWA

305   mit Ausnahme der   0 = nein/Aufhebung
       BWA-Graphiken   1 = ja

Datenübermittlung

BWA-Datenübermittlung BMW AG

140

→ Kennwort zum Datenträgeraustausch wie Kennziffer 115 der MAD
→ 0 = nein/Aufhebung
   1 = Einverständnis zur Datenübermittlung an die BMW AG

BWA-Datenübermittlung IfH

141

→ Kennwort zum Datenträgeraustausch wie Kennziffer 115 der MAD
→ 0 = nein/Aufhebung
   1 = Einverständnis zur Datenübermittlung an das IfH

– 3 –

zu Übung 2

Mandanten-Programmdaten

Vorlage für die Datenerfassung

FIBU

Magnetb.-Nr.	Anw.-Nr.	DFV	Kontrollzahl	Berater-Nr.	Mandant	Abr.-Nr.	Jahr
	1 3					**7 1**	

I. MINDESTANGABEN

bei jeder Eingabe

Ersteingabe/Änderung
101 ☐
1 = Ersteingabe
2 = Änderung

erstmalig

UStA-Schlüssel
102 ☐

A = keine Umsatzsteuerrechnung   G = Soll-Verst. + UStVA monatlich
B = Soll-Versteuerung + UStVA   H = Ist-Verst. + UStVA monatlich
C = Soll-Versteuerung ohne UStVA   K = Soll-Verst. + UStVA vierteljährlich
D = Ist-Versteuerung + UStVA   L = Ist-Verst. + UStVA vierteljährlich
E = Ist-Versteuerung ohne UStVA

Spezialkontenrahmen (SKR)
103 ☐

01 = DATEV-Kontenrahmen SKR 01
02 = DATEV-Kontenrahmen SKR 02 mit Konten für aktienr. Abschluß
Weitere Kontenrahmen siehe Fachnachricht FIBU

bei abweichendem Wirtschaftsjahr

Beginn abweichendes Wirtschaftsjahr
110 ☐☐☐☐

nur eingeben, wenn
Wirtschaftsjahr nicht
mit dem Kalenderjahr übereinstimmt
→ Tag (01)
→ Monat (immer 2stellig)

II. UMSATZBESTEUERUNG

Finanzamtsangaben

Finanzamts-Nr.
112
lt. amtlichem Verzeichnis
siehe im Anhang Fachnachricht FIBU

Steuernummer
113
Eingabe mit Sonderzeichen möglich

Steuerabzugsbetrag Kleinunternehmer (UStVA Kennzahl 32)
114 ☐
0 = nein/Aufhebung
Prozentsatz 01 bis 80 möglich siehe Tabelle Fachnachricht FIBU

Verrechnungsscheck zur Umsatzsteuer-Voranmeldung

Scheck zur Umsatzsteuer-Voranmeldung
115 ☐
0 = nein/Aufhebung
1 = ja

Bankleitzahl
116

Konto-Nummer
117

Scheck mit Ausstellungsort und Name
118 ☐
0 = nein/Aufhebung
1 = Ausdruck Ausstellungsort und Name des Ausstellers auf Scheck

Kassenfinanzamts-Nr.
119
Anschrift auf dem UStVA-Verrechnungsscheck, wenn Veranlagungs-finanzamt und Kassenfinanzamt nicht identisch

Datenträgeraustausch mit der Finanzverwaltung

UStVA-Fristverlängerung beim Datenträgeraustausch
130 ☐
0 = nein/Aufhebung
1 = ja

UStVA-Datenträgeraustausch
131
→ Kennwort zum Datenträgeraustausch wie Kennziffer 115 der MAD
→ 0 = nein/Aufhebung
1 = Einverständnis zur Datenübermittlung an die Finanzverwaltung

zu Übung 2

III. KONTENRAHMEN/KONTENAUSGABE

Kontenbeschriftung

Kanzlei-Kontenbeschriftung für Kanzlei-Kontenrahmen
`107` ☐
0 = nein/Aufhebung
1 = ja (Eingabe mit Abr.-Nr. 98 JJ)

Übernahme Debitoren-/Kreditoren-Beschriftung nach OPOS
`240` ☐
0 = nein/Aufhebung
1 = ja

Kontenfunktionen

Eingabe individueller Funktionen
`204` ☐☐
0 = nein/Aufhebung
1 = ja
→ Kanzlei-Funktion
→ Individuelle Funktion

Kontenausgabe

Verdichtung von Buchungszeilen auf Konten
`108` ☐☐☐
0 = nein/Aufhebung
1 = Verdichtung monatlich bzw. pro Einreichung
2 = Verdichtung tageweise
→ Geldkonten
→ Wareneinkauf
→ Warenverkauf

Kontenausgabe monatlich (Wartebuchhaltung monatlich)
`201`
0 = nein/Aufhebung
1 = ja (monatliche automatische Ausgabe)

Kontenausgabe durch Abruf
`202` ☐☐☐
0 = nein (Füllnull)
1 = **zusätzlich** durch Abruf (Wartebuchhaltung jährlich)
2 = **nur** durch Abruf
→ Sachkonten
→ Debitoren
→ Kreditoren

Ausgabe von Konten auf Papier
`327` ☐☐☐
0 = nein/Aufhebung
1 = einfach → autom. Schlüsselung
2 = zweifach bis
9 = neunfach
→ Sachkonten
→ Debitoren
→ Kreditoren

Ausgabe von Konten auf Mikrofilm
`337` ☐☐☐
0 = nein/Aufhebung
1 = einfach
2 = zweifach bis
9 = neunfach
→ Sachkonten
→ Debitoren
→ Kreditoren

IV. GRUNDAUSWERTUNGEN

Journal

Rückübertragung Journal
`304` ☐☐
0 = nein/Aufhebung
1 = ja
→ Fehlerprotokoll
→ Umsatzsteuerwerte

Summen- und Saldenliste

Inhalt Summen- und Saldenliste
`111` ☐☐☐
0 = Ausdruck aller bebuchten Konten
1 = Unterdrückung der ausgegl. und nicht bewegten Konten
2 = Ausdruck aller bebuchten und/oder ind. beschrifteten Konten
→ Sachkonten
→ Debitoren
→ Kreditoren

Rückübertragung Summen- und Saldenliste
`316` ☐☐☐
0 = nein/Aufhebung
1 = ja
→ Sachkonten
→ Debitoren
→ Kreditoren

Anzahl der Auswertungen auf Summen- und Saldenlistenpapier
`326`
1 = einfach (nur Original) → automatische Schlüsselung
2 = zweifach (Original + Duplikat)

V. BUCHUNGSVEREINFACHUNG

Wiederkehrende Buchungen
`203` ☐
0 = nein/Aufhebung
1 = Wiederk. Buchungen ohne Ergänzung der Beleg-Nr. beim Abruf
2 = Wiederk. Buchungen mit Ergänzung der Beleg-Nr. beim Abruf

zu Übung 3

Kontenbeschriftungen

Vorlage für die Datenerfassung

FIBU

Kontrollzahl	Berater-Nr.	Mandant	Abr.-Nr	Jahr	bei Kanzleikontenrahmen
			9 9		lautet die Abr.-Nr. 98

Konto-Nr	Bezeichnung (20 Stellen)	Korr./Verd.

zu Übung 4

Kontenbeschriftungen

Vorlage für die Datenerfassung

FIBU

Kontrollzahl	Berater-Nr.	Mandant	Abr.-Nr	Jahr	
			9	**9**	bei Kanzleikontenrahmen lautet die Abr.-Nr. 98

Konto-Nr	Bezeichnung (20 Stellen)	Korr./Verd.

zu Übung 5
Mandanten-Programmdaten
Vorlage für die Datenerfassung

FIBU

Magnetb.-Nr.	Anw.-Nr.	DFV	Kontrollzahl	Berater-Nr.	Mandant	Abr.-Nr.	Jahr
	1 3					7 1	

I. MINDESTANGABEN

bei jeder Eingabe

Ersteingabe/Änderung
`101` ☐
1 = Ersteingabe
2 = Änderung

erstmalig

UStA-Schlüssel
`102` ☐
A = keine Umsatzsteuerrechnung   G = Soll-Verst. + UStVA monatlich
B = Soll-Versteuerung + UStVA   H = Ist-Verst. + UStVA monatlich
C = Soll-Versteuerung ohne UStVA   K = Soll-Verst. + UStVA vierteljährlich
D = Ist-Versteuerung + UStVA   L = Ist-Verst. + UStVA vierteljährlich
E = Ist-Versteuerung ohne UStVA

Spezialkontenrahmen (SKR)   01 = DATEV-Kontenrahmen SKR 01
`103` ☐☐
02 = DATEV-Kontenrahmen SKR 02 mit Konten für aktienr. Abschluß
Weitere Kontenrahmen siehe Fachnachricht FIBU

bei abweichendem Wirtschaftsjahr

Beginn abweichendes Wirtschaftsjahr
`110` ☐☐☐☐
nur eingeben, wenn
Wirtschaftsjahr nicht
mit dem Kalenderjahr übereinstimmt
→ Tag (01)
→ Monat
(immer 2stellig)

II. UMSATZBESTEUERUNG

Finanzamtsangaben

Finanzamts-Nr.
`112` ☐☐☐
lt. amtlichem Verzeichnis
siehe im Anhang Fachnachricht FIBU

Steuernummer
`113` ☐☐☐☐☐☐☐☐☐☐☐☐
Eingabe mit Sonderzeichen möglich

Steuerabzugsbetrag Kleinunternehmer (UStVA Kennzahl 32)
`114` ☐☐
0 = nein/Aufhebung
Prozentsatz 01 bis 80 möglich siehe Tabelle Fachnachricht FIBU

Verrechnungsscheck zur Umsatzsteuer-Voranmeldung

Scheck zur Umsatzsteuer-Voranmeldung
`115` ☐
0 = nein/Aufhebung
1 = ja

Bankleitzahl
`116` ☐☐☐☐☐☐☐☐

Konto-Nummer
`117` ☐☐☐☐☐☐☐☐☐☐

Scheck mit Ausstellungsort und Name
`118` ☐
0 = nein/Aufhebung
1 = Ausdruck Ausstellungsort und Name des Ausstellers auf Scheck

Kassenfinanzamts-Nr.
`119` ☐☐☐☐
Anschrift auf dem UStVA-Verrechnungsscheck, wenn Veranlagungs-
finanzamt und Kassenfinanzamt nicht identisch

Datenträgeraustausch mit der Finanzverwaltung

UStVA-Fristverlängerung beim Datenträgeraustausch
`130` ☐
0 = nein/Aufhebung
1 = ja

UStVA-Datenträgeraustausch
`131` ☐☐☐☐
→ Kennwort zum Datenträgeraustausch wie Kennziffer 115 der MAD
→ 0 = nein/Aufhebung
1 = Einverständnis zur Datenübermittlung an die Finanzverwaltung

3

217

zu Übung 5

III. KONTENRAHMEN/KONTENAUSGABE

Kontenbeschriftung

Kanzlei-Kontenbeschriftung für Kanzlei-Kontenrahmen
`107` 0 = nein/Aufhebung
1 = ja (Eingabe mit Abr.-Nr. 98 JJ)

Übernahme Debitoren-/Kreditoren-Beschriftung nach OPOS
`240` ☐ 0 = nein/Aufhebung
1 = ja

Kontenfunktionen

Eingabe individueller Funktionen
`204` ☐☐ 0 = nein/Aufhebung
1 = ja
→ Kanzlei-Funktion
→ Individuelle Funktion

Kontenausgabe

Verdichtung von Buchungszeilen auf Konten
`108` ☐☐☐ 0 = nein/Aufhebung
1 = Verdichtung monatlich
bzw. pro Einreichung
2 = Verdichtung tageweise
→ Geldkonten
→ Wareneinkauf
→ Warenverkauf

Kontenausgabe monatlich (Wartebuchhaltung monatlich)
`201` ☐ 0 = nein/Aufhebung
1 = ja (monatliche automatische Ausgabe)

Kontenausgabe durch Abruf 0 = nein (Füllnull)
`202` ☐☐☐ 1 = **zusätzlich** durch Abruf
(Wartebuchhaltung jährlich)
2 = **nur** durch Abruf
→ Sachkonten
→ Debitoren
→ Kreditoren

Ausgabe von Konten auf Papier
`327` ☐☐☐ 0 = nein/Aufhebung
1 = einfach → autom. Schlüsselung
2 = zweifach bis
9 = neunfach
→ Sachkonten
→ Debitoren
→ Kreditoren

Ausgabe von Konten auf Mikrofilm
`337` ☐☐☐ 0 = nein/Aufhebung
1 = einfach
2 = zweifach bis
9 = neunfach
→ Sachkonten
→ Debitoren
→ Kreditoren

IV. GRUNDAUSWERTUNGEN

Journal

Rückübertragung Journal
`304` ☐☐ 0 = nein/Aufhebung
1 = ja
→ Fehlerprotokoll
→ Umsatzsteuerwerte

Summen- und Saldenliste

Inhalt Summen- und Saldenliste
`111` ☐☐☐ 0 = Ausdruck aller
bebuchten Konten
1 = Unterdrückung der ausgegl.
und nicht bewegten Konten
2 = Ausdruck aller bebuchten
und/oder ind. beschrifteten
Konten
→ Sachkonten
→ Debitoren
→ Kreditoren

Rückübertragung Summen- und Saldenliste
`316` ☐☐☐ 0 = nein/Aufhebung
1 = ja
→ Sachkonten
→ Debitoren
→ Kreditoren

Anzahl der Auswertungen auf Summen- und Saldenlistenpapier
`326` ☐ 1 = einfach (nur Original) → automatische Schlüsselung
2 = zweifach (Original + Duplikat)

V. BUCHUNGSVEREINFACHUNG

Wiederkehrende Buchungen 0 = nein/Aufhebung
`203` ☐ 1 = Wiederk. Buchungen ohne Ergänzung der Beleg-Nr. beim Abruf
2 = Wiederk. Buchungen mit Ergänzung der Beleg-Nr. beim Abruf

zu Übung 5

Individuelle Funktionen (AM und AV)

Vorlage für die Datenerfassung

FIBU

Kontrollzahl	Berater-Nr.	Mandant	Abr.-Nr	Jahr	Eingabe der individuellen
			8	**9**	Aktivfunktionen

Funktions-Nr.   Konto   Korrektur
                von   bis

Funktions-Nr.   Konto   Faktor 2   Konten für Faktor 2   Korrektur
                                Konto 1   Konto 2

zu Übung 6

BUCHUNGSLISTE
für Terminal–Erfassung

Blatt-Nr.

DATEV

FIRMA:

| Magnetto-Nr. | Anw.-Nr. | DFV | Kontrollzahl | USt. | Berater-Nr. | Mandant | Abr.-Nr. | Jahr | Datum von | Datum bis |

Soll | Haben | Storno | Gegen-Kto. K | Nr. | Belegfeld 1 Rechn.-Nr. | Belegfeld 2 Fälligkeit | Beleg-Datum | Konto K | Nr. | Kostenstelle Kost 1 | Kost 2 | Skonto | Text

1 2 3 4 5 6 7 8 9 10 11 12 13 14 15

Summe | ausgestellt am: | gebucht am:

220

4. Lösungen der Übungsbeispiele

Übung 1:   4767/5100/333/990184
    101   1
    102   J. MAURER
    104   JOHANNES MAURER
    105   8500
    106   NUERNBERG
    107   PAUMGARTNERSTR. 6
    108   02

    4767/5100/333/7184
    101   1
    102   B (auch G möglich)
    103   01
    104   01
    105   KG4
    106   (Schlüssel 1 möglich)
    108   100
    112   9239
    113   31319568

Übung 2:   4767/5100/333/7184
    101   2
    108   101

Übung 3:   5100/5100/000/9884
    1200 SPARKASSE
    1210 DEUTSCHE BANK
    1220 COMMERZBANK
    2127 GEW. SKONTI 14% MWST   1
    2627 ERH. SKONTI 14% VST   1

Übung 4:   4790/5100/310/9984
    8550 KUEHLSCHRAENKE
    8551 WASCHMASCHINEN
    8552 FERNSEHER
    8553 RADIO
    8554 PLATTENSPIELER
    8555 ZUBEHOER
    8556 SONSTIGES   9

Übung 5: 1230/1400/170/7184
          101   2
          204   1 (auch 01 richtig)

          1230/1400/170/8984
          30001   31003199

Übung 6: DM 1.000,00 S, Geko 8000, Kto. 1000
          DM 1.500,00 H, Geko 1200, Kto. 1000
          DM   250,00 H, Geko 1900, Kto. 1000

          DM 1.000,00 H, Geko 1000, Kto. 8000
          DM 1.500,00 S, Geko 1000, Kto. 1200
          DM   250,00 S, Geko 1000, Kto. 1900

Übung 7: Gegenkonto mit USt-Schlüssel:
                   311200, 804900, 903000,
          208000, 308000, 971200

          T-Konten   1000: S 5) 570,00, H 2)   21,40
                     1576: S 2)   1,40
                     1577: S 3)   56,00,   6)   1,40
                     1876: H 4)   7,00
                     1877: H 1)   42,00,   5)   70,00
                     3000: S 3) 400,00
                     4900: S 2)   20,00,   6)   10,00
                     8000: H 1) 300,00,   4) 100,00,   5) 500,00
                    11200: S 1) 342,00,   4) 107,00
                    71200: H 3) 456,00,   6)   11,40

Übung 8: 1, 3, 4, 7, 8

Übung 9: 1) 5.700,00 S,   Geko   76512, Kto.   3550 (bis 3559) oder
             5.700,00 H,   Geko   3550, Kto. 76512
          2)   228,00 H,   Geko   1000, Kto.   8550 (bis 8559) oder
               228,00 S,   Geko   8550, Kto.   1000
          3)   570,00 H,   Geko   14220, Kto.   8550 (bis 8559) oder
               570,00 S,   Geko   8550, Kto. 14220
          4)   428,00 H,   Geko   1000, Kto.   8540 (bis 8549) oder
               428,00 S,   Geko   8540, Kto.   1000

Übung 10: 1) 5.480,00 H,   Geko 124810, Kto.   8102 oder
              5.480,00 S,   Geko 108102, Kto. 24810
           2) 1.000,00 H,   Geko   1000, Kto.   8500 (oder 8799) oder
              1.000,00 S,   Geko   8500, Kto.   1000
           3)   525,00 S,   Geko   8501, Kto. 31412 oder
                525,00 H,   Geko 31412, Kto.   8501

222

Übung 11: T-Konten: 0432: S   8) 1.000,00
                       1577: S   2)   28,00, 8) 140,00
                       1877: S   1)   14,00, 4)   70,00
                       2000: S   2)   200,00
                       2345: S   1)   100,00
                       8174: H   2)   228,00
                       8765: S   4)   500,00
                      45678: H   4)   570,00
                      67890: H   1)   114,00
                      87654: H   8) 1.140,00

Übung 12: 1. T-Konten: 1200: S   500,00 – 500,00
                        14700: H   500,00 – 500,00

           2.   85,37 S,   Geko 2004900, Kto. 1000
                  228,00 S,   Geko 2014700, Kto. 8550
              10.327,50 H,   Geko 8003550, Kto. 4000
           3. 20.100,00 H,   Geko   10000, Kto. 1200

Übung 13: 1. 5100/112/184/10184/310184/1
           2. 5100/112/284/10284/290284/2 (PN-Seite beliebig)
           3. 5100/112/384/10284/290284/2 (PN-Seite beliebig)

Übung 14:

Soll	Haben	Storno	USt K	Gegen-Kto. Nr.	Belegfeld 1 Rechn.-Nr.	Belegfeld 2 Fälligkeit	Beleg-Datum	Konto K	Nr.	Kostenstelle Kost 1	Kost 2	Skonto
538 40				8550			2 01		1000			
435 10				8550			7					
	500 00			1900								
	100 00			4100								
	114 00			4510			15					
	400 00			1610			2		1200			
338 00				1 48 00								
470 00				1 12 43			3					
	14 200			3 01 234			8		8100			
	539 70			3 04 830								
	63 10			3 14 321								
	228 00			3 14 711			20					
				Summe	ausgestellt am:		gebucht am:					

Art.-Nr 10048 3 48002296

5. DATEV-Kontenrahmen

Spezialkontenrahmen (SKR) 01 – Gültig ab 1984 **MANDANT:**

0 Anlage- und Kapitalkonten	0 Anlage- und Kapitalkonten	1 Finanz- und Privatkonten
0001 Ausstehende Einlagen	0900 Kalkulatorische Wertberichtigungen auf Anlagevermögen	1500 Sonstige Forderungen 1510 Eigene Anzahlungen
0010 Grund und Boden 0020 Grund und Boden unbebaut 0050 Grund und Boden bebaut	0910 Wertberichtigungen, Anlagevermögen 0920 Wertberichtigungen auf Forderungen	AV 1512 Geleistete Anz. mit Vorsteuerabzug 6,5 % AV 1513 Geleistete Anz. mit Vorsteuerabzug 13 %
0100 Gebäude 0110 Fabrikgebäude 0120 Bürogebäude 0130 Wohngebäude 0140 Heizungsanlagen 0150 Außenanlagen 0160 Hof- und Wegebefestigung 0170 Garagen 0180 Ausbauten, Anbauten und Zubauten 0190 Gebäude im Bau	0925 Wertberichtigungen auf Vorräte 0930 Steuer-Rückstellungen 0931 Gewerbesteuerrückstellung 0935 Körperschaftsteuerrückstellung 0940 Sonstige Rückstellungen 0941 Pensionsrückstellungen 0945 Rückstellungen für Abschlußkosten 0950 Garantierückstellungen 0960 Aktive Rechnungsabgrenzung 0965 Aktive Rechnungsabgrenzung (Periodenrechnung)	AV 1514 Geleistete Anz. mit Vorsteuerabzug 7 % AV 1515 Geleistete Anz. mit Vorsteuerabzug 14 % 1520 Agenturwarenabrechnung 1530 Forderungen an Personal 1540 Steuerüberzahlungen 1547 Umsatzsteuerforderungen 1550 Kurzfristige Darlehen S 1560 Aufzuteilende Vorsteuer R 1564-65
0200 Maschinen, Anlagen Betriebsvorrichtungen 0210 Maschinen 0220 Maschinengebundene Werkzeuge 0240 Maschinelle Anlagen 0250 Transportanlagen u. ä. 0260 Betriebsvorrichtungen 0290 Anlagen im Bau	0970 Passive Rechnungsabgrenzung 0975 Passive Rechnungsabgrenzung (Periodenrechnung) 0980 Damnum/Disagio u. a.	S 1566 Aufzuteilende Vorsteuer 7 % S 1567 Aufzuteilende Vorsteuer 14 % S 1568 Aufzuteilende Vorsteuer 6,5 % S 1569 Aufzuteilende Vorsteuer 13 % S 1570 Anrechenbare Vorsteuer R 1574-75 S 1576 Anrechenbare Vorsteuer 7 % S 1577 Anrechenbare Vorsteuer 14 % S 1578 Anrechenbare Vorsteuer 6,5 %
0300 Kraftfahrzeuge, Transportmittel 0310 Pkw 0340 Lkw 0370 Sonstige Transportmittel 0390 Transportmittel im Bau	**1** Finanz- und Privatkonten	S 1579 Anrechenbare Vorsteuer 13 % 1580 Gegenkonto Vorsteuer § 4/3 EStG 1581 Auflösung Vorsteuer aus Vorjahr § 4/3 EStG F 1583 § 13 BFG . . . . 1586 Kürzung BFG 1587 Kürzung Warenbezüge aus dem WgM-DDR
0400 Sonstiges Inventar 0410 Betriebsausstattung 0420 Werkzeuge 0430 Ladeneinrichtung 0440 Büroeinrichtung 0450 Geschäftsausstattung 0460 Gerüst- und Schalungsmaterial 0480 Geringwertige Anlagegüter 100,– bis 800,– 0490 Ausstattung im Bau	KU 1000–1511 V 1512–1515 KU 1516–1810 M 1811–1814 KU 1815–1999 F 1000 Kasse F 1010 Nebenkasse 1 F 1020 Nebenkasse 2	F 1588 Bezahlte Einfuhr-Umsatzsteuer 1590 Durchlaufende Posten Einnahmen 1591 Durchlaufende Posten Ausgaben 1593 Verrechnungskonto Erhaltene Anzahlungen bei Buchung über Debitorenkonto
0500 Beteiligungen, Rechtswerte 0510 Beteiligungen 0520 Geschäftsguthaben 0540 Lizenzen, Patente 0550 Geschäftswerte 0560 Aktien 0590 Obligationen	F 1100 Postscheck F 1110 Postscheck 1 F 1120 Postscheck 2 F 1130 Postscheck 3 F 1200 Bank F 1210 Bank 1 F 1220 Bank 2 F 1230 Bank 3 F 1240 Bank 4 F 1250 Bank 5	S 1600 Verbindlichkeiten aus Lieferungen und Leistungen R 1601-03 Verbindlichkeiten aus Lieferungen und Leistungen F 1610 Verbindlichkeiten aus Lieferungen und Leistungen ohne Kontokorrent 1710 Schuldwechsel
0600 Langfristige Forderungen 0610 Hypotheken, Grundschulden 0630 Darlehen 0660 Wertpapiere, festverzinslich 0680 Kautionen 0699 Aktiver Konsolidierungsausgleichsposten	F 1310 Besitzwechsel F 1330 Schecks F 1350 Wertpapiere des Umlaufvermögens F 1360 Geldtransit F 1370 Verrechnungskonto Gewinnermittlung § 4/3 EStG	1800 Sonstige Verbindlichkeiten 1810 Anzahlungen von Kunden AM 1811 Erhaltene, versteuerte Anzahlungen 7 % Umsatzsteuer AM 1812 Erhaltene, versteuerte Anzahlungen 6,5 % Umsatzsteuer AM 1813 Erhaltene, versteuerte Anzahlungen 13 % Umsatzsteuer
0700 Langfristige Verbindlichkeiten 0710 Hypotheken, Grundschulden 0730 Darlehen 0780 Kautionen	F 1375 Ansprüche aus Rückdeckungsversicherungen F 1380 Überleitungskonto Kostenstellen F 1390 Verrechnungskonto Ist-Versteuerung	AM 1814 Erhaltene, versteuerte Anzahlungen 14 % Umsatzsteuer 1820 Agenturwarenabrechnung 1830 Verbindlichkeiten aus Betriebsteuern und -abgaben 1835 Verbindlichkeiten Lohn- und Kirchensteuer
0800 Kapital 0810 Kapital A 0820 Kapital B 0830 Kapital C 0870 Stammkapital 0875 Grundkapital 0880 Gesetzliche Rücklagen 0883 Freiwillige Rücklagen 0888 Steuerfreie Rücklagen 0890 Gewinn- oder Verlustvortrag 0899 Passiver Konsolidierungsausgleichsposten	S 1400 Forderungen aus Lieferungen und Leistungen R 1401-06 Forderungen aus Lieferungen und Leistungen F 1410-89 Forderungen aus Lieferungen und Leistungen ohne Kontokorrent 1490 Zweifelhafte Forderungen	1840 Verbindlichkeiten Sozialversicherung 1850 Lohn- und Gehaltsverrechnungen

Art.-Nr. 10050   1   1/84

1 Finanz- und Privatkonten	2 Abgrenzungskonten	2 Abgrenzungskonten

Spalte 1 — Finanz- und Privatkonten

1855 Verbindlichkeiten aus Einbehaltungen
1856 Verbindlichkeiten aus Vermögensbildung
F 1859 USt-Abzugsverfahren, UStVA KZ 75
S 1860 Umsatzsteuer nicht fällig
R 1864-65
S 1866 Umsatzsteuer nicht fällig 7 %
S 1867 Umsatzsteuer nicht fällig 14 %
S 1868 Umsatzsteuer nicht fällig 6,5 %
S 1869 Umsatzsteuer nicht fällig 13 %

S 1870 Umsatzsteuer
R 1874-75
S 1876 Umsatzsteuer 7 %
S 1877 Umsatzsteuer 14 %
S 1878 Umsatzsteuer 6,5 %
S 1879 Umsatzsteuer 13 %

1880 Umsatzsteuer-Vorauszahlungen
F 1881 Umsatzsteuer-Vorauszahlung $^{1}/_{11}$
F 1882 Nachsteuer, UStVA KZ 65
1883 Umsatzsteuer lfd. Jahr[1]
1886 Umsatzsteuer Vorjahr[1]
1887 Umsatzsteuer frühere Jahre[1]
1888 Einfuhrumsatzsteuerzahlung aufgeschoben bis . . . .
F 1889 In Rechnung unberechtigt ausgewiesene Steuer UStVA KZ 69[1]
1890 Sonstige Verrechnungskonten (Interimskonto)
1893 Verrechnungskonto Geleistete Anzahlungen bei Buchung über Kreditorenkonto

1900 Privat
1901 Privater Eigenverbrauch
1910 Privatsteuern
1920 Beschränkt abzugsfähige Sonderausgaben
1930 Unbeschränkt abzugsfähige Sonderausgaben
1940 Spenden
1950 Außergewöhnliche Belastungen
1960 Grundstücksaufwand
1970 Grundstücksertrag
1990 Einlagen

2 Abgrenzungskonten

M 2120/2124 – 2129
V 2620/2624 – 2629

2000 Außerordentliche und periodenfremde Aufwendungen
2010 Betriebsfremde Aufwendungen
2020 Periodenfremde Aufwendungen
2030 Anlagenabgänge (Restbuchwert)
2035 Verluste aus Anlagenverkäufen
2040 Steuernachzahlungen, Vorjahre

2100 Zinsaufwendungen
2110 Zinsaufwendungen für kurzfristige Verbindlichkeiten
2115 Zinsaufwendungen für langfristige Verbindlichkeiten

Spalte 2 — Abgrenzungskonten

S 2120 Gewährte Skonti
R 2124-25
S/AM 2126 Gewährte Skonti 7 % USt
S/AM 2127 Gewährte Skonti 14 % USt
S/AM 2128 Gewährte Skonti 6,5 % USt
S/AM 2129 Gewährte Skonti 13 % USt

2130 Diskontaufwendungen
2140 Aufwendungen aus Kursdifferenzen
2150 Nichtanrechenbare Vorsteuer
2152 Nichtanrechenbare Vorsteuer 6,5 %
2153 Nichtanrechenbare Vorsteuer 13 %
2156 Nichtanrechenbare Vorsteuer 7 %
2157 Nichtanrechenbare Vorsteuer 14 %

2200 Aus dem Erfolg zu deckende Aufwendungen (nur für die Körpersch.)
2210 Körperschaftsteuer
2220 Vermögensteuer
2225 Grundsteuer
2240 Spenden

2300 Grundstücksaufwendungen

2500 Außerordentliche und periodenfremde Erträge
2510 Betriebsfremde Erträge
2520 Periodenfremde Erträge
2530 Zuschreibungen zu Gegenständen des Anlagevermögens
2540 Steuererstattungen, Vorjahre

2600
2610 Zinserträge
S 2620 Erhaltene Skonti
R 2624-25
S/AV 2626 Erhaltene Skonti 7 % Vorsteuer
S/AV 2627 Erhaltene Skonti 14 % Vorsteuer
S/AV 2628 Erhaltene Skonti 6,5 % Vorsteuer
S/AV 2629 Erhaltene Skonti 13 % Vorsteuer
2630 Diskonterträge
2640 Erträge aus Kursdifferenzen

2700 Grundstückserträge

2890 Verr. kalkulat. Unternehmerlohn
2891 Verr. kalkulat. Miete und Pacht
2892 Verr. kalkulat. Zinsen
2893 Verr. kalkulat. Abschreibungen

F 2900 Bemessungsgrundlage BFG 4,2 % § 2 BFG Westdeutscher Unternehmer
F 2901 Bemessungsgrundlage BFG 4,5 % § 1 Abs. 1–4 BFG[6]
F 2902 Bemessungsgrundlage BFG 5 % § 1 Abs. 7 BFG[6]
F 2903 Bemessungsgrundlage BFG 6 % § 1 Abs. 7 BFG[6]
F 2904 Bemessungsgrundlage BFG 10 % § 1 Abs. 6 BFG[6]
F 2905 Bemessungsgrundlage BFG 6 % § 1 Abs. 5 BFG[6][1]
F 2906 Bemessungsgrundlage BFG 6 % § 1a BFG[6][1]

Spalte 3 — Abgrenzungskonten / Waren-, Roh-, Hilfs- u. Betriebsstoffe

F 2910 Bemessungsgrundlage 5 % Warenbezüge aus dem WgM-DDR
F 2911 Bemessungsgrundlage 11 % Warenbezüge aus dem WgM-DDR
F 2920 Bemessungsgrundlage 2,5 % Warenbezüge aus dem WgM-DDR
F 2921 Bemessungsgrundlage 5,5 % Warenbezüge aus dem WgM-DDR

2990 Gegenkonto zu 29

3 Waren-, Roh-, Hilfs- u. Betriebsstoffe

V 3000 – 3959
KU 3960 – 3999

3000 Wareneinkauf

3100 Handelswaren

3200 Rohstoffe

3300 Hilfs- und Betriebsstoffe

3500 Nichtanrechenbare Vorsteuer
3502 Nichtanrechenbare Vorsteuer 6,5 %
3503 Nichtanrechenbare Vorsteuer 13 %
3504 Nichtanrechenbare Vorsteuer 7 %
3505 Nichtanrechenbare Vorsteuer 14 %
AV 3506 Wareneingang 4,5 % Vorsteuer
AV 3507 Wareneingang 5 % Vorsteuer
AV 3508 Wareneingang 6,5 % Vorsteuer
AV 3509 Wareneingang 7 % Vorsteuer
AV 3510-19 Wareneingang 3 % Vorsteuer
R 3520-29
AV 3530-39 Wareneingang 7/7,5/8 % Vorsteuer[2]
AV 3540-49 Wareneingang 6,5/7 % Vorsteuer[4]
AV 3550-59 Wareneingang 13/14 % Vorsteuer[4]
AV 3560-69 Wareneingang 7 % Vorsteuer
AV 3570-79 Wareneingang 14 % Vorsteuer
AV 3580-89 Wareneingang 6,5 % Vorsteuer
AV 3590-99 Wareneingang 13 % Vorsteuer

3600 Fremdleistungen

3700 Bezugs- und Nebenkosten
3730 Leergut
3790 Zölle und Einfuhrabgaben

3 Waren-, Roh-, Hilfs- u. Betriebsstoffe		4 Konten der Kostenarten		4 Konten der Kostenarten	
3800	Erhaltene Boni und Rabatte	4230	Heizung	4850	Kalkulatorische Abschreibung
3810	Erhaltene Boni	4240	Gas, Strom, Wasser	4860	Abschreibungen,
AV 3812	Erhaltene Boni	4250	Reinigung		Anlagevermögen
	7% Vorsteuer	4260	Instandhaltung betriebl. Räume	4870	Abschreibungen, GWG
AV 3813	Erhaltene Boni	4270	Abgaben für betrieblich	4880	Abschreibungen,
	14% Vorsteuer		genutzten Grundbesitz		Umlaufvermögen
AV 3814	Erhaltene Boni	4280	Sonstige Raumkosten		
	6,5/7% Vorsteuer [4]	4290	Privater Raumkostenanteil	**4900**	Verschiedene Kosten
AV 3815	Erhaltene Boni		(Haben)	4910	Porto
	13/14% Vorsteuer [4]			4920	Telefon, Fernschreiber
R 3816-17		**4300**	Nichtanrechenbare Vorsteuer	4930	Bürobedarf
AV 3818	Erhaltene Boni	4302	Nichtanrechenbare	4940	Zeitschriften, Bücher
	6,5% Vorsteuer		Vorsteuer 6,5%	4950	Rechts- und Beratungskosten
AV 3819	Erhaltene Boni	4303	Nichtanrechenbare	4955	Buchführungskosten
	13% Vorsteuer		Vorsteuer 13%	4960	Mieten für Einrichtung
3820	Erhaltene Rabatte	4306	Nichtanrechenbare	4970	Nebenkosten des Geldverkehrs
AV 3822	Erhaltene Rabatte		Vorsteuer 7%	4979	Kalkulatorische Zinsen
	7% Vorsteuer	4307	Nichtanrechenbare	4980	Betriebsbedarf
AV 3823	Erhaltene Rabatte		Vorsteuer 14%	4990	Sonstige Kosten
	14% Vorsteuer	4320	Gewerbesteuer		
AV 3824	Erhaltene Rabatte	4340	Sonstige Betriebssteuern		
	6,5/7% Vorsteuer [4]	4360	Versicherungen		
AV 3825	Erhaltene Rabatte	4380	Beiträge		
	13/14% Vorsteuer [4]	4390	Sonstige Abgaben		
R 3826-27					
AV 3828	Erhaltene Rabatte	**4400**	(Zur freien Verfügung)		7 Erzeugnisse
	6,5% Vorsteuer				
AV 3829	Erhaltene Rabatte	**4500**	Fahrzeugkosten		
	13% Vorsteuer	4510	Kfz-Steuern		
		4520	Kfz-Versicherungen	**7000**	Unfertige Erzeugnisse
3960	Best. Veränd. RHB/Waren	4530	Laufende Kfz-Betriebskosten		
3970	Verrechnete Stoffkosten	4540	Kfz-Reparaturen	**7500**	Fertige Erzeugnisse
	(Gegenkonto zu 4000-4099)	4550	Garagenmieten		
3980	Roh-, Hilfs-, Betriebsstoffe	4570	Fremdfahrzeuge		
3987	Unfertige Erzeugnisse	4580	Sonstige Kfz-Kosten		
3991	Fertige Erzeugnisse				
3996	Waren	**4600**	Werbe- und Reisekosten		
		4610	Werbekosten		
		4630	Geschenke unter DM 50,–		
		4635	Geschenke über DM 50,–		
		4640	Repräsentationskosten		
	4 Konten der Kostenarten	4650	Bewirtungskosten		8 Erlöskonten
		4660	Reisekosten Arbeitnehmer		
		AV 4666	Reisekosten AN 10,6/11,4% [4]		
			Verpflegungsmehraufwand		
	V 4000–4999	AV 4667	Reisekosten AN 8,5/9,2% [4]	M	8000–8689
			Gesamtpauschalierung	KU	8690–8699
		4670	Reisekosten Unternehmer	M	8700–8989
		AV 4676	Reisekosten UN 10,6/11,4% [4]	KU	8990–8999
4000-99	Material- und Stoffverbrauch		Verpflegungsmehraufwand		
		AV 4677	Reisekosten UN 8,5/9,2% [4]		
4100	Personalkosten		Gesamtpauschalierung	8000	Erlöse
4110	Löhne	AV 4685	Km-Geld Erstattung 7,1/7,6% [4]		
4120	Gehälter			8100	Erlöse Handelswaren
4125	Ehegattengehalt	**4700**	Kosten der Warenabgabe	8190	Verrechnete Sachbezüge
4129	Kalkulat. Unternehmerlohn	4710	Verpackungsmaterial		
4130	Gesetzliche soziale	4730	Ausgangsfrachten	8200	Fertigungserlöse
	Aufwendungen	4740	Sonstige Ausgangsfrachten		
4140	Freiwillige soziale	4750	Transportversicherungen	8300	Erlöse aus Leistungen
	Aufwendungen	4760	Verkaufsprovisionen		
4150	Krankengeldzuschüsse	4780	Fremdarbeiten	AM 8480	Erlöse 6% Umsatzsteuer
4160	Versorgungskassen	4790	Gewährleistungen und		Lieferungen in das WgM-DDR
4170	Vermögenswirksame		Kulanzen	AM 8482	Erlöse aus Geldspielautomaten [5]
	Leistungen				
4180	Bedienungsgelder	**4800**	Abschreibungen, Leasing und	AM **8500**	Erlöse umsatzsteuerfrei
4190	Aushilfslöhne		Instandhaltungskosten		§ 4 Nr. 7 ff UStG
		4810	Instandhaltung von Maschinen,	AM 8501	Erlöse umsatzsteuerfrei
4200	Raumkosten		Betriebs- und Geschäfts-		§ 4 Nr. 1–6 UStG
4210	Miete		ausstattung	AM 8502	Erlöse umsatzsteuerfrei
4220	Pacht	4830	Werkzeuge und Kleingeräte		Lieferungen in das WgM-DDR
4229	Kalkulat. Miete und Pacht	4840	Leasing	AM 8503	Erlöse umsatzsteuerfrei
					Offshore usw.

227

8 Erlöskonten	9 Vortragskonten	
AM 8510-19 Erlöse 3% Umsatzsteuer Lieferungen in das WgM-DDR	KU 9000-9999	Erläuterungen zu den Bezeichnungen über den Kontenklassen und vor den fest vergebenen Konten:

Spalte 8 – Erlöskonten:

AM 8510-19 Erlöse 3% Umsatzsteuer
Lieferungen in das WgM-DDR
R 8520-29
AM 8540-49 Erlöse
6,5/7 % Umsatzsteuer[4]
AM 8550-59 Erlöse
13/14 % Umsatzsteuer[4]
AM 8560-69 Erlöse 7% Umsatzsteuer
AM 8570-79 Erlöse 14% Umsatzsteuer
AM 8580-89 Erlöse 6,5% Umsatzsteuer
AM 8590-99 Erlöse 13% Umsatzsteuer

8600 Provisionserlöse
8690 Best. Veränd. Fert./Unf.
Erzeugnisse
8695 Aktivierte Eigenleistung

8700 Sonstige Erlöse
8710 Erlöse aus Anlageverkäufen
8720 Erlöse aus Abfallverwertung
8730 Erlöse Leergut
8750 Erlöse aus Zinsen/
Diskontspesen
AM 8799 Sonstige Erlöse umsatzsteuerfrei § 4 Nr. 7 ff UStG

8800 Erlösschmälerungen
8810 Gewährte Boni
AM 8812 Gewährte Boni 7% USt
AM 8813 Gewährte Boni 14% USt
AM 8814 Gewährte Boni 6,5/7% USt[4]
AM 8815 Gewährte Boni 13/14% USt[4]
R 8816-17
AM 8818 Gewährte Boni 6,5% USt
AM 8819 Gewährte Boni 13% USt
8820 Gewährte Rabatte
AM 8822 Gewährte Rabatte 7% USt
AM 8823 Gewährte Rabatte 14% USt
AM 8824 Gewährte Rabatte 6,5/7% USt[4]
AM 8825 Gewährte Rabatte 13/14% USt[4]
R 8826-27
AM 8828 Gewährte Rabatte 6,5% USt
AM 8829 Gewährte Rabatte 13% USt
8890 Forderungsverluste

8900 Eigenverbrauch
AM 8910-14 Entnahme von Gegenständen
14% USt nach § 1 Abs. 1
Nr. 2a UStG[1]
AM 8915-19 Entnahme von Gegenständen
7% USt nach § 1 Abs. 1
Nr. 2a UStG[1]
AM 8920-29 Entnahme von sonstigen
Leistungen 14% USt nach § 1
Abs. 1 Nr. 2b UStG[1]
AM 8930-39 Entnahme von sonstigen
Leistungen 7% USt nach § 1
Abs. 1 Nr. 2b UStG[1]
AM 8940 Eigenverbrauch zu 14% USt,
Aufwendungen i. S. des § 4 Abs. 5
Nr. 1–7 u. Abs. 6 EStG/§ 1 Abs. 1
Nr. 2c UStG[1]
AM 8941 Eigenverbrauch zu 7% USt,
Aufwendungen i. S. des § 4 Abs. 5
Nr. 1–7 u. Abs. 6 EStG/§ 1 Abs. 1
Nr. 2c UStG[1]
AM 8945 Unentgeltliche Leistungen von
Gesellschaften an Gesellschafter
14% USt nach § 1 Abs. 1 Nr. 3
UStG[1]
AM 8946 Unentgeltliche Leistungen von
Gesellschaften an Gesellschafter
7% USt nach § 1 Abs. 1 Nr. 3
UStG[1]
8990 Nicht steuerbare Umsätze
8995 Umsatzsteuervergütungen

Spalte 9 – Vortragskonten:

KU 9000-9999

S 9000 Saldovortrag, Sachkonten
F 9001-07 Saldenvorträge, Sachkonten
S 9008 Saldenvorträge Debitoren
S 9009 Saldenvorträge Kreditoren
F 9070 Offene Posten aus 1970
F 9071 Offene Posten aus 1971
F 9072 Offene Posten aus 1972
F 9073 Offene Posten aus 1973
F 9074 Offene Posten aus 1974
F 9075 Offene Posten aus 1975
F 9076 Offene Posten aus 1976
F 9077 Offene Posten aus 1977
F 9078 Offene Posten aus 1978
F 9079 Offene Posten aus 1979
F 9080 Offene Posten aus 1980
F 9081 Offene Posten aus 1981
F 9082 Offene Posten aus 1982
F 9083 Offene Posten aus 1983
F 9084 Offene Posten aus 1984
F 9085 Offene Posten aus 1985
F 9086 Offene Posten aus 1986
F 9087 Offene Posten aus 1987
F 9088 Offene Posten aus 1988
F 9089 Offene Posten aus 1989
F 9090 Summenvortragskonto

**Statistische Konten bei Anwendung
der BAE**

9101 Verkaufstage
9102 Anzahl der Barkunden
9103 Beschäftigte Personen
9104 Unbezahlte Personen
9105 Verkaufskräfte
9106 Geschäftsraum QM
9107 Verkaufsraum QM
9108 Veränderungsrate positiv
9109 Veränderungsrate negativ
9110 Plan – WE
9190 Gegenkonto zu 9101-10

**Statistische Konten für Kennziffern-
teil der Bilanz**

9200 Beschäftigte Personen
9290 Gegenkonto zu 9200

**Statistische Konten für den DATEV-
Betriebsvergleich[3]**

9400 Kalkulatorischer
Unternehmerlohn
9401 Kalkulatorischer Lohn für
unentgeltlich tätige Mitarbeiter
9402 Kalkulatorische Zinsen VG
9403 Kalkulatorische Miete VG
9404 Kalkulatorische AfA VG
9490 Gegenkonto zu 9400–9404

9800 Lösch- und Korrekturschlüssel
9801 Lösch- und Korrekturschlüssel

Personenkonten:
10000–69999 = Debitoren
70000–99999 = Kreditoren

Erläuterungen (rechte Spalte):

Erläuterungen zu den Bezeichnungen
über den Kontenklassen und vor den
fest vergebenen Konten:

KU = keine Errechnung der Umsatzsteuer möglich

V = Zusatzfunktion „Vorsteuer"

M = Zusatzfunktion
„Mehrwertsteuer"

AV = Automatische Errechnung der
Vorsteuer

AM = Automatische Errechnung der
Mehrwertsteuer

S = Sammelkonten

F = Konten mit allgemeiner Funktion

R = Diese Konten dürfen erst dann
bebucht werden, wenn ihnen
eine andere Funktion zugeteilt
wurde.

[1] Konten neu eingeführt ab
Buchungsjahr 1984

[2] Abhängigkeit des Steuersatzes vom
Belegdatum!
– ab Belegdatum 1.01.80 bis 31.12.80
wird 7,5% Vorsteuer errechnet
– ab Belegdatum 1.01.81 wird 7%
Vorsteuer errechnet
– ab Belegdatum 1.01.82 wird 7,5%
Vorsteuer errechnet
– ab Belegdatum 1.07.83 wird 8%
Vorsteuer errechnet

[3] siehe Leitfaden Betriebsvergleich,
Art.-Nr. 10295

[4] Abhängigkeit des Steuersatzes
vom Belegdatum!
– bei Belegdatum kleiner/gleich
30.06.(83) wird der Steuersatz vor
dem Schrägstrich errechnet
(s. Text Kontenbeschriftung)
– bei Belegdatum ab 1.07.(83) wird
der Steuersatz hinter dem Schrägstrich errechnet

[5] Abhängigkeit des Steuersatzes
vom Belegdatum!
Auf dieses Konto gebuchte Beträge
werden mit dem Faktor 1,5 multipliziert.
Aus diesem erhöhten Betrag wird
bis zum Belegdatum 30.06.(83) 13%
und ab 1.07.(83) 14% Umsatzsteuer
errechnet

[6] Für Berliner Unternehmer –
UStVA 84

Bedeutung der Steuerschlüssel:

1 Umsatzsteuerfrei
(mit Vorsteuerabzug)
2 Umsatzsteuer 6,5/7%[4]
3 Umsatzsteuer 13/14%[4]
4 Umsatzsteuer 6/6,5%[4]
5 Umsatzsteuer 12/13%[4]
6 Vorsteuer 6/6,5%[4]
7 Vorsteuer 12/13%[4]
8 Vorsteuer 6,5/7%[4]
9 Vorsteuer 13/14%[4]

Eigenformular, Nachdruck – auch auszugsweise – nicht gestattet

DATEV-Kontenrahmen

Spezialkontenrahmen (SKR) 02 — Gültig ab 1984

Bilanz-position		0 Anlage- und Kapitalkonten	Bilanz-position		0 Anlage- und Kapitalkonten
	0001	**Ausstehende Einlagen**		0290 0299	Anlagen im Bau Anzahlungen auf Maschinen, maschinelle Anlagen, Betriebsvorrichtungen
	0010	**Grundstücke und grundstücksgleiche Rechte mit Geschäfts-, Fabrik- und anderen Bauten**			
	0015	Grundstücke		0300	**Kraftfahrzeuge, Transportmittel**
	0020	Grundstücksgleiche Rechte		0310	Pkw
	0025	Geschäftsgebäude		0340	Lkw
	0030	Fabrikgebäude		0370	Sonstige Transportmittel
	0035	Andere Gebäude, soweit nicht Wohngebäude		0390	Transportmittel im Bau
	0040	Andere Bauten, die keinen Gebäudecharakter haben		0399	Anzahlungen auf Kraftfahrzeuge und Transportmittel
	0044	Garagen			
	0045	Grundstückseinrichtungen		0400	**Betriebs- und Geschäftsausstattung**
	0048	Außenanlagen		0410	Einbauten in fremde Gebäude
	0049	Hof- und Wegebefestigungen		0420	Werkzeuge
	0050	Einrichtungen für Geschäftsgebäude		0430	Ladeneinrichtung
	0055	Einrichtungen für Fabrikgebäude		0440	Büroeinrichtung
	0060	Einrichtungen für andere Gebäude soweit nicht Wohngebäude		0450	Geschäftsausstattung
	0065	Betriebsgebäude im Bau		0460	Betriebsausstattung
	0069	Anzahlungen auf Grundstücke und grundstücksgleiche Rechte mit Geschäfts-, Fabrik- und anderen Bauten		0470 0480	Gerüst- und Schalungsmaterial Geringwertige Wirtschaftsgüter – bis DM 800,–
				0490	Ausstattungen im Bau
	0070	**Grundstücke und grundstücksgleiche Rechte mit Wohnbauten**		0499	Anzahlungen auf Betriebs- und Geschäftsausstattung
	0075	Grundstücke			
	0078	Außenanlagen		0500	**Konzessionen**
	0079	Hof- und Wegebefestigungen		0510	Gewerbliche Schutzrechte (Patente)
	0080	Grundstücksgleiche Rechte		0520	Sonstige Rechte
	0085	Wohngebäude		0530	Linzenzen an gewerbl. Schutzrechten und sonstigen Rechten
	0089	Garagen		0540	Geschäfts- oder Firmenwert
	0090	Einrichtungen für Wohngebäude		0545	Verschmelzungsmehrwert
	0095	Wohngebäude im Bau		0549	Kosten der Ingangsetzung des Geschäftsbetriebes
	0099	Anzahlungen auf Grundstücke und grundstücksgleiche Rechte mit Wohnbauten		0550	Beteiligungen
				0575	Geschäftsanteile (Genossenschaftsanteile)
	0100	**Grundstücke und grundstücksgleiche Rechte ohne (eigene) Bauten**		0580	Wertpapiere des Anlagevermögens
	0110	Unbebaute Grundstücke		0590	Obligationen
	0113	Außenanlagen			
	0114	Hof- und Wegebefestigungen		0600	**Langfristige Forderungen (Ausleihungen mit einer Laufzeit von mindestens 4 Jahren ohne Grundpfandrechte)**
	0115	Grundstücksgleiche Rechte			
	0120	Grundstücke mit fremden Bauten			
	0125	Grundstücke mit Substanzverzehr		0610	Darlehen – ohne Grundpfandrechte
	0129	Anzahlungen auf Grundstücke und grundstücksgleiche Rechte ohne (eigene) Bauten		0660	Ausleihungen mit einer Laufzeit von mindestens 4 Jahren – durch Grundpfandrechte gesichert
	0130	**Bauten auf fremden Grundstücken die nicht zu den Kontengruppen 0010 oder 0070 gehören**		0670	Hypotheken
	0135	Geschäftsgebäude		0680	Darlehen – durch Grundpfandrechte gesichert
	0140	Fabrikgebäude			
	0145	Andere Gebäude, soweit nicht Wohngebäude		0690	Ausleihungen über 4 Jahre
	0146	Garagen		0695	Ausleihungen durch Grundpfandrechte gesichert
	0150	Andere Bauten, die keinen Gebäudecharakter haben		0699	Aktiver Konsolidierungsausgleichsposten
	0155	Wohngebäude			
	0158	Außenanlagen		0700	**Verbindlichkeiten mit einer Laufzeit von mindestens 4 Jahren – ohne Grundpfandrechte**
	0159	Hof- und Wegebefestigungen			
	0160	Einrichtungen für Geschäftsgebäude		0705	Anleihen – ohne Grundpfandrechte
	0165	Einrichtungen für Fabrikgebäude		0710	Verbindlichkeiten gegenüber Kreditinstituten – ohne Grundpfandrechte
	0170	Einrichtungen für andere Gebäude soweit nicht Wohngebäude		0730	Sonst. langfristige Verbindlichkeiten (z. B. Darlehen) – ohne Grundpfandrechte
	0180	Einrichtungen für Wohngebäude		0745	Darlehen typisch stiller Gesellschafter
	0190	Bauten auf fremden Grundstücken im Bau		0750	Darlehen atypisch stiller Gesellschafter
	0199	Anzahlungen für Bauten auf fremden Grundstücken		0755	Partiarische Darlehen
				0760	Verbindlichkeiten mit einer Laufzeit von mindestens 4 Jahren – durch Grundpfandrechte gesichert
	0200	**Maschinen, maschinelle Anlagen, Betriebsvorrichtungen**		0765	Anleihen – durch Grundpfandrechte gesichert
	0210	Maschinen			
	0220	Maschinengebundene Werkzeuge		0770	Verbindlichkeiten gegenüber Kreditinstituten – durch Grundpfandrechte gesichert
	0240	Maschinelle Anlagen			
	0250	Transportanlagen u. ä.			
	0260	Betriebsvorrichtungen			

Bilanz-position	0 — Anlage- und Kapitalkonten		Bilanz-position	1 — Finanz- und Privatkonten	
	0790	Sonstige langfristige Verbindlichkeiten (z.B. Darlehen) – durch Grundpfandrechte gesichert		F 1340	Wertpapiere des Umlaufvermögens
				F 1345	Eigene Aktien
				F 1350	Anteile an einer herrschenden Gesellschaft
				F 1360	Geldtransit
	0800	**Kapital (Einzelfirma)**		F 1370	Verrechnungskonto Gewinnermittlung 4/3 EStG
	0801	Grundkapital		F 1375	Ansprüche aus Rückdeckungs-versicherungen
	0802	Stammkapital			
	0805	Kapital Vollhafter		F 1380	GmbH-Anteile zum kurzfr. Verbleib
	0820	Kapital Teilhafter		F 1385	Genossenschaftsanteile zum kurzfr. Verbleib
	0850	Gewinn-/Verlustverteilungskonto Vollhafter			
	0860	Gesetzliche Rücklage 56 % Vorbelastung		F 1390	Verrechnungskonto Ist-Versteuerung
	0863	Gesetzliche Rücklage 36 % Vorbelastung			
	0866	Gesetzliche Rücklage 0 % Vorbelastung		**S 1400**	**Forderungen aus Lieferungen und Leistungen**
	0870	Freie Rücklage 56 % Vorbelastung		R 1401-06	Forderungen aus Lieferungen und Leistungen
	0873	Freie Rücklage 36 % Vorbelastung		F 1410-79	Forderungen aus Lieferungen und Leistungen ohne Kontokorrent
	0876	Freie Rücklage 0 % Vorbelastung		1480	Forderungen mit einer Restlaufzeit von mehr als einem Jahr
	0880	Sonderposten mit Rücklageanteil		1490	Zweifelhafte Forderungen
	0890	Gewinn oder Verlustvortrag			
	0895	Gewinnvortrag 56 % Vorbelastung		**1500**	**Sonstige Forderungen**
	0896	Gewinnvortrag 36 % Vorbelastung		1505	Forderungen aus Krediten, die unter § 89 Akt. G. fallen
	0897	Gewinnvortrag 0 % Vorbelastung		1506	Forderungen aus Krediten, die unter § 115 Akt. G. fallen
	0899	Passiver Konsolidierungsausgleichsposten		1510	Geleistete Anzahlungen
				AV 1512	Geleistete Anzahlungen mit Vorsteuerabzug 6,5 %
	0900	**Kalkulatorische Wertberichtigung**		AV 1513	Geleistete Anzahlungen mit Vorsteuerabzug 13 %
	0910	WB auf Sachanlagen		AV 1514	Geleistete Anzahlungen mit Vorsteuerabzug 7 %
	0915	WB auf Beteiligungen		AV 1515	Geleistete Anzahlungen mit Vorsteuerabzug 14 %
	0920	WB auf Wertpapiere des AV		1520	Agenturwarenabrechnung
	0925	Pauschal-WB zu Forderungen		1525	Kautionen
	0930	Pensionsrückstellungen		1530	Forderungen an Personal
	0935	Andere Rückstellungen		1540	Steuerüberzahlungen
	0942	Rückstellungen für Abschlußkosten		1547	Umsatzsteuerforderungen
	0947	Rückstellungen für Gewährleistungen ohne rechtliche Verpflichtung		1548	Vorsteuer, im Folgejahr abziehbar
	0948	Garantierückstellungen		1549	Körperschaftsteuerrückforderung
	0949	Rückstellungen für Gewährleistungen mit rechtlicher Verpflichtung		1550	Kurzfristige Darlehen
	0950	Steuer-Rückstellungen		S 1560	Aufzuteilende Vorsteuer
	0955	Gewerbesteuerrückstellung		R 1563	
	0956	Körperschaftsteuerrückstellung		S 1564	Aufzuteilende Vorsteuer 14 %
	0960	Aktive Rechnungsabgrenzung		S 1565	Aufzuteilende Vorsteuer 13 %
	0965	Aktive Rechnungsabgrenzung (Perioden-abgrenzung für mehrere Jahre)		R 1566	
				S 1567	Aufzuteilende Vorsteuer 7 %
	0970	Damnum/Disagio		S 1568	Aufzuteilende Vorsteuer 6,5 %
	0980	Passive Rechnungsabgrenzung		R 1569	
	0985	Passive Rechnungsabgrenzung (Perioden-abgrenzung für mehrere Jahre)		S 1570	Anrechenbare Vorsteuer
				R 1573	
				S 1574	Anrechenbare Vorsteuer 14 %
				S 1575	Anrechenbare Vorsteuer 13 %
				R 1576	
				S 1577	Anrechenbare Vorsteuer 7 %
				S 1578	Anrechenbare Vorsteuer 6,5 %
				R 1579	

Bilanz-position	1 — Finanz- und Privatkonten			1 — Finanz- und Privatkonten	
				F 1583	§ 13 BFG . . . .
				1586	Kürzung BFG
	KU 1000–1511			1587	Kürzung – Mark der DDR
	V 1512–1515			F 1588	Bezahlte Einfuhr-Umsatzsteuer
	KU 1516–1750			1590	Durchlaufende Posten
	M 1751–1754			1593	Verrechnungskonto Erhaltene Anzahlungen bei Buchung über Debitoren Konten
	KU 1755–1999			1595	Forderungen an verbundene Unternehmen
	F 1000	**Kasse**		**S 1600**	**Verbindlichkeiten aus Lieferungen und Leistungen**
	F 1010	Nebenkasse 1		R 1601-03	Verbindlichkeiten aus Lieferungen und Leistungen
	F 1020	Nebenkasse 2		F 1610	Verbindlichkeiten aus Lieferungen und Leistungen ohne Kontokorrent
	F 1100	**Postscheck**		**1700**	**Schuldwechsel**
	F 1110	Postscheck 1		1750	Erhaltene Anzahlungen
	F 1120	Postscheck 2		AM 1751	Erhaltene, versteuerte Anzahlungen 7 % USt
	F 1130	Postscheck 3		AM 1752	Erhaltene, versteuerte Anzahlungen 6,5 % USt
	F 1190	Bundesbankguthaben		AM 1753	Erhaltene, versteuerte Anzahlungen 13 % USt
	F 1195	LZB-Guthaben		AM 1754	Erhaltene, versteuerte Anzahlungen 14 % USt
				1755	Erhaltene Kautionen
	F 1200	**Bank**		1760	Gewinnverfügungskonto – Stille Gesellschafter
	F 1210	Bank 1		1770	Gewinn-/Verlustanteilkonto – Teilhafter
	F 1220	Bank 2			
	F 1230	Bank 3		**1800**	**Sonstige Verbindlichkeiten**
	F 1240	Bank 4		1810	Kurzfristige Darlehen
	F 1250	Bank 5		1820	Agenturwarenabrechnung
	F 1280	Verbindlichkeiten aus kurzfr. Darlehen gegenüber Kreditinstituten		1830	Verbindlichkeiten aus Betriebssteuern-und -abgaben
	F 1290	Verbindlichkeiten gegenüber Kredit-instituten aus TZ-Verträgen			
	F 1310	**Besitzwechsel**			
	F 1315	Bundesbankfähige Wechsel			
	F 1330	Schecks			

230

Bilanz-position	1 Finanz- und Privatkonten		Bilanz-position	2 Abgrenzungskosten	
	1835	Verbindlichkeiten aus Lohn- und Kirchensteuer		2170	Nichtanrechenbare Vorsteuer
	1840	Verbindlichkeiten Sozialversicherung		2174	Nichtanrechenbare Vorsteuer 13%
	1850	Lohn- und Gehaltsverrechnungen		2175	Nichtanrechenbare Vorsteuer 14%
	1855	Verbindlichkeiten aus Einbehaltungen		2177	Nichtanrechenbare Vorsteuer 6,5%
	1856	Verbindlichkeiten aus Vermögensbildung		2178	Nichtanrechenbare Vorsteuer 7%
	F 1859	Umsatzsteuer-Abzugsverfahren, UStVA-KZ 75		R 2179	
	S 1860	Umsatzsteuer nicht fällig		2190	Sonst. Zinsen und zinsähnliche Auf- wendungen
	R 1863				
	S 1864	Umsatzsteuer nicht fällig 14%			
	S 1865	Umsatzsteuer nicht fällig 13%			
	R 1866			**2200**	**Aus dem Erfolg zu deckende Auf- wendungen**
	S 1867	Umsatzsteuer nicht fällig 7%		2210	Körperschaftsteuer
	S 1868	Umsatzsteuer nicht fällig 6,5%		2215	Kapitalertragsteuer
	R 1869			2220	Vermögensteuer
	S 1870	Umsatzsteuer			
	R 1873			2240	Spenden
	S 1874	Umsatzsteuer 14%		2250	Nichtabziehbare Hälfte der Aufsichtsrats- vergütung (§ 10 Nr. 3 KStG)
	S 1875	Umsatzsteuer 13%			
	R 1876				
	S 1877	Umsatzsteuer 7%		2410	Verluste aus Wertminderungen oder dem Abgang von Gegenständen des UV außer Vorräte
	S 1878	Umsatzsteuer 6,5%			
	R 1879			2415	Einstellung in die Pauschal- wertberichtigung zu Forderungen
	1880	Umsatzsteuer-Vorauszahlungen			
	F 1881	Umsatzsteuer-Vorauszahlung ¹/₁₁		2420	Forderungsverluste
	F 1882	Nachsteuer UStVA-KZ 65		AM 2422	Forderungsverluste 14% USt
	1883	Umsatzsteuer lfd. Jahr [4]		AM 2423	Forderungsverluste 13/14% USt [1]
	1886	Umsatzsteuer Vorjahr [4]		R 2424	
	1887	Umsatzsteuer frühere Jahre [4]		AM 2425	Forderungsverluste 13% USt
	1888	Einfuhrumsatzsteuerzahlung aufgehoben bis . . .		AM 2426	Forderungsverluste 6,5/7% USt [1]
	F 1889	In Rechnung unberechtigt ausgewiesene Steuer UStVA-KZ 69 [4]		R 2427	
	1890	Sonstige Verrechnungskonten (Interimskonto)		AM 2428	Forderungsverluste 6,5% USt
	1893	Verrechnungskonto		AM 2429	Forderungsverluste 7% USt
		Geleistete Anzahlungen bei Buchung über Kreditoren-Konten		2430	Verluste aus dem Abgang von Wirt- schaftsgütern des Anlagevermögens
	1895	Verbindlichkeiten gegenüber verbundenen Unternehmen		2440	Aufwendungen aus Verlustübernahme
				2450	Einstellung in Sonderposten mit Rücklageanteil
				2460	Abgeführte Gewinne
	1900	**Privat**		2470	Verlustvortrag
	1901	Privater Eigenverbrauch		2480	Einstellung in die ges. Rücklage
	1910	Privatsteuern		2490	Einstellung in die freien Rücklagen
	1920	Beschränkt abzugsfähige Sonderausgaben			
	1930	Unbeschränkt abzugsfähige Sonderausgaben		**2500**	**Außerordentliche und periodenfremde Erträge**
	1940	Spenden		2510	Betriebsfremde Erträge
	1950	Außergewöhnliche Belastungen		2520	Periodenfremde Erträge
	1960	Grundstücksaufwand		2530	Erträge aus abgeschriebenen Forderungen
	1970	Grundstücksertrag			
	1990	Einlagen		2540	Steuererstattung, Vorjahre
				2550	Grundstückserträge

Bilanz-position	2 Abgrenzungskonten		Bilanz-position		
				2600	**Zinserträge**
				2630	Diskonterträge
	V 2640, 2643-48			S 2640	Erhaltene Skonti
	M 2140, 2143-48			R 2643	
	M 2420-29			S/AV 2644	Erhaltene Skonti 14% VSt
				S/AV 2645	Erhaltene Skonti 13% VSt
				R 2646	
	2000	**Außerordentliche und periodenfremde Aufwendungen**		S/AV 2647	Erhaltene Skonti 7% VSt
	2010	Betriebsfremde Aufwendungen		S/AV 2648	Erhaltene Skonti 6,5% VSt
	2020	Periodenfremde Aufwendungen		R 2649	
	2030	Anlagenabgänge (Restbuchwert bei Verlust)		2660	Erträge aus Kursdifferenzen
	2035	Anlagenabgänge (Restbuchwert bei Gewinn)		2690	Sonstige Zinsen und zinsähnliche Erträge
	2040	Steuernachzahlungen, Vorjahre		2710	Erträge aus Gewinngemeinschaften
	2050	Grundstücksaufwendungen		2715	Erträge aus Gewinnabführungs- und Teilgewinnabführungsverträgen
	2090	Grundsteuer		2720	Erträge aus Beteiligungen
				2725	Erträge aus anderen Finanzanlagen
				2730	Erträge aus dem Abgang von Wirt- schaftsgütern des Anlagevermögens
	2100	**Zinsaufwendungen**		2735	Erträge aus Zuschreibung des Anlage- vermögens
	2110	Zinsaufwendungen für kurzfristige Verbindlichkeiten		2740	Erträge aus Herabsetzung der Pauschal- wertberichtigung zu Forderungen
	2115	Zinsaufwendungen für langfristige Verbindlichkeiten		2750	Erträge aus der Auflösung von Rück- stellungen
	2130	Diskontaufwendungen		2755	Ertr. aus der Aufl. von Sonderposten mit Rücklageanteil
	S 2140	Gewährte Skonti		2760	Erträge aus Verlustübernahme
	R 2143			2770	Gewinnvortrag
	S/AM 2144	Gewährte Skonti 14% USt		2780	Entnahmen aus der gesetzl. Rücklage
	S/AM 2145	Gewährte Skonti 13% USt		2790	Entnahme aus freien Rücklagen
	R 2146				
	S/AM 2147	Gewährte Skonti 7% USt		2890	Verr. kalkulat. Unternehmerlohn
	S/AM 2148	Gewährte Skonti 6,5% USt		2891	Verr. kalkulat. Miete und Pacht
	R 2149			2892	Verr. kalkulat. Zinsen
	2160	Aufwendungen aus Kursdifferenzen		2893	Verr. kalkulat. Abschreibungen
				2894	Verr. kalkulat. Wagnisse

Bilanz-position	2 Abgrenzungskonten	Bilanz-position	3 Waren-, Roh-, Hilfs- u. Betriebsstoffe
F 2900	**Bemessungsgrundlage BFG 4,2%,** § 2 BFG für westdeutsche Unternehmer	3950-59	Verrechnete Stoffkosten (Gegenkto. zu 4000-99)
F 2901	Bemessungsgrundlage BFG 4,5%, § 1 Abs. 1–4 BFG [6])	3960-69	Bestandsveränderungen Roh-, Hilfs- und Betriebsstoffe
F 2910	Bemessungsgrundlage BFG 5%, § 1 Abs. 7 BFG [6])	3970-79	Bestand Roh-, Hilfs- und Betriebsstoffe
F 2911	Bemessungsgrundlage BFG 6%, § 1 Abs. 7 BFG [6])	3980-89	Bestand Waren

Bilanz-position	4 Konten der Kostenarten

Continuing column 2 (Abgrenzungskonten):

F 2912	Bemessungsgrundlage BFG 10%, § 1 Abs. 6 BFG [6])
F 2913	Bemessungsgrundlage BFG 6%, § 1 Abs. 5 BFG [4]) [6])
F 2914	Bemessungsgrundlage BFG 6%, § 1a BFG [4]) [6])
F 2950	Bemessungsgrundlage Mark der DDR 5%
F 2951	Bemessungsgrundlage Mark der DDR 11%
F 2960	Bemessungsgrundlage Mark der DDR 2,5%
F 2961	Bemessungsgrundlage Mark der DDR 5,5%
2990	Gegenkonto zu 29

Column 4 (Konten der Kostenarten):

V 4000–4999

4000-99	**Material- und Stoffverbrauch**
4100	**Personalkosten**
4110	Löhne
4120	Gehälter
4125	Ehegattengehalt[4])
4129	Kalkulat. Unternehmerlohn
4130	Gesetzliche soziale Aufwendungen
4140	Freiwillige soziale Aufwendungen, lohnsteuerfrei
4145	Freiwillige soziale Aufwendungen, lohnsteuerpflichtig
4150	Krankengeldzuschüsse
4160	Versorgungskassen
4165	Aufwendungen für Altersversorgung
4169	Aufwendungen für Unterstützung
4170	Vermögenswirksame Leistungen
4180	Fahrtkostenerstattung – Wohnung/ Arbeitsstätte
4185	Sonst. Personalaufwendungen
4190	Aushilfslohn
4199	Lohnsteuer für Aushilfen
4200	**Raumkosten**
4210	Miete
4220	Pacht
4229	Kalkulat. Miete und Pacht
4230	Heizung
4240	Gas, Strom, Wasser
4250	Reinigung
4260	Instandhaltung betriebl. Räume
4270	Abgaben für betrieblich genutzten Grundbesitz
4280	Sonst. Raumkosten
4290	Privater Raumkostenanteil (Haben)
4300	Nichtanrechenbare Vorsteuer
4304	Nichtanrechenbare Vorsteuer 13%
4305	Nichtanrechenbare Vorsteuer 14%
4307	Nichtanrechenbare Vorsteuer 6,5%
4308	Nichtanrechenbare Vorsteuer 7%
R 4309	
4320	Gewerbesteuer
4340	Sonstige Betriebssteuern
4360	Versicherungen
4380	Beiträge
4390	Sonstige Abgaben
4400	(Zur freien Verfügung)
4500	**Fahrzeugkosten**
4510	Kfz-Steuern
4520	Kfz-Versicherungen
4530	Laufende Kfz-Betriebskosten
4540	Kfz-Reparaturen
4550	Garagenmieten
4570	Fremdfahrzeuge
4580	Sonstige Kfz-Kosten
4600	**Werbe- und Reisekosten**
4610	Werbekosten
4630	Geschenke unter DM 50,–
4635	Geschenke über DM 50,–
4640	Repräsentationskosten
4650	Bewirtungskosten
4660	Reisekosten Arbeitnehmer
AV 4666	Reisekosten AN 10,6/11,4% VSt[1]) Verpflegungsmehraufwand
AV 4667	Reisekosten AN 8,5/9,2% VSt[1]) Gesamtpauschalierung
4670	Reisekosten Unternehmer
AV 4676	Reisekosten UN 10,6/11,4% VSt[1]) Verpflegungsmehraufwand
AV 4677	Reisekosten UN 8,5/9,2% VSt[1]) Gesamtpauschalierung
AV 4685	km-Geld-Erstattung 7,1/7,6% VSt[1])
4700	**Kosten der Warenabgabe**
4710	Verpackungsmaterial
4730	Ausgangsfrachten

Lower-left section:

Bilanz-position	3 Waren-, Roh-, Hilfs- u. Betriebsstoffe

V 3000–3949
KU 3950–3999

3000-59	**Rohstoffe**
3060-99	Hilfs- und Betriebsstoffe
3100-59	**Handelsware**
3160-99	Fremdleistungen
AV 3200-09	Wareneingang 13/14% Vorsteuer[1])
AV 3210-19	Wareneingang 14% Vorsteuer
R 3220-29	
AV 3230-39	Wareneingang 13% Vorsteuer
AV 3300-09	Wareneingang 6,5/7% Vorsteuer[1])
AV 3310-19	Wareneingang 7% Vorsteuer
R 3320-29	
AV 3330-39	Wareneingang 6,5% Vorsteuer
AV 3400-09	Wareneingang 4,5% Vorsteuer
AV 3410-19	Wareneingang 5% Vorsteuer
AV 3430-39	Wareneingang 6,5% Vorsteuer
AV 3440-49	Wareneingang 7% Vorsteuer
AV 3470-79	Wareneingang 7,5/8% Vorsteuer[2])
AV 3480-89	Wareneingang 8% Vorsteuer
R 3490-94	
3500	(Zur freien Verfügung)
3600-09	Nichtanrechenbare Vorsteuer
3620-29	Nichtanrechenbare Vorsteuer 13%
3630-39	Nichtanrechenbare Vorsteuer 14%
3650-59	Nichtanrechenbare Vorsteuer 6,5%
3660-69	Nichtanrechenbare Vorsteuer 7%
3700	Erhaltene Boni
AV 3701-04	Erhaltene Boni 14% Vorsteuer
AV 3705-09	Erhaltene Boni 13/14% Vorsteuer[1])
R 3710-14	
AV 3715-19	Erhaltene Boni 13% Vorsteuer
AV 3720-24	Erhaltene Boni 6,5/7% Vorsteuer[1])
R 3725-29	
AV 3730-34	Erhaltene Boni 6,5% Vorsteuer
AV 3735-39	Erhaltene Boni 7% Vorsteuer
3750	Erhaltene Rabatte
AV 3751-52	Erhaltene Rabatte 14% Vorsteuer
AV 3753-54	Erhaltene Rabatte 7% Vorsteuer
AV 3755-59	Erhaltene Rabatte 13/14% Vorsteuer[1])
R 3760-64	
AV 3765-69	Erhaltene Rabatte 13% Vorsteuer
AV 3770-74	Erhaltene Rabatte 6,5/7% Vorsteuer[1])
R 3775-79	
AV 3780-84	Erhaltene Rabatte 6,5% Vorsteuer
3785-89	Nachlässe
AV 3790	Nachlässe 13/14% Vorsteuer[1])
R 3791	
AV 3792	Nachlässe 13% Vorsteuer
AV 3793	Nachlässe 14% Vorsteuer
R 3794	
AV 3795	Nachlässe 6,5/7% Vorsteuer[1])
R 3796	
AV 3797	Nachlässe 6,5% Vorsteuer
AV 3798	Nachlässe 7% Vorsteuer
R 3799	
3800-19	**Bezugs- und Nebenkosten**
3820-39	Leergut
3840-49	Zölle und Einfuhrabgaben

Bilanz-position	4 Konten der Kostenarten		Bilanz-position	8 Erlöskonten	
	4740	Sonstige Ausgangsfrachten		AM **8400-09**	**Erlöse 3 % Umsatzsteuer**
	4750	Transportversicherungen			Lieferungen in das WgM-DDR
	4760	Verkaufsprovisionen		R 8410-19	
	4780	Fremdarbeiten		R 8430-39	
	4790	Aufwand für Gewährleistungen		AM 8440-49	Erlöse 6 % Umsatzsteuer
					Lieferungen in das WgM-DDR
	4800	**Abschreibungen, Leasing und**		R 8450-79	
		Instandhaltungskosten		AM 8495	Erlöse Geldspielautomaten⁵)
	4810	Reparaturen und Instandhaltung von		R 8496-99	
		Maschinen			
	4820	Reparaturen und Instandhaltung von		**8500**	**Provisionserlöse**
		Betriebs- und Geschäftsausstattung		8520	Erlöse Abfallverwertung
	4830	Werkzeuge und Kleingeräte		8540	Erlöse Leergut
	4840	Leasing		8590	Verrechnete Sachbezüge
	4850	Kalkulatorische Abschreibungen			
	4860	Abschreibungen und Wertberichtigungen		**8600**	**Sonstige Erlöse**
		auf Sachanlagen und immaterielle		8650	Erlöse Zinsen u. Diskontspesen
		Anlagegüter		AM 8660	Erlöse Zinsen u. Diskontspesen 13/14% USt¹)
	4870	Abschreibungen auf geringwertige		R 8665	
		Wirtschaftsgüter (GWG)		AM 8666	Erlöse Zinsen u. Diskontspesen 13% USt
	4880	Abschreibungen und Wertberichtigungen		AM 8667	Erlöse Zinsen u. Diskontspesen 14% USt
		auf Finanzanlagen		R 8668-74	
	4890	Verluste aus Wertminderungen des UV		AM 8675	Erlöse Zinsen u. Diskontspesen 6,5/7% USt¹)
				R 8679	
	4900	**Verschiedene Kosten**		AM 8680	Erlöse Zinsen u. Diskontspesen 6,5% USt
	4910	Porto		AM 8681	Erlöse Zinsen u. Diskontspesen 7% USt
	4920	Telefon. Fernschreiber		R 8682-89	
	4930	Bürobedarf			
	4940	Zeitschriften. Bücher		**8700**	**Erlösschmälerungen**
	4950	Rechts- und Beratungskosten		AM 8701-04	Gewährte Boni 14% USt
	4955	Buchführungskosten		AM 8705-09	Gewährte Boni 13/14% USt¹)
	4960	Mieten für Einrichtungen		R 8710-14	
	4970	Nebenkosten des Geldverkehrs		AM 8715-19	Gewährte Boni 13% USt
	4975	Kalkulatorische Wagnisse		AM 8720-24	Gewährte Boni 6,5/7% USt¹)
	4979	Kalkulatorische Zinsen		R 8725-29	
	4980	Betriebsbedarf		AM 8730-34	Gewährte Boni 6,5% USt
	4990	Sonstige Kosten		AM 8735-39	Gewährte Boni 7% USt
				8750	Gewährte Rabatte
				AM 8751-52	Gewährte Rabatte 14% USt
Bilanz-position	7 Bestände an Fertigerzeugnissen			AM 8753-54	Gewährte Rabatte 7% USt
				AM 8755-59	Gewährte Rabatte 13/14% USt¹)
				R 8760-64	
				AM 8765-69	Gewährte Rabatte 13% USt
				AM 8770-74	Gewährte Rabatte 6,5/7% USt¹)
	KU 7000–7999			R 8775-79	
				AM 8780-84	Gewährte Rabatte 6,5% USt
				8785-89	Erlösschmälerungen
	7000	**Bestand unfertige Erzeugnisse**		AM 8790	Erlösschmälerungen 13/14% USt¹)
				R 8791	
	7100	**Bestand fertige Erzeugnisse**		AM 8792	Erlösschmälerungen 13% USt
				AM 8793	Erlösschmälerungen 14% USt
				R 8794	
				AM 8795	Erlösschmälerungen 6,5/7% USt¹)
				R 8796	
				AM 8797	Erlösschmälerungen 6,5% USt
Bilanz-position	8 Erlöskonten			AM 8798	Erlösschmälerungen 7% USt
				8800	**Erlöse aus Anlageverkäufen**
				AM 8805-09	Erlöse aus Anlageverkäufen 14% USt
	M **8000–8949** KU **8950–8999**				(bei Buchverlust)
				AM 8810-14	Erlöse aus Anlageverkäufen 13/14% USt¹)
					(bei Buchverlust)
	AM **8000**	**Stfr. Umsätze § 4 Ziff. 7 ff UStG 1980**		R 8815-19	
	AM 8099	Sonst. stfr. Umsätze Inland		AM 8820-24	Erlöse aus Anlageverkäufen 13% USt
					(bei Buchverlust)
	AM **8100**	**Stfr. Umsätze § 4 Ziff. 1–6 UStG 1980**		AM 8825-29	Erlöse aus Anlageverkäufen 6,5/7% USt¹)
	AM 8192	Stfr. Umsätze			(bei Buchverlust)
		Lieferungen in das WgM-DDR		R 8830-34	
	AM 8195	Stfr. Umsätze Offshore usw		AM 8835-39	Erlöse aus Anlageverkäufen 6,5% USt
	AM 8199	Sonst. stfr. Umsätze Ausland			(bei Buchverlust)
				AM 8840-44	Erlöse aus Anlageverkäufen 7% USt
	AM **8200-09**	**Erlöse 13/14% Umsatzsteuer¹)**			(bei Buchverlust)
	AM 8210-19	Erlöse 14% Umsatzsteuer		AM 8850-54	Erlöse aus Anlageverkäufen 13/14% USt¹)
	R 8220-29				(bei Buchgewinn)
	AM 8230-39	Erlöse 13% Umsatzsteuer		R 8855-59	
				AM 8860-64	Erlöse aus Anlageverkäufen 13% USt
	AM **8300-09**	**Erlöse 6,5/7% Umsatzsteuer¹)**			(bei Buchgewinn)
	AM 8310-19	Erlöse 7% Umsatzsteuer		AM 8865-69	Erlöse aus Anlageverkäufen 6,5/7% USt¹)
	R 8320-29				(bei Buchgewinn)
	AM 8330-39	Erlöse 6,5% Umsatzsteuer		R 8870-74	
				AM 8875-79	Erlöse aus Anlageverkäufen 6,5% USt
					(bei Buchgewinn)
				AM 8880-84	Erlöse aus Anlageverkäufen 7% USt
					(bei Buchgewinn)
				AM 8885-89	Erlöse aus Anlageverkäufen 14% USt
					(bei Buchgewinn)

233

8 Erlöskonten

8900	**Eigenverbrauch**
AM 8910-14	Entnahme von Gegenständen 14% USt nach § 1 Abs. 1 Nr. 2a UStG [4])
AM 8915-19	Entnahme von Gegenständen 7% USt nach § 1 Abs. 1 Nr. 2a UStG [4])
AM 8920-29	Entnahme von sonstigen Leistungen 14% USt nach § 1 Abs. 1 Nr. 2b UStG [4])
AM 8930-39	Entnahme von sonstigen Leistungen 7% USt nach § 1 Abs. 1 Nr. 2b UStG [4])
AM 8940	Eigenverbrauch, 14% USt Aufwendungen i.S. des § 4 Abs. 5 Nr. 1–7 u. Abs. 6 EStG / § 1 Abs. 1 Nr. 2c UStG [4])
AM 8941	Eigenverbrauch, 7% USt Aufwendungen i.S. des § 4 Abs. 5 Nr. 1–7 u. Abs. 6 EStG / § 1 Abs. 1 Nr. 2c UStG [4])
AM 8945	Unentgeltliche Leistungen von Gesellschaften an Gesellschafter 14% USt nach § 1 Abs. 1 Nr. 3 UStG [4])
AM 8946	Unentgeltliche Leistungen von Gesellschaften an Gesellschafter 7% USt nach § 1 Abs. 1 Nr. 3 UStG [4])
8950	Nicht steuerbare Umsaätze
8960	Bestandsveränderungen – unfertige Erzeugnisse
8980	Bestandsveränderungen – fertige Erzeugnisse
8990	Andere aktivierte Eigenleistungen

9 Vortragskonten

KU 9000–9999

S 9000	Saldenvorträge, Sachkonten
F 9001-07	Saldenvorträge
S 9008	Saldenvorträge Debitoren
S 9009	Saldenvorträge Kreditoren
F 9070	Offene Posten aus 1970
F 9071	Offene Posten aus 1971
F 9072	Offene Posten aus 1972
F 9073	Offene Posten aus 1973
F 9074	Offene Posten aus 1974
F 9075	Offene Posten aus 1975
F 9076	Offene Posten aus 1976
F 9077	Offene Posten aus 1977
F 9078	Offene Posten aus 1978
F 9079	Offene Posten aus 1979
F 9080	Offene Posten aus 1980
F 9081	Offene Posten aus 1981
F 9082	Offene Posten aus 1982
F 9083	Offene Posten aus 1983
F 9084	Offene Posten aus 1984
F 9085	Offene Posten aus 1985
F 9086	Offene Posten aus 1986
F 9087	Offene Posten aus 1987
F 9088	Offene Posten aus 1988
F 9089	Offene Posten aus 1989
F 9090	Summenvortragskonto

Statistische Konten bei Anwendung der BAE

9101	Verkaufstage
9102	Anzahl der Barkunden
9103	Beschäftigte Personen
9104	Unbezahlte Personen
9105	Verkaufskräfte
9106	Geschäftsraum QM
9107	Verkaufsraum QM
9108	Veränderungsrate positiv
9109	Veränderungsrate negativ
9110	Plan-WE
9190	Gegenkonto zu 9101-10

Statistische Konten für Kennzifferntei der Bilanz

9200	Beschäftigte Personen
9290	Gegenkonto zu 9200

Statistische Konten für den DATEV-Betriebsvergleich [3])

9400	Kalkulatorischer Unternehmerlohn
9401	Kalkulatorischer Lohn fur unentgeltlich tätige Mitarbeiter
9402	Kalkulatorische Zinsen VG
9403	Kalkulatorische Miete VG
9404	Kalkulatorische AfA VG
9490	Gegenkonto zu 9400–9404

9

9800	Lösch- und Korrekturschlussel
9801	Lösch- und Korrekturschlussel

Personenkonten:
10000–
69999 = Debitoren
70000–
99999 = Kreditoren

Erläuterungen zu den Bezeichnungen über den Kontenklassen und vor den fest vergebenen Konten:

- **KU** **keine Errechnung der Umsatzsteuer möglich**
- **V** **Zusatzfunktion „Vorsteuer"**
- **M** **Zusatzfunktion „Mehrwertsteuer"**
- **AV** **Automatische Errechnung der Vorsteuer**
- **AM** **Automatische Errechnung der Mehrwertsteuer**
- **S** **Sammelkonten**
- **F** **Konten mit allgemeiner Funktion**
- **R** **Diese Konten dürfen erst dann bebucht werden, wenn ihnen eine andere Funktion zugeteilt wurde.**

1) **Abhängigkeit des Steuersatzes vom Belegdatum!**
- bei Belegdatum kleiner/gleich 30.06.(83) wird der Steuersatz vor dem Schrägstrich errechnet (s. Text Kontenbeschriftung)
- bei Belegdatum ab 1.07.(83) wird der Steuersatz hinter dem Schrägstrich errechnet

2) **Abhängigkeit des Steuersatzes vom Belegdatum!**
- ab Belegdatum 1.01.80 bis 31.12.80 wird 7.5% Vorsteuer errechnet
- ab Belegdatum 1.01.81 wird 7% Vorsteuer gerechnet
- ab Belegdatum 1.01.82 wird 7.5% Vorsteuer errechnet
- ab Belegdatum 1.07.83 wird 8% Vorsteuer errechnet

3) **siehe Leitfaden Betriebsvergleich, Art.-Nr. 10295**

4) = **Konten neu eingeführt für Buchungsjahr 1984**

5) **Abhängigkeit des Steuersatzes vom Belegdatum!**
Auf dieses Konto gebuchte Beträge werden mit dem Faktor 1,5 multipliziert. Aus diesem erhöhten Betrag wird bis zum Belegdatum 30.06.(83) 13% und ab 01.07.(83) 14% Umsatzsteuer errechnet.

6) = **für Berliner Unternehmer – UStVA 84**

Bedeutung der Steuerschlüssel:

1 Umsatzsteuerfrei (mit Vorsteuerabzug)
2 Umsatzsteuer 6,5/7% [1])
3 Umsatzsteuer 13/14% [1])
4 Umsatzsteuer 6/6,5% [1])
5 Umsatzsteuer 12/13% [1])
6 Vorsteuer 6/6,5% [1])
7 Vorsteuer 12/13% [1])
8 Vorsteuer 6,5/7% [1])
9 Vorsteuer 13/14% [1])

Stichwortverzeichnis

Neu in der DATEV-Schriftenreihe:

von Au/Voitl

Texthandbuch Bilanzbericht

Textbausteine und Checklisten zur Erstellung des Hauptberichts und des Erläuterungsteils nach DATEV-Kontenrahmen SKR 02 mit Hinweisen auf DATEV-Kontenrahmen SKR 01. Von WP und StB Adolf von Au und StB Werner Voitl. DATEV-Schriften Nr. 5. Loseblattausgabe, 1258 Seiten DIN A 4, 1984, in Sammeleinband 320,– DM.
ISBN 3 504 66030 9

Mit diesem Texthandbuch wird dem Berater ein Organisationsmittel an die Hand gegeben, mit dessen Hilfe er seinem Mandanten einen erstklassigen Bilanzbericht vorlegen kann. Es hat sich zum Ziel gesetzt, das Erstellen von Bilanzberichten sowohl für Kapitalgesellschaften als auch für Personengesellschaften und Einzelunternehmen durch gespeicherte Texte zu rationalisieren, Entwürfe von aussagefähigen Bilanzberichten zu erleichtern, durch checklistenartigen Aufbau zu erreichen, daß auch nicht alltäglich vorkommende Sachverhalte ausreichend ermittelt und erläutert werden, Formulierungshilfen und Alternativen in großer Zahl anzubieten und den Bestand von Textbausteinen durch den gewählten Ordnungsnummern-Aufbau sowohl zur herkömmlichen Diktierweise als auch zur Textverarbeitung nutzen zu können.
Der Aufbau des Erläuterungsteils richtet sich nach dem Aktienrecht, was dem DATEV-Kontenrahmen SKR 02 und dem -Programm „Bilanzbericht (BIBER)" entspricht.

Verlag Dr. Otto Schmidt KG · Köln

Neu in der DATEV-Schriftenreihe:

Knief

EDV-gestützte Individuelle Betriebswirtschaftliche Auswertungen

Möglichkeiten externer EDV – dargestellt am Beispiel der DATEV. Von WP und StB Dr. Peter Knief unter Mitarbeit von StB Beate Dittus und StB Michael Laufenberg. DATEV-Schriften Nr. 4. 228 Seiten DIN A 4, 1984, gbd. 88,– DM.
ISBN 3 504 66028 7

Die EDV setzt heute die Großunternehmen durch Verwendung von Großrechnern in die Lage, vielfältige Aussagen für die Managemententscheidungen zu erarbeiten. Im Bereich der Klein- und Mittelbetriebe werden umfangreiche betriebswirtschaftliche Informationssysteme häufig aber als zu kostspielig dargestellt, andererseits läßt das Rechnungswesen bei diesen Firmen allzu häufig eine Aussagekraft vermissen. Hier will diese Neuerscheinung zeigen, daß mit Hilfe externer EDV-Verarbeitungssysteme, z. B. der DATEV, bei entsprechenden betriebswirtschaftlichen Kenntnissen und ausreichender Phantasie durchaus aussagefähige Informationen für Klein- und Mittelbetriebe aufbereitet werden können. Der Leitfaden ist in erster Linie eine Anregung für Steuerberater, aber auch ein Hinweis für Klein- und Mittelbetriebe, eine Aufforderung an die EDV-Industrie, ein Hinweis für Kreditgeber.

Hauschildt

Erfolgs- und Finanz-Analyse

Fragengeleitete, computergestützte Analyse der „Vermögens-, Finanz- und Ertragslage des Unternehmens" nach geltendem Aktienrecht und nach dem Bilanzrichtliniegesetz. Von Prof. Dr. Jürgen Hauschildt. DATEV-Schriften Nr. 6. 212 Seiten DIN A 4, 1984, gbd. 88,– DM.
ISBN 3 504 66039 2

Wie erfolgreich ist die analysierte Unternehmung? Wie steht es um die finanzielle Sicherheit? Dieses sind die Ausgangsfragen, die zur Analyse der Bilanz- und Erfolgsrechnung führen. Sie muß ständig neue Fragen aufwerfen und Antworten aus dem Datenmaterial suchen. Sie muß ferner durch Computer gestützt werden, der jedoch die Daten in einer solchen Form präsentieren muß, daß der Analytiker ständig aufgefordert wird, das Datenmaterial systematisch, ganzheitlich und immer wieder fragend zu durchforschen. Die vorliegende Schrift bietet ein derartiges fragengeleitetes, computergestütztes Konzept der Erfolgs- und Finanzanalyse. Sie ist die Basis für ein entsprechendes Angebot im Rahmen der DATEV-Verbund-Software. Die Analysedaten werden in „Baumstrukturen" präsentiert, die den Betrachter sicher von Überblick und Übersicht zum maßgebenden Detail führen. Eine Checkliste von 80 Fragen gibt Anleitung für die zielstrebige Suche nach Stärken und Schwächen der analysierten Unternehmung. Alle Verdichtungen und Kennzahlen mußten einen harten empirischen Test anhand von mehr als 500 Bilanzen durchlaufen. Das Buch wendet sich an den Steuerberater, der seine Aufgabe in einer verstärkten betriebswirtschaftlichen Beratung des Mandanten sieht. Eine detaillierte Erfolgs- und Finanzanalyse im Bilanzgespräch ist dafür die Grundlage. Sie wird an einem Beispiel ausführlich aufgezeigt.

Verlag Dr. Otto Schmidt KG · Köln